法商图书

LAW & BUSINESS

股权转让的100个风险点

100 RISK POINTS OF EQUITY TRANSFER

毕宝胜 著

法律出版社 LAW PRESS·CHINA

序 PREFACE

随着现代市场经济的发展,股权已逐步成为社会财富的重要表现形式。股权流转由于并不导致公司正常经营的中断,同时有利于受让方以低成本和高效率的方式进入公司等特性,正受到越来越多投资者的青睐。

"大众创业、万众创新"是2014年9月国务院总理李克强在夏季达沃斯论坛上发出的号召。为了寻求更好的发展、实现自己的梦想,越来越多的人选择自主创业或通过受让股权的方式参与到公司的经营中去。"人无股权不富、得股权者得天下"已深入人心。

然而,尽管我国公司法对股权转让已有规定,但现行立法仍处于较为原则的层面,同时股权转让的诸多规定也散见于法律法规、司法解释、法院纪要抑或地方司法性意见之中,且各规定应如何衔接、适用,尚存在诸多不明确之处。这就导致在股权转让领域,仍存在大量风险点模糊不清的问题,以致许多投资者即使有投资的想法,也往往苦于寻找不到准确的法律依据和支持己方的典型判例及裁判观点以形成内心确信,而面临"风险点究竟在哪儿"的问题。

法律的生命在于实践。作者基于常年从事股权争议领域各类疑难复杂案件的办案经验,认识到法律依据和典型判例结合的重要性,也深知从大量法律法规及司法解释中找到准确依据的困难。故为方便广大法律工作者更好地查阅、学习、研究、适用股权转让纠纷中的常见风险问题,精心编著本书。

本书的结构设计、特色之处等事项说明如下:

1. 全面梳理,系统性强

本书共分6章,对股权转让中的一般问题、合同效力、优先购买权、合同履行、违约责任、合同解除的各个环节所涉及的股权转让风险点进行了介绍。本书不仅具有"工具箱"的针对性、系统性、实用性等特点,而且可操作性强,内容直观、通俗易懂。

2. 内容新颖,针对性强

本书基于对股权转让领域现行有效的法律法规、司法解释进行的检索和梳理,结合《民法典》就股权转让裁判适用修改的地方进行全新修订,并结合股权转让纠纷事务中的具体疑难问题,将法律法规、司法解释对股权转让中的风险问题的规定进行体系性拆分、整理,形成以问题为主导的问题汇总,进而使本书具有较大的实务参考和实践指引价值。

3. 素材典型,权威性强

案例均从最高人民法院以及北京、上海等有代表性的省份的法院近年来审结的数千件真实案件中精心筛选而来,案例具有广泛的选编基础,兼顾每个专题问题的体系性、全面性,并包括最高人民法院公报案例、指导案例、最高人民法院发布的典型案例以及《民事审判指导与参考》《人民法院案例选》等权威出版物所登载的案例。

4. 注重实务,实用性强

本书立足于审判实务,案例均是对法院裁判的精细加工和提取。对于每一个案例,除了高度概括"案件基本信息""基本案情""裁判"之外,还着重准确简明地提炼案例的核心裁判要点即"案例要旨",同时就案例的延伸问题给予"评析意见",帮助读者从细处入手,以真正发现股权转让过程中存在的风险点,实用性强。

本书从写作完成至今,进行了四次修改、完善和审稿,笔者奢求能够高质量地完成本书,并将之打造成精品实务图书,然囿于学识,加之平时也都是在高强度的律师工作之余写作,恐力之不逮而事与愿违。限于研究水平与时间,疏漏之处在所难免,敬请各位读者不吝赐教。

是为序。

毕宝胜

2020 年 6 月于北京

目　录 CONTENTS

第一章 一般问题

1. 股权转让合同的性质及效力认定 / 003
——曲丽莉、尹志明与刘秋民、李长宏确认合同无效纠纷案

2. 意向协议的效力认定原则 / 007
——王新辉、刘安与刘天牧、刘冰琳股权转让纠纷案

3. 明股实债的区分标准与认定原则 / 011
——钟易良与赣州世瑞钨业股份有限公司、陈风雷等合伙协议纠纷、借款合同纠纷案

4. 股权转让与增资关系的区分 / 015
——温荣源与常浩、辽阳天俊矿业有限公司等股权转让纠纷案

5. 无偿转让股权与赠与的区别 / 019
——方芳与兰侠股权转让纠纷案

6. 股东会纪要能否认定为股权转让协议 / 023
——周秀清与龚晓津股权转让纠纷案

7. 未进行工商变更登记先后进行两次股权转让的关系认定 / 027
——符瀚文、海口同山商贸有限公司与王官耀、海南欣达实业有限公司等股权转让纠纷案

8. 当事人签订多份协议对法律关系性质产生争议时股权转让关系认定 / 031
——许尚龙、吴娟玲与何健、张康黎、张桂平股权转让纠纷案

9. 股权转让中的欺诈行为 / 035
——李荣玉与张广信股权转让纠纷案

10. 一人公司股东不能证明公司财产独立于自己财产的视为财产混同 / 039
——付学玲、沙沫迪等与周盈岐、营口恒岐房地产开发有限公司等股权转让纠纷案

11. 一人有限公司转让其股权须经自然人股东书面签字同意 / 043
——世纪华中(北京)科技有限公司与赵双瑞、天津消防器材有限公司股权转让纠纷案

12. 违反级别管辖的约定并非当然无效 / 047
——云南路红实业集团有限责任公司与周玉贤、何逢玲股权转让纠纷案

第二章 合同效力

(一)一般股权转让合同效力认定

13. 不应将合同义务认定为限制合同生效的条件 / 053
——乔连生与蚌埠日报社股权转让合同纠纷案

14. 股权变更登记不影响股权转让行为的生效 / 056
——张仁富与武汉普提金香桂地产有限公司、普提金集团有限公司合同纠纷案

15. 转让方不需向受让方开具发票的合同条款无效 / 060
——四川京龙建设集团有限公司与简阳三岔湖旅游快速通道投资有限公司、成都星展置业顾问有限公司等股权转让纠纷案

16. 股权转让合同约定的竞业禁止期间不得超过二年 / 064
——刘凡清、杨明与上海峰渡水净化工程有限公司股权转让纠纷案

17. 公司章程可在不违反法律强制性规定下对股权转让进行限制 / 068

——宋文军与西安市大华餐饮有限公司股东资格确认纠纷案

18. 公司章程限制股权转让条款违反强制性规定或股权自由转让原则的无效 / 071

——许涛与黄展鹏股权转让纠纷案

19. 当事人签订的股权转债权协议无效 / 074

——万家裕与丽江宏瑞水电开发有限公司其他股东权纠纷案

20. 公务员之间签订的股权转让合同有效 / 078

——陈孝斌、张彩霞与上海弓展木业有限公司等股东资格确认纠纷案

21. 自然人股东继承人在公司章程无另有规定时可继承股东资格 / 082

——王璞与刘胜远、上海兆信恒投资有限公司等确认合同无效纠纷案

22. 缺少夫妻一方签字的共有股权转让并非一律无效 / 086

——彭丽静与梁喜平、王保山等股权转让侵权纠纷案

23. 加盖法定代表人印章与法定代表人签字具有同等法律效力 / 090

——唐晨与梁丽华、张继承等股权转让纠纷案

24. 股权转让协议载明的当事人未签署协议时协议效力的认定 / 094

——王双英与夏金荣股权转让纠纷案

25. 约定代偿公司债务是受让股权对价的一部分的股权转让合同条款有效 / 098

——广西柳州化工控股有限公司、柳州化工股份有限公司与广西金伍岳能源集团有限公司、贵州鑫悦煤炭有限公司等合同纠纷案

（二）涉土地使用权、矿产股权转让合同效力认定

26. 不能以转让房地产公司全部股权是变相转让土地使用权为由认定股权转让合同无效 / 102

——李宁与张磊、大同中建伟业房地产开发有限公司等股权转让纠纷案

27. 未涉及探矿权人变更的转让协议属于股权转让 / 106

——西藏国能矿业发展有限公司与薛梦懿、薛梦蛟等股权转让纠纷案

28. 涉及探矿权的股权转让约定未履行相关行政审批手续不生效不影响其他条款的效力 / 110

——陕西南海矿业建设工程有限责任公司与北京金澜投资管理有限公司确认合同效力纠纷案

(三) 股权转让黑白合同效力认定

29. 阴阳合同场合下权利义务关系的确定依据 / 114

——林梅灼与林俨儒、福建鑫海冶金有限公司等股权转让纠纷案

30. 登记备案的转让协议欠缺真实合意时对当事人不具有约束力 / 118

——叶金和与黄鑫股权转让纠纷案

31. 掩盖股权转让实际价格用于备案登记的股权转让合同无效 / 122

——高枫与唐恭馀、朱鹏杰股权转让纠纷案

(四) 代持股权转让合同效力认定

32. 实际出资人在满足一定条件下可转让其股权 / 126

——毛光随与焦秀成、焦伟等股权转让纠纷案

33. 公司明知名义股东擅自处分代持股权仍为其办理股权转让手续的应承担连带赔偿责任 / 130

——江苏春晖国际贸易有限公司与江苏新沂农村商业银行股份有限公司、新沂市凤凰时装厂财产损害赔偿纠纷案

(五) 股权转让缔约过失责任

34. 承担报批义务方不履行报批义务致合同未生效应承担缔约过失责任 / 134

——深圳市标榜投资发展有限公司与鞍山市财政局股权转让纠纷案

35. 缔约过失责任人应对善意相对人遭受的交易机会等间接损失予以适当赔偿 / 139
——深圳市标榜投资发展有限公司与鞍山市财政局股权转让纠纷案
36. 股权转让合同不因转让人瑕疵出资而无效 / 143
——莱芜市城建鑫科建安工程有限公司与李臣道股东出资纠纷案

第三章 优先购买权

（一）法律规范性质
37. 公司法关于股权转让同意权制度和优先购买权制度规范的性质 / 149
——济南诺能生物工程有限公司与上海高龙生物科技有限公司、山东高龙生物科技有限公司股权转让纠纷案
38. 受让有限责任公司股权的第三人必须受股东优先购买权规范的约束 / 152
——东莞市恒锋实业有限公司与东莞市华源集团有限公司、中山市恒富物业投资实业有限公司等委托收购股权合同赔偿纠纷案
（二）转让股东通知义务
39. 转让股东通知其他股东可以采取其他能够确认收悉的合理方式 / 156
——林梅丰与唐能祥股权转让纠纷案
40. 股权转让价款远低于征询函载明的价款时征询函不构成有效通知 / 160
——甘肃兰驼集团有限责任公司与常柴银川柴油机有限公司股权转让纠纷案
（三）同等条件
41. 股东优先购买权的同等条件认定 / 164
——郑国庆与章米仁、崇阳弘大房地产开发有限公司股权转让纠纷案
42. 股东优先权的同等条件成就需以形成完整对价为前提 / 167

——瞿斐建与丁祥明、李晴、冯月琴优先认购权纠纷案

(四)优先购买权的行使

43. 股东优先购买权不适用于股东之间的股权转让 / 171
——屠秋、孙建伟等与新疆仪尔高新农业开发有限公司、王海波其他合同纠纷案

44. 股东优先购买权不能部分行使 / 174
——浙江环益资源利用有限公司与谢建林股权转让纠纷案

45. 有限责任公司股东应在合理期限内行使优先购买权 / 178
——金某某与上海哲野印刷有限公司股东资格确认纠纷案

46. 转让股东撤销对外转让股权不得损害其他股东的优先购买权 / 182
——楼国君与方樟荣、毛协财等股权转让纠纷案

47. 其他股东行使优先购买权的前提是股东同意转让股权 / 186
——周祝勇与张鹰股权转让纠纷案

48. 股权收购方不得以股东行使优先购买权为由主张情势变更 / 188
——戴军与山西华晋纺织印染有限公司、上海晋航实业投资有限公司合资、合作开发房地产合同纠纷案

49. 侵害其他股东优先购买权不导致股权转让合同无效 / 192
——马深玉与郭龙胜、广东富广联兴经济发展有限公司等确认合同无效纠纷案

50. 优先购买权受到侵害的股东可依据协议主张违约金 / 196
——刘春海与季玉珊股权转让纠纷案

第四章
合同履行

(一)合同履行中的一般问题

51. 约定的签订地与实际签订地不符的以约定签订地为准 / 203
——中信资本文化旅游(成都)股份有限公司与谢立新股权转让纠

纷案

52. 公司无权要求认缴期限未届满即转让股权的股东承担出资义务 / 207

——孙思科与绿能高科集团有限公司、安徽投资控股股份有限公司企业借贷纠纷案

53. 未办理工商变更登记不影响股东权利的行使 / 211

——西安新世纪通信有限公司与西安高新技术产业风险投资有限责任公司股权转让纠纷案

54. 公司经营情况发生变化或被宣告破产不影响股权转让合同的继续履行 / 215

——胡晓琳与杨长志、洛阳市泰益德房地产开发有限公司股权确认纠纷案

55. 重大利益的放弃应采取明示的方式 / 219

——陶向群、孙苹与许建明、吴平等股权转让纠纷案

56. 先履行部分义务不构成对先履行抗辩权的放弃 / 223

——百科投资管理有限公司与浙江宋都控股有限公司、宋都基业投资股份有限公司股权转让纠纷案

57. 债权人可以对恶意转让股权的行为行使撤销权 / 227

——国家开发银行与沈阳高压开关有限责任公司、新东北电气(沈阳)高压开关有限公司等借款合同、撤销权纠纷案

58. 公司股东可对转受让双方恶意串通、损害其利益的行为提起诉讼 / 232

——王桂生与陈瑞仁、香港中成集团有限公司等股权转让纠纷案

59. 股东转让股权不得处分公司资产 / 236

——罗绍远与广州市富华工贸发展有限公司专利权权属纠纷案

60. 股东内部转让股权优先适用公司章程的特别规定 / 240

——朱麒麟、徐嘉栋等与陈荣福、吴惠明等股权转让纠纷案

（二）股权转让价款的支付

61. 不能直接依据公司资产确定股权转让价格 / 244

——左阿华与青岛天丰造纸有限公司、安郁滋股权转让纠纷案

62. 不能以股东低价转让股权为由要求其对公司债务承担连带清偿责任 / 247

——亿达信煤焦化能源有限公司与四平现代钢铁有限公司、四平红嘴集团总公司等买卖合同纠纷案

63. 赠与条款作为有偿股权转让合同的组成部分属于股权转让的对价条款之一 / 251

——吴善媚、李耀生与梁新业、宋汉之等股权转让纠纷案

64. 转让方移交公章及相关证照资料与否并不当然影响股权转让款的支付 / 255

——吴善媚、李耀生与梁新业、宋汉之等股权转让纠纷案

65. 受让方对份额约定不明需共同承担付款责任 / 259

——吴善媚、李耀生与梁新业、宋汉之等股权转让纠纷案

（三）股权的善意取得

66. 未办理股东变更登记不得对抗善意第三人 / 263

——符瀚文、海口同山商贸有限公司与王官耀、海南欣达实业有限公司等股权转让纠纷案

67. 受让方对受让股权是否存在权利负担未尽审查义务不适用善意取得 / 267

——沈阳亿丰商业管理有限公司与李乔、明达意航企业集团有限公司案外人执行异议纠纷案

68. 不应以无处分权为由认定股权转让合同无效 / 271

——广东达宝物业管理有限公司与广东中岱企业集团有限公司、广东中岱电讯产业有限公司等股权转让合作纠纷案

69. 股东对外转让股权无须征得配偶同意 / 275

——艾梅、张新田与刘小平、王鲜等股权转让纠纷案

（四）股权置换、代持及回购

70. 股权置换协议部分条款不生效不影响其他条款的效力 / 279

——青海省创业（集团）有限公司与桂林旅游股份有限公司股权置换合同纠纷案

71. 债权人有权依据工商登记中记载的股权归属申请股权的强制执行 / 283

——黄德鸣、李开俊与皮涛案外人执行异议纠纷案

72. 实际出资人处分冒名登记在他人名下股权的行为有效 / 287

——许光全、许光友与涂开元、舒鑫等股权纠纷案

73. 股权转让方请求回购股权被驳回后可待条件成就时再次行使 / 291

——青岛中金实业股份有限公司与中铁置业集团有限公司、青岛中金渝能置业有限公司等其他合同纠纷案

74. 非因自身过错未能参加股东会的异议股东可请求公司收购其股权 / 295

——袁朝晖与长江置业（湖南）发展有限公司请求公司收购股份纠纷案

（五）担保问题

75. 公司为股东之间转让股权提供担保必须由股东会作出决议 / 298

——林梅灼与林俨儒、福建鑫海冶金有限公司等股权转让纠纷案

76. 股权转让合同中的流质条款无效 / 302

——中静汽车投资有限公司与上海铭源实业集团有限公司、桂林客车工业集团有限公司股权转让纠纷案

77. 以担保债权实现为目的的股权转让属于股权让与担保 / 306

——福建省稀有稀土（集团）有限公司与修水县巨通投资控股有限

公司合同纠纷案
78. 为融资提供担保的转让方不丧失其股东权益 / 310
——周飞与陶明、中住佳展地产(徐州)有限公司等买卖合同纠纷案
(六) 股权转让中的税费问题
79. 股权转让双方可就税费承担进行约定 / 314
——吴善媚、李耀生与梁新业、宋汉之等股权转让纠纷案
80. 受让方不得将股权转让税费在支付股权转让款时扣除 / 318
——陶向群、孙苹与许建明、吴平股权转让纠纷案
第五章 违约责任
81. 任何一方不能因其违约行为而获益 / 325
——中国长城资产管理公司沈阳办事处与北京万方源房地产开发有限公司合同纠纷案
82. 一方当事人可要求对过高滞纳金进行调整 / 330
——杨英朝、杨合生与马延虎、马铜锁股权转让纠纷案
83. 违约金过低时可与损失赔偿金同时适用 / 334
——雷彦杰与鞠自全、鞠炳辉股权转让纠纷案
84. 当事人申请调整违约金的权利不允许事先放弃 / 338
——刘富田与甘彦海、刘馨等股权转让纠纷案
85. 适用定金罚则不考虑是否给对方造成损失 / 342
——王新辉、刘安与刘天牧、刘冰琳股权转让纠纷案
86. 股权转让双方不具有收取复息的权利 / 346
——中静汽车投资有限公司与上海铭源实业集团有限公司股权转让纠纷案
87. 根本违约方无权要求对方承担违约责任 / 350
——付学玲、沙沫迪等与周盈岐、营口恒岐房地产开发有限公司等股权转让纠纷案
88. 资金占用损失与违约金可并用 / 354

——刘富田与甘彦海、刘馨等股权转让纠纷案

89. 转让方违反承诺未履行如实披露义务造成受让方损失的应予赔偿 / *358*

——青海盐湖工业股份有限公司与深圳市友缘控股有限公司股权转让纠纷案

第六章

合同终止

（一）不予解除情形

90. 迟延履行期间国家政策变化不构成情势变更 / *365*

——宗锡晋、大宗集团有限公司与淮北圣火矿业有限公司、涡阳圣火房地产开发有限公司等股权转让纠纷案

91. 主要内容大部分得到履行的股权转让合同不能以一方违约为由要求解除 / *369*

——赵林、西藏元泽矿业有限公司与云南驰宏锌锗股份有限公司股权转让纠纷案

92. 合同解除条件需明确约定 / *372*

——四平九洲房地产开发有限责任公司与邝冶股权转让纠纷案

93. 股权转让合同不适用关于分期付款买卖合同解除的规定 / *376*

——汤长龙与周士海股权转让纠纷案

94. 解除合同还是继续履行只能择一行使 / *380*

——安徽信业医药有限公司与赵宽、安徽天康（集团）股份有限公司股权转让纠纷案

（二）合同解除情形

95. 股权转让双方合同解除前进行的协商不构成阻却解除事由 / *384*

——嘉凯城集团股份有限公司与宝亚有限公司股权转让纠纷案

96. 根本违约方在合同解除异议期内未提出异议视为合同解除 / *388*

——北京现代家园置业有限公司、北京嘉世宝贸易有限公司与北京

环三环至正商业管理有限公司、北京创致投资有限公司等股权转让纠纷案

97. 守约方可以根本违约为由行使单方解除权 / *392*

——江苏中宏投资实业有限公司、吴坚军与无锡洲汇商业发展有限公司、南京万家置业发展有限公司股权转让纠纷案

98. 守约方可在合理催告后解除合同 / *396*

——海南星昊投资开发有限公司与上海星译投资管理有限公司股权转让纠纷案

99. 合同约定的解除权可通过诉讼方式行使 / *400*

——高枫、唐恭馀与朱鹏杰股权转让纠纷案

100. 合同解除权须在合理期间内行使 / *404*

——深圳市兆佳旺实业发展有限公司与衡阳市石油化工集团公司、衡阳市人民政府国有资产监督管理委员会股权转让纠纷案

第一章
Chapter 01

一般问题

1. 股权转让合同的性质及效力认定

——曲丽莉、尹志明与刘秋民、李长宏确认合同无效纠纷案

【风险提示】

合同性质　效力认定

【案例要旨】

合同主要内容为新股东受让原股东的权利义务时,性质应为股权转让合同。

【案件基本信息】

1. 裁判书字号

北京市第二中级人民法院(2017)京02民终11234号民事判决书[1]

2. 当事人

原告(上诉人):曲丽莉

原告(上诉人):尹志明

被告(被上诉人):刘秋民

被告(被上诉人):李长宏

【基本案情】

2005年3月22日,金星庄经合社将金星庄村委会村市场南侧土地共计90.35亩(含涉纠纷土地5.7亩)出租给北京柳氏通达商贸有限公司(以下简称柳氏公司),1.5万元/年。2005年10月21日,双方达成的《补充协议》,载明上述90.35亩土地中有20亩基本农田变性后归乙方使用。

[1] 本案是《中国法院2019年度案例》收录案例。

2013 年 3 月 3 日，柳氏公司与凌迈公司达成《合同书》，将上述 5.7 亩土地承包经营权及地上建筑物所有权转让给凌迈公司，合同至 2025 年 3 月 31 日到期，转让费 420 万元。合同签订后凌迈公司支付 168 万元转让费。

2013 年 12 月 18 日，曲丽莉、尹志明（甲方）与刘秋民、李长宏（乙方）签订《转让合同》，约定：乙方向甲方转让凌迈公司股权，第 2 条“转让方式及价款”第 2.1 条：甲方以现金出资 450 万元购买凌迈公司的资产。第 2.4 条：甲方在受让凌迈公司后，在受让前凌迈公司的有关业务由甲方继续经营和管理，并由甲方享有和承担相关的权利义务。合同还就股东工商变更手续及乙方违约，甲方有权解除本合同等事项进行了约定。

2013 年 12 月 27 日，凌迈公司申请进行工商登记变更，将凌迈公司股东变更为曲丽莉、尹志明和赵健，凌迈公司章程等亦相应变更。

2013 年 12 月 19 日，凌迈公司召开股东会，就刘秋民、李长宏分别以 150 万元和 300 万元将其在凌迈公司股权转让给尹志明和曲丽莉事项进行表决并通过决议，同时决议免除赵健执行董事职务，解聘李长宏经理职务，免去李新忠监事职务。2013 年 12 月 20 日，凌迈公司召开股东会，通过了选举曲丽莉为凌迈公司执行董事、赵健为公司经理、尹志明为公司监事，并且修改凌迈公司章程的决议。

2015 年 3 月 26 日，柳氏公司向凌迈公司发出《解除通知》，载明：即日起解除 2013 年 3 月 3 日签订的《土地租赁合同及地上物转让合同》。赵健签字确认收到通知。

曲丽莉、尹志明向一审法院起诉，请求确认 2013 年 12 月 18 日曲丽莉、尹志明与刘秋民、李长宏签订的《转让合同》部分内容无效，退还土地租赁转让款，赔偿经济损失等。

一审诉讼过程中，曲丽莉、尹志明称对于双方的股权转让履行没有争议，但对于《转让合同》涉及的租赁土地性质存在争议。一审法院向北京市国土资源局大兴分局进行了调查，经查该《转让合同》涉及的土地现均属于建制镇范畴，不属于农业用地。曲丽莉、尹志明就此提出，该土地不属于金星庄经合社，金星庄经合社将土地租赁给柳氏公司，再转租给凌迈公司侵犯了国家利益。

一审法院认为：本案双方当事人签订的《转让合同》性质，为该合同性质为股权转让合同。首先，该合同名称为《股权转让合同书》，《转让合同》开头明确合同内容为：乙方向甲方转让凌迈公司股权事项。其次，《转让合同》条款约定内容表明，一方面，双方当事人系就凌迈公司股权达成《转让合同》；另一方面，双方当事人就股权转让后凌迈公司租赁房屋继续履行，原有业务继续经营，即曲丽莉、尹志明作为凌迈公司新的股东，仍以凌迈公司名义继续租赁原有土地及房屋，继续原有业务的经营和管理。可见，该《转让合同》的主要内容为凌迈公司股权转让的权利义务约定。最后，根据凌迈公司2013年12月19日、2013年12月20日《股东会议决议》，以及后续工商变更登记材料，均可以佐证上述《转让合同》的性质为股权转让。综上，双方当事人以股权转让为目的达成《转让合同》，主要内容为新股东受让原股东的权利义务，性质应为股权转让合同。

曲丽莉、尹志明主张其与刘秋民、李长宏签订的《转让合同》第2.1条及第2.2条条款部分内容无效。首先，根据当事人的申请，一审法院依法对双方争议的土地性质进行调查。经查，该争议土地均属于建制镇范畴，不属于农业用地，故曲丽莉、尹志明提出《转让合同》相应条款违反《土地管理法》的规定，欠缺事实依据。其次，金星庄经合社将土地租赁给柳氏公司，属于《物权法》[1]《土地承包法》等法律赋予的权利，柳氏公司将该土地转租给凌迈公司，并不违反法律规定。一审判决驳回曲丽莉、尹志明的全部诉讼请求。

曲丽莉、尹志明不服一审判决，提出上诉。

二审法院认为：曲丽莉、尹志明与刘秋民、李长宏签订的《转让合同》系双方真实意思表示。首先，曲丽莉、尹志明在本院庭审中认可在2013年12月18日就看到了柳氏公司和凌迈公司之间签订的《合同书》；其次，曲丽莉、尹志明另主张刘秋民又给了柳氏公司60万元，但其并未提交充足证据证明，故曲丽莉、尹志明主张刘秋民、李长宏以欺诈、胁迫手段订立《转让合同》并不成立。曲丽莉、尹志明亦主张涉案土地是建制镇的土地，属国家所有，但该《转让合同》并不存在非法目的。故曲丽莉、尹志明与刘秋民、李长宏签订的《转让合同》合法有效，双方均应依约履行《转让合同》。二审判决驳回上诉，维持原判。

【裁判】

一审判决：

驳回曲丽莉、尹志明的全部诉讼请求。

---

〔1〕《民法典》自2021年1月1日起施行，《物权法》同时废止。下同。

二审判决:

驳回上诉,维持原判。

【实务评析】

股权转让合同与资产转让合同的合同主体不同。股权转让的主体只能是公司的股东,资产转让的主体只能是公司,股东无权以自己的名义对外转让公司资产。依照《公司法》的规定,股东处分公司财产,必须召开股东会,形成公司决议,然后由公司对外签订资产转让合同,转让所得归入公司。如未经上述程序,股东即以自己名义转让公司资产,事后亦未经公司追认,则该资产转让合同对公司不发生效力。

2. 意向协议的效力认定原则

——王新辉、刘安与刘天牧、刘冰琳股权转让纠纷案

【风险提示】

意向协议　认定原则

【案例要旨】

双方以股权转让为目的签订的《意向协议》，在没有违反法律、行政法规的情况下，是合法有效的合同，双方当事人均应严格遵守。

【案件基本信息】

1. 裁判书字号

最高人民法院（2015）民二终字第423号民事判决书

2. 当事人

原告（上诉人）：王新辉

原告（上诉人）：刘安

被告（被上诉人）：刘天牧

被告（被上诉人）：刘冰琳

第三人：刘欧士

【基本案情】

兰州万佳置业有限公司（以下简称万佳公司）法定代表人为刘欧士，股东为刘天牧、刘冰琳。2011年5月6日，刘天牧、刘冰琳作为转让方共同委托刘欧士与受让方王新辉、刘安签订《股权转让意向协议》（以下简称《意向协议》），约定：刘天牧将持有的万佳公司的股权转让给王新辉，刘冰琳将持有的万佳公司的股权转让

给刘安;在本协议签署的当日,王新辉、刘安应在刘天牧、刘冰琳指定的账户内汇入共计1000万元(王新辉、刘安各500万元)作为定金;四方应当依照本协议的约定在本协议签订后30个工作日内签订股权转让协议,股权转让价款由王新辉、刘安分三期支付履行,第一期王新辉、刘安合计向刘天牧、刘冰琳支付5000万元,此前已经支付的1000万元定金转为股权转让款,在第一期付款义务中抵扣……2011年5月7日,王新辉向刘欧士账户支付定金1000万元。

2011年7月14日,刘天牧、刘冰琳的委托代理人刘欧士与王新辉、刘安签订《股权转让意向协议——补充协议》(以下简称《补充协议》),约定:因王新辉、刘安资金不到位,导致股权转让协议无法按照约定签订和履行,现四方经协商一致达成如下约定作为《意向协议》的补充:因未按期履行《意向协议》,转让款项未能按时到账,王新辉、刘安愿意在2011年7月20日之前向刘天牧、刘冰琳支付20万元作为逾期履约的违约金;为了显示继续进行股权转让的诚意,在2011年7月20日之前共同再支付1000万元作为履约定金;如果未按期支付该定金,《意向协议》自动解除,之前已经支付的1000万元定金不再退还;在2011年7月31日之前支付第一期股权受让款3000万元,如未能按期支付,《意向协议》自动解除,前期已经支付的2000万元定金不再退还。刘欧士、王新辉在《补充协议》上签字,刘安签字并做手书:"我本人没有违约,违约责任不在我,同意丙方承担全部违约责任。"

2011年7月20日,王新辉向刘欧士账户支付1000万元。2011年8月4日,王新辉向刘欧士账户支付20万元。刘天牧、刘冰琳及刘欧士在庭审中确认收到以上2020万元。

2013年1月20日,王新辉、刘安以万佳公司、刘天牧、刘冰琳为被告、刘欧士为第三人向甘肃省高级人民法院提起诉讼,后移送至上海市高级人民法院审理。2015年1月16日,王新辉、刘安向上海市高级人民法院请求判令《补充协议》未生效,并主张刘天牧、刘冰琳返还支付的定金、违约金等。

一审法院认为,王新辉、刘安与刘天牧、刘冰琳共同委托的代理人刘欧士签订的《意向协议》,各签约方均认为有效,经审查并不违反法律规定,予以确认。针对

《补充协议》的效力,法院认为:首先,《补充协议》符合《合同法》[1]第三十二条[2]、第四十四条[3]的规定,且并不违反该法第五十二条[4]之规定。其次,《补充协议》的签订是因《意向协议》生效后,各方对履行方式的约定产生争议,为了顺利签订股权转让协议而达成的协议补充。之后,王新辉按照《补充协议》的约定支付了相应的违约金并追加了履约定金,其付款行为可以认定《补充协议》的签订并不存在欺诈或者胁迫的情形,是各方真实意思表示,且符合《合同法》第六十一条[5]的规定。最后,虽然刘安在协议签字处予以注明其没有违约,并同意王新辉承担全部违约责任,但从该注明中可以解读出:(1)刘安对受让方应向出让方支付违约金未持异议,仅是不认可其违反《意向协议》的约定,认为应当由王新辉承担全部违约责任。(2)刘安对《补充协议》的其他约定未作保留意见,可见其对《补充协议》约定的内容是明知的,对该协议之后的履行及产生的法律责任应当具有预见性。王新辉对刘安手书部分的意见未予反对,之后又按照《补充协议》第一条、第二条约定进行了履行。故《补充协议》虽为四方签订,但实质是刘天牧、刘冰琳共同作为出让方,王新辉、刘安共同作为受让方签订的,刘安手书部分对双方付款进度达成的新合意并未产生影响。本案系争《补充协议》合法有效,各方当事人

---

〔1〕《民法典》自2021年1月1日起施行,《合同法》同时废止。下同。

〔2〕《民法典》相关条文为第四百九十条:“当事人采用合同书形式订立合同的,自当事人均签名、盖章或者按指印时合同成立。在签名、盖章或者按指印之前,当事人一方已经履行主要义务,对方接受时,该合同成立。法律、行政法规规定或者当事人约定合同应当采用书面形式订立,当事人未采用书面形式但是一方已经履行主要义务,对方接受时,该合同成立。”下同。

〔3〕《民法典》相关条文为第五百零二条:“依法成立的合同,自成立时生效,但是法律另有规定或者当事人另有约定的除外。依照法律、行政法规的规定,合同应当办理批准等手续的,依照其规定。未办理批准等手续影响合同生效的,不影响合同中履行报批等义务条款以及相关条款的效力。应当办理申请批准等手续的当事人未履行义务的,对方可以请求其承担违反该义务的责任。依照法律、行政法规的规定,合同的变更、转让、解除等情形应当办理批准等手续的,适用前款规定。”下同。

〔4〕《民法典》相关条文为第一百四十四条、第一百四十六条、第一百五十三条、第一百五十四条。下同。第一百四十四条:“无民事行为能力人实施的民事法律行为无效。”第一百四十六条:“行为人与相对人以虚假的意思表示实施的民事法律行为无效。以虚假的意思表示隐藏的民事法律行为的效力,依照有关法律规定处理。”第一百五十三条:“违反法律、行政法规的强制性规定的民事法律行为无效。但是,该强制性规定不导致该民事法律行为无效的除外。违背公序良俗的民事法律行为无效。”第一百五十四条:“行为人与相对人恶意串通,损害他人合法权益的民事法律行为无效。”

〔5〕《民法典》相关条文为第五百一十条:“合同生效后,当事人就质量、价款或者报酬、履行地点等内容没有约定或者约定不明确的,可以协议补充;不能达成补充协议的,按照合同相关条款或者交易习惯确定。”下同。

均应恪守。《补充协议》生效后，王新辉、刘安并未依约履行义务，刘天牧、刘冰琳有权依据该协议约定不再退还已支付的定金，王新辉、刘安请求双倍返还定金及违约金的主张缺乏事实和法律依据。据此，一审法院判决驳回王新辉、刘安的全部诉讼请求。

王新辉、刘安不服一审判决，提起上诉。

二审法院认为，王新辉、刘安作为股权受让方与股权转让方刘天牧、刘冰琳就股权转让事宜先后签订《意向协议》和《补充协议》。刘安虽在《补充协议》上批注"我本人没有违约，违约责任不在我，同意丙方承担全部违约责任"，但该内容仅是刘安对其是否违反之前签订的《意向协议》的个人判断，对于《补充协议》的其他内容并未提出异议。因此，刘安的上述手写批注并不能对《补充协议》的效力产生影响。原审判决认定《补充协议》合法有效且已生效并无不当，应予维持。《意向协议》和《补充协议》既为合法有效之合同，则双方当事人均应严格遵守。刘天牧、刘冰琳有权按照《补充协议》的约定向王新辉、刘安主张违约责任，即已经支付的2000万元定金不再退还。

【裁判】

一审判决：

驳回王新辉、刘安的全部诉讼请求。

二审判决：

驳回上诉，维持原判。

【实务评析】

意向协议签订的目的通常是表达合意、锁定交易、确定价格或估值方式、确定交易节奏及进行必要的包括尽职调查在内的交易准备。在没有违反法律、行政法规的情况下，意向协议对当事人具有法律约束力，属于典型的预约合同，是合法有效的合同。如果无相反的约定，意向协议的效力与正式股权转让合同的签订无关，可以视为完全独立的合同。无论是转让方还是受让方均应慎重对待意向协议，对于协议签订目的、真实的履约意愿、履约条件与能力、市场与环境变化等应当作出客观的分析与判断，并据此对意向协议的内容及约束范围进行合理安排，力争处于相对主动的交易局面。

3. 明股实债的区分标准与认定原则

——钟易良与赣州世瑞钨业股份有限公司、陈风雷等合伙协议纠纷、借款合同纠纷案

【风险提示】

明股实债　区分标准　认定原则

【案例要旨】

因“明股实债”的交易模式下，投资方持有股份及工商变更登记会对其他债权人形成权利外观，故应区别内部关系和外部关系分别处理。对外应遵循外观主义，保护第三人的信赖利益，尤其在目标公司破产或解散的情况下，应优先保护其他债权人的合法利益；对内则应采用实质重于形式原则，探究当事人之间的真实意思表示。

【案件基本信息】

1. 裁判书字号

最高人民法院(2018)最高法民终785号民事判决书

2. 当事人

原告(被上诉人)：钟易良

被告(上诉人)：赣州世瑞钨业股份有限公司(以下简称世瑞公司)

被告(上诉人)：陈风雷

被告(上诉人)：温丽华

第三人：赣州联胜投资咨询中心(有限合伙)(以下简称联胜投资)

【基本案情】

2010年1月12日，崇义县振宇矿业有限公司的股东钟易良(拥有95%股权)

和另一股东张华(拥有5%股权)与世瑞公司(原名赣县世瑞新材料有限公司)分别作为甲方、乙方、丙方签订《崇义县振宇矿业有限公司股权转让协议》。该协议约定甲方、乙方同意将其持有的公司100%的股权转让给丙方。同日,钟易良与世瑞公司分别作为甲方和乙方签订《崇义县东岭背钨锡矿资产转让协议》。

2010年1月13日,朱某、陈风雷、钟易良分别作为甲方、乙方和丙方就《崇义县振宇矿业有限公司股权转让协议》《崇义县东岭背钨锡矿资产转让协议》确定的转让价款总额计人民币1300万元整基础上增加人民币5300万元整,即甲乙两方应以个人名义向丙方支付转让价款计人民币5300万元整。

2010年4月25日,崇义县振宇矿业有限公司的股东会决议,张华拥有公司5%的股份转让给钟易良,钟易良成为该公司唯一股东。2010年6月3日,崇义县振宇矿业有限责任公司股东变更为世瑞公司,法定代表人陈风雷。

后甲方朱某、陈风雷与乙方钟易良签订三份《协议书》,协议均对回购事宜等进行了约定。

上述6200万元的投资款中,钟易良实际支付现金为200万元,其余款项系世瑞公司或陈风雷应付钟易良的股权转让款和货款。

2012年10月9日,钟易良向世瑞公司出具申请,请求将2011年3月9日和6月1日投入世瑞公司的人民币6200万元整的资金,包括本息一起退出。钟易良署名;朱某签批"同意按协议照办"并签名。

2014年11月17日,出质人甲方世瑞公司、质权人乙方钟易良、股权所在公司丙方华世公司签订股权质押合同。次日,华世公司股东决定,同意股东世瑞公司将其持有的公司53.85%股权出质给钟易良。2014年11月19日,办理了股权出质登记。

2015年10月29日,债权人甲方钟易良、债务人乙方世瑞公司(朱某、陈风雷)签订债权确认书,对6200万元的借款时间、利息等进行了确定。

同日,甲方(转让人)钟易良、乙方(受让人)联胜投资、丙方(债务人)世瑞公司签订《债权转让协议》。协议约定:丙方欠甲方私募债务本金计人民币6200万元(目标债权),现甲方将享有丙方目标债权本金转让给乙方。

同日,钟易良与联胜投资签订《入伙协议》。该协议约定:新入伙合伙人以其持有的对世瑞公司的债权为出资方式和出资额;新入伙合伙人与联胜投资签订《债权转让协议》后,即视为新入伙合伙人履行了《入伙协议》出资义务,即钟易良认缴出资6200万元。

同日，甲方世瑞公司、乙方联胜投资、丙方钟易良共同签订一份《股权回购协议》：丙方为乙方的合伙人之一，其在乙方的出资额为人民币90766666.72元（其中债权本金为6200万元，截至2015年10月30日利息为28766666.72元）；丙方持有该股权时间超过12个月后未被回购，则由担保人陈风雷、温丽华按以上第四条规定的条款承担责任并履行回购义务等。

因世瑞公司未履行回购义务，钟易良诉至法院，请求世瑞公司向钟易良支付债权本金计人民币6200万元及利息；请求确认对世瑞公司持有的江西华世投资有限公司53.85%股权质权享有优先受偿权，并判令世瑞公司以该出质股权对上述债权本息承担担保清偿责任等。

一审法院认为，世瑞公司应偿还钟易良本金人民币6200万元及利息。

世瑞公司不服，提起上诉。

二审法院认为，第一，根据相关协议可确定钟易良对世瑞公司享有在先债权。第二，各方签订的《债权确认书》《债权转让协议》《入伙协议》《股权回购协议》等应作整体考量评价，均系对世瑞公司于约定期限届满后还本付息的交易安排，具有保障钟易良债权实现的目的。如《入伙协议》约定，钟易良加入联胜投资只为世瑞公司回购其私募债务本金和利息的制度设计，不参与联胜投资的任何经营活动，不承担联胜投资产生的任何债务；《股权回购协议》等关于回购价格的计算、回购期限、股权回购款的支付等核心条款中均采用了“丙方所持股权”“丙方持有该股权”“丙方所持乙方股权”的表述，钟易良不具有成为联胜投资有限合伙人的真实意思表示，亦可随时请求世瑞公司回购股权，不具有享有世瑞公司资产收益、参与重大决策和选择管理者等股东权利的交易目的。第三，《协议书》《债权确认书》《股权回购协议》约定，钟易良享有的投资收益，虽依据股权回购安排前后以及回购期限的长短而不同，但均可确定为某一数额，且该收益不与世瑞公司实际经营业绩挂钩，钟易良作为投资人不承担世瑞公司的经营风险，具有明显的债权融资特征。第四，就各方交易磋商过程来看，钟易良始终未放弃其债权，相关交易均具有实现其债权的担保功能。

【裁判】

一审判决：

1. 世瑞公司偿还钟易良本金人民币6200万元；

2. 世瑞公司偿还钟易良利息53226940.69元；

3. 钟易良以世瑞公司持有的华世公司53.85%股权质押（登记）折价、拍卖、变卖后所得价款在第1、2项世瑞公司应给付的款项范围内享有优先受偿权；

4. 陈风雷、温丽华对上述第1、2项世瑞公司应给付的款项承担连带清偿责任；

5. 陈风雷、温丽华承担担保责任后，有权向世瑞公司追偿；

6. 驳回钟易良的其他诉讼请求。

二审判决：

驳回上诉，维持原判。

【实务评析】

股权具有物权的属性，是依据股东身份而获得的权益，是公司股东依法享有的权益。它不仅包括股东对公司股份的所有权、收益权，还包括参与公司经营管理权和在出资范围内承担风险的义务。债权是根据协议、法律规定而产生的权益。债权人不能根据债权直接参与公司的经营管理，更不能对债务人的财产行使所有权、收益权等权利，它的实现需要债务人的配合。判断明股实债的关键因素包括：(1)投资人以定期获得固定收益为目的；(2)主要通过股权远期回购方式实现退出；(3)除享有重大事项决策外，不参与融资主体的经营管理和分红。

4. 股权转让与增资关系的区分

——温荣源与常浩、辽阳天俊矿业有限公司等股权转让纠纷案

【风险提示】

股权转让 增资关系 区分认定

【案例要旨】

当事人之间的本意并不在于目标公司增资与否，而意在实现目标公司股权的转让，且相关股权转让协议已得到实际履行的，为股权转让法律关系。

【案件基本信息】

1. 裁判书字号

最高人民法院(2016)最高法民终 806 号民事判决书

2. 当事人

原告(反诉被告、二审被上诉人)：温荣源

被告(反诉原告、二审上诉人)：常浩

被告(二审上诉人)：辽阳天俊矿业有限公司(以下简称天俊公司)

被告：辽阳县万凯峰矿业有限责任公司(以下简称万凯峰公司)

第三人：辽宁弘宇矿业有限公司(以下简称弘宇公司)

【基本案情】

2011 年 6 月 1 日，温荣源、温荣冰、温鹏为甲方，天俊公司为乙方，签订《增资协议书》，载明：乙方公司全体股东已召开股东会议，同意向目标公司万凯峰公司增资。增资由乙方以现金出资方式，两个阶段进行。第一阶段增资分三期：首期增资 3 亿元，第二期增资 1 亿元，第三期增资 2.6 亿元。首期增资完成后，乙方天

俊公司持有目标公司90%股权;甲方持有目标公司10%股权。协议签订后,万凯峰公司变更登记。

2011年9月20日,万凯峰公司为甲方(股东为天俊公司、温荣源、温荣冰、温鹏),弘宇公司为乙方,双方签订一份关于万凯峰公司的《分立协议书》。该协议签订后,双方未能实际履行。

2011年9月20日,温荣源为甲方,天俊公司为乙方,签订一份关于万凯峰公司《及时变更和补充协议》。第3条第3款约定:如乙方未能按本条第1、2款之约定完全履行给付义务,则视为乙方不再履行该义务,乙方已向目标公司投资的4亿元转变为向甲方收购目标公司股权价款,目标公司持股比例相应发生变化,即甲方持有目标公司46%股权,乙方持有目标公司54%股权。

增资协议签订后,天俊公司及通过其关联公司陆续向万凯峰公司汇增投资款4亿元,剩余第三期2.6亿元增投资没有履行。

2012年6月1日,甲方温荣源(出让方)与乙方常浩(受让方)签订一份《转让协议书》。该协议载明:鉴于目标公司万凯峰公司现有股东二人。其中,自然人股东甲方持有目标公司46%股权。甲方虽然已经从天俊公司取得目标公司36%股权,但是尚未办理工商变更登记手续,并且甲方原持有目标公司10%股权,由甲方持有至今,现甲方将其持有目标公司的46%股权(10%登记股权及基于股权转让合同的36%权益)转让给乙方。

2012年4月10日至2012年8月1日,常浩通过其关联企业贵阳花溪公司分七次,向温荣源指定的四川万凯丰公司账户支付了2.6亿元股权转让款。

温荣源向一审法院起诉,请求判令天俊公司、常浩承担并支付股权转让应缴纳的全部税费人民币1.31588亿元,且三被告立即办理探矿权、车辆的无偿变更登记。

常浩反诉称,签订《转让协议书》至今,温荣源都无法取得万凯峰公司46%的股权,温荣源故意隐瞒与订立合同有关的重要事实并提供虚假情况,请求判令温荣源承担缔约过失责任并赔偿损失。

一审法院认为,关于本案是增投资法律关系还是股权转让法律关系的问题,本案现有证据证明,本案法律关系是股权转让法律关系,并非增投资关系。理由是:2011年6月1日,温荣源、温荣冰、温鹏与天俊公司签订《增资协议书》,约定天俊公司分三期向万凯峰公司增(投)资。2011年9月20日,天俊公司与弘宇公司签订《分立协议书》,但该分立协议没有履行。天俊公司增资4亿元后,剩余2.6亿元第三期投资没有履行。同日,温荣源与天俊公司又签订了《及时变更和补充协议》,约定如天俊公司未履行第三期投资2.6亿元给付义务,则视为天俊公司不再履行该义务,天俊公司已向万凯峰公司增投资的4亿元转变成为向温荣源收购万凯峰公司股权价款,万凯峰公司持股比例相应发生变化,即温荣源持有46%股权,天俊公司持有54%股权。2012年6月1日,温荣源与常浩签订《转让协议书》,约定温荣源将其持有万凯峰公司的46%股权转让给常浩,转让价款为人民币2.6亿元,为税后价值,税费由常浩和天俊公司承担和缴纳。在上述合同的履行中,4亿元增投资款已经转变为54%股权转让款,常浩通过其关联公司又支付了46%股权转让价款2.6亿元。鉴于上述事实,应认定涉案法律关系引起了万凯峰公司的股东变更,万凯峰公司仍保留其独立法人资格和主要财产权利,实际发生了股权转让,本案为股权转让过程中引起的股权转让税款应由谁承担和缴纳的诉讼,涉案法律关系为股权转让纠纷。判决天俊公司、常浩于该判决发生法律效力之日起10日内共同承担并缴纳股权转让款6.6亿元相应的税款。

天俊公司不服一审判决,提起上诉。

二审法院认为,关于本案为公司增资纠纷还是股权转让纠纷的问题,民事案件案由应当依据当事人主张的民事法律关系的性质来确定。作为本案原告的温荣源,其诉讼请求系依据涉案协议要求常浩及天俊公司承担并支付股权转让款对应的全部税费,并要求办理相关探矿权、车辆所有权的变更登记。虽然温荣源与天俊公司之间形成了《增资协议书》以及《分立协议书》,但结合《及时变更和补充协议》以及《转让协议书》的内容看,涉案当事人的本意并不在于万凯峰公司增资与否,而意在实现万凯峰公司股权的转让,且相关股权转让协议已得到实际履行。本案温荣源起诉亦是以股权转让协议为基础主张相关税费及权利的变更,一审法院认定本案为股权转让纠纷并无不当。

【裁判】

一审判决:

1. 天俊公司、常浩于该判决生效后10日内共同承担并缴纳股权转让款6.6亿元相应的税款;

2. 驳回温荣源其他诉讼请求;

3. 驳回常浩反诉请求。

二审判决：

1. 撤销辽宁省高级人民法院(2015)辽民二初字第00063号民事判决；

2. 待温荣源依法缴纳股权转让款税费后，常浩应就2.6亿元股权转让款对应的税费于30日内给付温荣源；

3. 驳回温荣源的其他诉讼请求。

【实务评析】

《最高人民法院关于上诉人练志伟与被上诉人陈如明及原审被告林惠贞、郑秀英及原审第三人福州市常青实业有限公司股权转让一案的请示的复函》(2006年11月13日，〔2006〕民四他字第22号)中明确，对于股权转让合同的认定，不应仅从合同的名称去审查，还应当结合合同的内容，考察当事人之间的真实意思表示。对于虽然约定有资产转让的内容，但是从合同整体内容来看主要是股权转让关系的，仍然应当认定为股权转让合同。而对于认定股权转让关系的证据并不充分，当事人之间更符合增资关系的，则应当综合案件情况认定为增资关系。

5. 无偿转让股权与赠与的区别

——方芳与兰侠股权转让纠纷案

【风险提示】

无偿转让 股权赠与

【案例要旨】

转让双方已就转让股权达成一致，协议特别就无须支付费用或其他等价物、生效时间、违约责任等作出明确约定，协议的性质应属于股权转让协议。

【案件基本信息】

1. 裁判书字号

北京市第一中级人民法院(2016)京01民终5896号民事判决书

2. 当事人

原告(被上诉人)：方芳

被告(上诉人)：兰侠

【基本案情】

北京金立翔艺彩科技股份有限公司(以下简称金立翔公司)成立于2005年11月25日。2011年8月31日，兰侠(转让方)与方芳(受让方)签订《股份转让协议书》，就金立翔公司部分股份转让事宜达成一致，转让方自愿并无偿将其在金立翔公司1%股份转让给受让方，具体转让时间以“正式转让合同”中约定为准。受让方同意接受该转让的股份。受让方无须就该转让股份向转让方支付任何费用或交付任何等价物。协议约定内容自签订之后即生效，有效期自协议签订日起至双方签订的“正式转让合同”生效后止。无论转让方因何种原因无法履行协议约定内容或就协议约定内容构成违约，转让方必须向受让方支付与转让股份等值的货币作为补偿或赔偿。双方承诺“正式转让合同”暂定于二年后签订，但最长不得超过五年。

2014 年 10 月，方芳通过电子邮件与金立翔公司协商股权变更事宜未果。

2015 年 4 月，兰侠通过其律师向方芳送达了《律师函》，通知方芳因双方签订的《股份转让协议书》系赠与协议，其撤销《股份转让协议书》。

同年 5 月，利亚德光电股份有限公司（以下简称利亚德公司）与兰侠、奥立彩中心等签订《发行股份及支付现金购买资产协议之补充协议》，就利亚德公司采用发行股份及支付现金的方式收购金立翔公司 99% 股份达成一致，剩余 1% 待权属争议解决后由利亚德公司以支付现金方式进行收购。金立翔公司 100% 股份评估值为 26191.41 万元，上述 99% 股份的交易价格为 24024.825 万元。

方芳认为，其受让的标的为金立翔公司 1% 股份。兰侠处分股份的性质为转让而非赠与，兰侠无权撤销。依据双方签订的协议书约定，兰侠已构成违约，应当依据协议书约定承担相应的违约责任。

方芳向法院提起诉讼，请求：(1)确认方芳与兰侠签订的股份转让协议有效；(2)兰侠赔偿兰侠损失 2619141 元；(3)兰侠承担本案诉讼费用。

被告兰侠辩称：(1)兰侠与方芳签订的股权转让协议，名为股权转让，实际为股权赠与意向。(2)兰侠向方芳赠与意向的股权为兰侠持有公司 36.04% 的 1% 即 0.3604%。(3)兰侠未向方芳进行股权变更，且已当庭以书面形式撤销了股权赠与意向，方芳诉请无事实和法律依据。(4)股权转让协议明显违反了公司法律及章程的强制性规定，该协议没有法律效力。(5)兰侠撤销股权赠与的行为，没有给方芳造成损失，因此方芳要求赔偿没有法律依据。(6)根据与本案无偿转让股权的相关案例，该转让为无偿转让。(7)方芳恶意诉讼的行为，就是要达到其侵占兰侠财产的非法目的。故请求法院驳回方芳的诉讼请求。

一审法院认为，本案争议焦点在于《股份转让协议书》的性质与效力问题。首先，对于《股份转让协议书》的性质，结合协议书内容可知，双方已就兰侠转让其在金立翔公司 1% 的股权达成一致，协议特别就无须支付费用或其他等价物、生效时间、违约责任等作出明确约定，其名称即为“股份转让协议书”，且考虑到兰侠在金立翔公司的任职及股权情况，上述协议的性质应属于股权转让协议，而非更强调身份意义的赠与合同。在协议书中，已写明转让标的物系兰侠所占金立翔公司

1%的股权。其次,对于《股份转让协议书》的效力,结合前述,在协议系股份转让性质的前提下,如无特别缘由,兰侠并不享有撤销权。在合同内容于法不悖的情况下,案中《股份转让协议书》成立并生效,对双方当事人均产生拘束力。最后,虽《股份转让协议书》约定了合同最长履行期限,但因兰侠已明确表明不再继续履行协议,故此时方芳可依据上述协议约定,要求兰侠承担相应违约赔偿责任。一审判决兰侠赔偿原告方芳2619141元。

兰侠不服一审判决,提起上诉。

二审法院认为,本案争议焦点是股份转让协议是否为赠与意向,能否撤销,以及如果不是赠与,则所涉股权比例及价格如何确定。对于股份转让协议的性质,二审法院认为双方签订合同名称即为"转让",同时对生效时间、违约责任作出了明确约定,并无任何"赠与"的表述。兰侠在与金立翔公司存在关联关系的深圳金立翔公司任职,其主张基于股权奖励无偿受让股权具有一定的事实基础。双方欲转让金立翔公司股权,而时为有限责任公司的金立翔公司的其他股东不知情、不认可,且双方在股份转让协议中亦约定正式的股权转让合同暂定于二年后签订,故股份转让协议并不产生立即使兰侠取得相应股份的后果。但上述情形均不影响协议中确定的违约条款的法律效力。因股份转让协议中明确约定,转让方违约,应向受让方支付与转让股份等值的货币作为补偿或赔偿,故应明确协议约定的欲转让股份的比例及相应价值。

【裁判】

一审判决:

被告兰侠赔偿原告方芳2619141元。

二审判决:

驳回上诉,维持原判。

【实务评析】

对于无偿转让股权的股权转让协议性质的认定,司法实践中存在两种不同的观点。一种观点认为,双方明确的无偿转让,应视为赠与;另一种观点认为,不应仅凭股权转让的对价来判定股权处分为赠与,而应从多角度理解。本案中,法院并未因无偿处置股权而认定股权转让协议为赠与性质。这是因为:其一,双方签订合同名称即为转让,同时对生效时间、违约责任作出了明确约定,并无任何赠与的表述;其二,股权同其他作为合同标的的权利不同,股权转让的对价往往包括现金、劳务、知识产权等多元形式,如在无须支付对价的股权奖励情形中,虽受让方无须支付对价,但股权的对价已体现于受让方此前为公司付出的劳务中;其三,无偿受让股权并非纯获益的行为,股权相关企业经营还可能存在未知的风险,受让方可能因此承担相应的责任,这也是股权转让的对价。

6. 股东会纪要能否认定为股权转让协议

——周秀清与龚晓津股权转让纠纷案

【风险提示】

股东会纪要　全体股东　签字同意

【案例要旨】

参加股东会的股东与转让股权的股东身份重合,全体股东亦签字同意转让事宜,《股东会纪要》可以看成存在转让股权的意思表示。

【案件基本信息】

1. 裁判书字号

浙江省绍兴市中级人民法院(2017)浙06民终1722号民事判决书[1]

2. 当事人

原告(被上诉人):周秀清

被告(上诉人):龚晓津

【基本案情】

郑州深信投商用置业有限公司(以下简称深信投置业公司)系由深圳南国润禾投资有限公司(以下简称南国润禾公司)和香港亿采有限公司(以下简称亿采公司)共同投资设立的有限公司,法定代表人为龚晓津。2011年6月19日,经股东及龚涛、龚晓津、周秀清、郑榕签字确认:周秀清投资到深信投置业公司的款项为31390000元,龚晓津投资47716600元(包括郑榕投资24200000元),合计

〔1〕 本案是《中国法院2019年度案例》收录案例。

79106600元。2014年7月24日,龚晓津召集周秀清、龚涛、张辉举行股东大会,会议决定:全体股东及代表同意龚晓津收购周秀清在深信投置业公司的所有股权,股权作价人民币8000000元,该款项须在办理工商登记前打入周秀清的银行账户。股权转让款项到账后,一周内股东周秀清、龚涛、张辉在深信投公司所有股权即转移到龚晓津名下。该股权交易前(工商变更登记15日内),周秀清为公司在华商银行和工商银行福田支行的个人担保予以解除。如果工商变更后没有按该时间解除周秀清个人担保,相关法律责任由龚晓津承担。上述决定以《股东会纪要》的形式予以确认。股东大会以后,周秀清随即被解除了公司里的所有职务,也不再参与公司的经营管理。2015年12月16日,深信投置业公司全体股东龚晓津、龚晓东、龚涛举行董事会,形成如下决议:同意并批准公司董事人员变动,免去周秀清副董事长职务,由亿采公司委派龚晓东担任副董事长。深信投置业公司对上述事项于2016年1月6日办理了工商变更登记手续。

周秀清向一审法院起诉,请求龚晓津立即支付股权转让款人民币8000000元,并支付自2016年1月6日起至付清日止按年利率6%计算的利息损失。

一审法院认为,周秀清与龚晓津在本案中争议的股权转让纠纷,双方事实上并未签订规范的股权转让合同,周秀清所依据的是一份《股东会纪要》。关于周秀清在深信投置业公司中享有的股权是否已经转让。《股东会纪要》虽然从形式上看是一份会议纪要,但从内容上看,在周秀清、龚晓津间可视为一份合同。理由如下:第一,《股东会纪要》载明:会议以友好协商的方式一致达成如下约定,可见约定的内容是各方经协商形成,与会人员意思表示真实、一致,经审查约定内容不违反有关法律规定,且具有可操作性,因此可以把约定的内容视为各方订立了合同,从各方签字的2014年7月24日那天起合同已经成立。第二,从2014年7月24日股东大会以后,周秀清不再负责深信投置业公司的经营管理工作;2015年12月16日举行的深信投置业公司董事会作出决议:同意并批准公司董事人员变动,免去周秀清副董事长职务;随后又办理了公司变更登记手续。这表明:从周秀清退出深信投置业公司方面看,周秀清与公司都发生了有关行为,一方面周秀清主动停止了深信投置业公司的职务和工作,另一方面公司免去了周秀清的职务,并重新任命其他人接替周秀清的职务和工作。这就是说,《股东会纪要》对周秀清和龚晓津设定的权利、义务,两人均作了履行,从而说明周秀清和龚晓津均认可了合同已经生效。既然股权转让合同已经成立并生效,且周秀清已经放弃行使股东权利，因此可以认定周秀清在深信投置业公司中享有的股权已经转让。判决龚晓津支付周秀清股权转让款8000000元，并赔偿该款自2016年1月7日起至付清日止按年利率6%计算的利息损失。

龚晓津不服，提起上诉，认为一审判决将《股东会纪要》认定属于股权转让合同，有强迫龚晓津受让周秀清股权的事实，完全违背合同法关于"当事人依法享有自愿订立合同的权利，任何单位和个人不得非法干预"的规定。

二审法院认为，关于《股东会纪要》能否认定双方已经达成了股权转让的合意，周秀清能否据此要求龚晓津支付股权转让款800万元，周秀清明确其转让给龚晓津的是其投资在深信投置业公司的权益，即投资款3139万元。按照周秀清的说法，其对深信投置业公司享有的是投资权益，而非股权。周秀清诉请其转让给龚晓津的是深信投置业公司的股权，前后矛盾。且《股东会纪要》第1条、第2条内容与第5条内容矛盾，语焉不详。从第1条、第2条内容看，龚晓津收购的是周秀清、龚涛、张辉的所谓在深信投置业公司的"股权"，龚晓津支付800万元给周秀清后，股权即转移至龚晓津名下，也即800万元对应了周秀清、龚涛、张辉的"股权"，第5条则又约定龚涛、张辉的股权转让事宜另行协商。据此，亦难以认定800万元是否仅是周秀清"股权"的对价。即使将《股东会纪要》认定为民事合同，该纪要约定周秀清、龚晓津双方的权利义务也不够明确。总之，周秀清提供的这份《股东会纪要》，虽名为深信投置业公司的股东会纪要，但与会人员均非深信投置业公司的股东，且约定内容不甚明确，双方对转让标的又有争议，周秀清也确认转让的为投资权益，而非股权，故仅凭该《股东会纪要》，不足以认定周秀清转让了深信投置业有限公司的股权并有权要求龚晓津支付股权转让款800万元。

【裁判】

一审判决：

龚晓津应支付周秀清股权转让款8000000元，并赔偿该款自2016年1月7日起至付清日止按年利率6%计算的利息损失，款项限判决生效后10日内付清。

二审判决：

1. 撤销浙江省嵊州市人民法院(2016)浙0683民初4921号民事判决；

2. 驳回被上诉人周秀清的诉讼请求。

【实务评析】

本案原告周秀清以股权转让纠纷为由起诉,但从工商登记的情况看,周秀清并非深信投置业公司的股东。退一步讲,如果周秀清系深信投公司的股东,在《股东会纪要》上签字的人员,均是深信投公司的股东,那么在股东大会上作出的《股东会纪要》就具有股东会决议的法律性质。因参加股东会的股东与转让股权的股东身份重合,全体股东亦签字同意转让事宜,《股东会纪要》也可以看成周秀清与龚晓津之间存在转让股权的意思表示。当然,从形式上讲,股东转让股权在办理企业变更登记时需要提交股权转让协议,那么股东会纪要或者说股东会决议形式的文件应不能作为股权转让协议提交给登记机关。

7. 未进行工商变更登记先后进行两次股权转让的关系认定

——符瀚文、海口同山商贸有限公司与王官耀、海南欣达实业有限公司等股权转让纠纷案

【风险提示】

未进行工商变更登记　两次股权转让

【案例要旨】

股权转让合同签订后，未依法到公司登记机关办理股权变更登记手续，转让方又以自己的名义与第三人签订股权转让合同，转让方关于第二次股权转让系根据受让方的安排的主张，如无其他证据证明，法院不予认定。

【案件基本信息】

1. 裁判书字号

最高人民法院(2016)最高法民终455号民事判决书

2. 当事人

原告(上诉人)：符瀚文

原告(上诉人)：海口同山商贸有限公司(以下简称同山公司)

被告(被上诉人)：王官耀

被告(被上诉人)：海南欣达实业有限公司(以下简称欣达公司)

被告(被上诉人)：海南美瑞实业发展有限公司(以下简称美瑞公司)

被告(被上诉人)：重庆宝庄商贸有限公司(以下简称宝庄公司)

【基本案情】

金川公司成立于1992年12月26日，注册资本为2000万元。金川公司原股

东为符瀚文(占股79.5%)、同山公司(占股20.5%)。

2010年2月10日,符瀚文、同山公司作为甲方(转让方)与海南源集实业投资有限公司(2010年6月3日更名为欣达公司)、美瑞公司作为乙方(受让方)签订《股权转让协议书》,合同主要内容为:……4.甲方将金川公司80%股权以4800万元的价格转让给乙方。双方未到工商部门办理股权变更登记手续。

2011年3月15日,同山公司作为甲方(转让方)与欣达公司作为乙方(受让方),符瀚文作为丙方,美瑞公司作为丁方签订《股权转让协议书》,约定同山公司将其持有的金川公司20.5%的股权以512万元的价格转让给欣达公司。双方未到工商部门办理股权变更登记手续。

2011年3月24日,符瀚文、同山公司作为甲方(转让方)与宝庄公司作为乙方(受让方)签订《股权转让合同》约定"第二条　股权转让价格及支付方式:1.甲方将其在金川公司所占的全部股权暂作价3亿元转让给乙方……"

2011年3月25日,符瀚文、同山公司作为甲方(转让方)与宝庄公司作为乙方(受让方)签订《股权转让协议》,约定符瀚文将其持有的金川公司79.5%股权中的69.5%作价1390万元转让给宝庄公司,同山公司将其持有的20.5%股权作价410万元转让给宝庄公司。2011年3月25日,符瀚文作为甲方与王官耀作为乙方签订《股权转让协议》,约定将金川公司10%的股份以200万元的价格转让给王官耀。

2011年4月1日,金川公司股东由符瀚文和同山公司变更登记为宝庄公司(占股90%),王官耀(占股10%)。

2014年9月15日,符瀚文、同山公司向法院提起诉讼,请求:(1)判决王官耀、欣达公司、美瑞公司及宝庄公司向符瀚文、同山公司支付股权转让价款3650万元并赔偿损失657万元;(2)判决王官耀、欣达公司、美瑞公司及宝庄公司对上述债务承担连带清偿责任。

王官耀、欣达公司辩称,欣达公司与符瀚文、同山公司、美瑞公司之间签订的《股权转让协议书》并未实际履行,后符瀚文、同山公司将股权另行转让给了宝庄公司,其向欣达公司主张股权转让款,没有事实依据。

一审法院认为,从上述合同的履行情况看,金川公司100%股权的转让实际上履行的是3月24日《股权转让合同》。因此符瀚文、同山公司、欣达公司、美瑞公司分别于2010年2月10日、2011年3月15日签署的两份《股权转让协议书》在符瀚文、同山公司与宝庄公司签订并履行《股权转让合同》后已无法履行。据此,一审法院判决驳回符瀚文、海口同山商贸有限公司的诉讼请求。

符瀚文、同山公司不服一审判决,提起上诉。

二审法院认为,2010 年 2 月 10 日,符瀚文、同山公司与欣达公司、美瑞公司签订《股权转让协议书》约定:符瀚文、同山公司将其持有的金川公司 80% 股权以 4800 万元的价格转让给欣达公司和美瑞公司,但双方未到工商部门办理股权变更登记手续。2011 年 3 月 13 日同山公司股东会决议一致同意同山公司将所持有的金川公司 20.5% 股权以 512 万元的对价转让给欣达公司。同年 3 月 15 日,金川公司股东会决议一致同意同山公司将所持有的金川公司 20.5% 股权以 512 万元的对价转让给欣达公司。同日,同山公司与欣达公司、符瀚文、美瑞公司签订《股权转让协议书》。该协议约定:同山公司将其持有的金川公司 20.5% 的股权以 512 万元的价格转让给欣达公司,本协议条款若与四方于 2010 年 2 月 10 日《股权转让协议书》有冲突或抵触的,以本协议之约定为准。该《股权转让协议书》签订后,双方仍未到工商部门办理股权变更登记手续。基于以上事实,根据《公司法》第三十二条的规定,符瀚文、同山公司虽与欣达公司、美瑞公司就金川公司 80% 股权签订转让合同,同山公司亦与欣达公司就金川公司 20.5% 股权签订转让合同,但均未依法到公司登记机关办理变更登记手续,直至 2011 年 3 月 24 日宝庄公司签订《股权转让合同》时,金川公司企业机读档案备案登记资料仍然显示符瀚文、同山公司持有金川公司 100% 股权,因此宝庄公司有充分理由相信其交易对象应为符瀚文与同山公司,符瀚文、同山公司关于已与欣达公司、美瑞公司另行签订股权转让合同、金川公司股权已经转移的主张并不能对抗宝庄公司。

【裁判】

一审判决:

驳回符瀚文、同山公司的诉讼请求。

二审判决:

驳回上诉,维持原判。

【实务评析】

在股权转让过程中,交易各方通常会基于一些原因在前次转让未进行股权变更时直接进行后续转让的情形。此时名义上的交易方如果没有足够的证据证明代前次交易股东出面的事实,同时也无法证明后续股权受让方明知原股东为名义转让方的事实,发生争议时原股东的责任是无法逃脱的。原股东不仅无法摆脱对后续受让人的责任,同时中间受让人的权利可能也很难实现,原股东甚至还要承担不履行前次股权转让合同的责任。股权交易方在现实中应尽量避免两次转让行为的发生,如果确需进行二次转让的操作,必须解决证明中间受让人及后续受让人明知实质交易对象的问题,并取得二者豁免原股东责任的承诺,同时要做到"留痕",有效保全证据。

8. 当事人签订多份协议对法律关系性质产生争议时股权转让关系认定

——许尚龙、吴娟玲与何健、张康黎、张桂平股权转让纠纷案

【风险提示】

多份协议　实际履行

【案例要旨】

当事人之间签订多份协议，应通过审查股份的交付、款项的支付、债务的抵销等相关事实，以双方当事人的实际履行情况，认定当事人之间是否形成股权转让关系。

【案件基本信息】

1. 裁判书字号

最高人民法院(2013)民二终字第52号民事判决书[1]

2. 当事人

原告(上诉人)：许尚龙

原告(上诉人)：吴娟玲

被告(被上诉人)：何健

被告(被上诉人)：张康黎

被告(被上诉人)：张桂平

【基本案情】

2007年6月21日，许尚龙、吴娟玲与何健、张康黎签订一份《股权置换协议》，

[1] 本案被最高人民法院民事审判第二庭《商事审判指导》2014年第1辑收录。

约定:许尚龙、吴娟玲持有南京浦东建设发展股份有限公司(以下简称南京浦东公司)2200万股份,何健对苏宁环球股份有限公司(以下简称苏宁环球公司)2200万股份享有权利。许尚龙、吴娟玲将其持有的南京浦东公司2200万股份及其依该股份所享有的相应股东权益一并转让给何健,何健同意受让;何健将其享有权利的苏宁环球公司2200万股份及其依该股份所享有的相应股东权益一并转让给许尚龙、吴娟玲,许尚龙、吴娟玲同意受让。

同日,何健与许尚龙、吴娟玲签订一份《借款协议》,约定:何健向许尚龙、吴娟玲提供借款3.92亿元,在2007年6月29日前支付。许尚龙、吴娟玲若不能按期归还借款,同意将其通过置换方式获得的苏宁环球公司2200万股份交给何健清偿债务。

同日,许尚龙、吴娟玲与何健、张康黎签订一份《委托处置股份协议》,约定:委托处置的股份是本协议签订时何健享有权利的苏宁环球公司2200万股份。许尚龙、吴娟玲已向何健借款3.92亿元,为偿还债务,许尚龙、吴娟玲委托何健处理苏宁环球公司2200万股份。何健负有的交付苏宁环球公司2200万股份的义务,双方协商同意债务相互抵销。

同日,南京浦东公司召开临时股东大会并形成决议,审议通过《关于股东许尚龙、吴娟玲将其股份转让的议案》《关于修改公司章程的预案》等议案。《关于股东许尚龙、吴娟玲将其股份转让的议案》的主要内容为:许尚龙、吴娟玲分别将其持有的南京浦东公司1200万股份、1000万股份转让给何健,何健以其持有的其他公司的股份进行交换,因属于股权等价置换,双方经协商,同意互不向对方支付转让款。

2007年6月29日,苏宁环球集团有限公司(以下简称苏宁集团公司)代何健向许尚龙、吴娟玲支付3.90236亿元。同日,南京二十一世纪投资集团有限公司收到代收款3.90236亿元。许尚龙、吴娟玲于同日出具收条,载明收到苏宁集团公司代何健支付的股权转让款3.92亿元。还载明,以上款项是实际履行2007年6月21日签署的南京浦东公司《股权置换协议》及相关《借款协议》。

2012年8月6日,许尚龙、吴娟玲起诉,请求何健向许尚龙、吴娟玲支付违约金4亿元,返还印花税等相关费用176.4万元,且张康黎、张桂平承担连带责任。

一审法院认为,2007年6月21日的《股权置换协议》《借款协议》《委托处置股份协议》三份协议在本案各方当事人之间形成的是股权转让关系,而非股权置换关系。本案中许尚龙、吴娟玲与何健于同一天签署了三份协议，综观三份协议，双方当事人的真实意思是许尚龙、吴娟玲将其持有南京浦东公司2200万股份转让给何健，何健向许尚龙、吴娟玲支付相应款项。从该三份协议的履行情况进行分析：2007年6月29日，何健通过苏宁集团公司向许尚龙、吴娟玲支付了3.90236亿元。许尚龙、吴娟玲在出具的收条中载明收到苏宁集团公司代何健支付的“股权转让款”，收条内容表明许尚龙、吴娟玲确认其所收到的3.90236亿元并非借款。各方当事人上述履行协议的情况与2007年6月21日三份协议约定的内容一致，且已于2007年履行完毕。在此后至提起本案之诉前长达近5年的期间内，并无证据证明许尚龙、吴娟玲向何健主张其应履行转让苏宁环球公司2200万股份的义务。一审判决驳回许尚龙、吴娟玲的诉讼请求。

许尚龙、吴娟玲不服一审判决，提起上诉。

关于本案所涉三份协议的性质问题，二审法院认为，许尚龙、吴娟玲与何健签订《股权置换协议》时，虽约定双方通过置换的方式，将各自持有或享有权利的股份转让给对方，但在双方同日签订的《借款协议》和《委托处置股份协议》中，因何健向许尚龙、吴娟玲提供借款而形成3.92亿元债务，双方约定该债务与何健依《股权置换协议》应履行的交付苏宁环球公司2200万股份的债务相互抵销，即何健无须再向许尚龙、吴娟玲履行转让苏宁环球公司股份的义务。因此，双方当事人通过签订系列协议的方式，对双方之间的股权转让达成了一致的意思表示。特别是在许尚龙、吴娟玲收到苏宁集团公司代何健支付的3.90236亿元后，明确表示该款项为股权转让款并确认系履行双方之间的《股权置换协议》等相关协议。据此，应当确认许尚龙、吴娟玲收到的3.90236亿元并非借款，而是何健受让南京浦东公司2200万股份后向许尚龙、吴娟玲支付的股权对价。该对价已经双方协议确认，且许尚龙、吴娟玲承诺，何健处置苏宁环球公司股份的处置款无论高于或低于3.92亿元，盈亏均与许尚龙、吴娟玲无关，亦说明许尚龙、吴娟玲收取的3.92亿元股权转让款，不因苏宁环球公司2200万股份价值的高低而发生任何变化。故许尚龙、吴娟玲仍以《股权置换协议》、南京浦东公司股东会决议的内容主张双方之间系股权置换关系，显然已与双方履行合同后的实际情况不符。原审判决关于本案当事人之间形成的是股权转让关系的认定正确，应予维持。判决驳回上诉，维持原判。

【裁判】

一审判决：

驳回许尚龙、吴娟玲的诉讼请求。

二审判决：

驳回上诉，维持原判。

【实务评析】

股权置换与股权转让均比较复杂，特别是股权置换，如果一方未按照股权置换协议履行股权变更手续，如股东名册、公司章程和工商登记变更，就会构成违约，股权置换演变成股权转让。如何区分股权置换与股权转让？第一，是否有偿不同。股权置换双方一般均不支付对价，而股权转让一般为有偿，例外为无偿。第二，目的不同。股权置换目的主要是改善股权结构、引进战略投资人或合作伙伴，而股权转让则主要是通过股权转让取得交易对价。第三，是否改变控股股东地位不同。股权置换一般不会改变控股股东地位；而股权转让有可能改变控股股东的地位。

9. 股权转让中的欺诈行为

——李荣玉与张广信股权转让纠纷案

【风险提示】

欺诈行为　信息披露

【案例要旨】

一方当事人故意告知对方虚假情况，或者故意隐瞒真实情况，诱使对方当事人作出错误意思表示的，可以认定为欺诈行为。

【案件基本信息】

1. 裁判书字号

北京市第二中级人民法院（2017）京 02 民终 10153 号民事判决书[1]

2. 当事人

原告（被上诉人）：李荣玉

被告（上诉人）：张广信

【基本案情】

李荣玉与张广信系河北京陶房地产开发有限公司（以下简称京陶公司）的股东。

2014 年，二人签订《法人变更和北新家园项目股权转让协议书》，约定将法定代表人由张广信变更为李荣玉，同时，张广信将全部股权以 896 万元转让给李荣玉。协议签订后，京陶公司办理了法定代表人变更登记，李荣玉支付了 400 万元

〔1〕 本案是《中国法院 2019 年度案例》收录案例。

转让款,但双方未办理股权变更登记。李荣玉发现张广信在其担任京陶公司法定代表人期间于2014年5月27日以京陶公司名义向其子张凯所欠李兵的500万元借款提供担保,该担保没有召开股东会进行决议,直接由张广信出具协议并加盖了京陶公司公章。李荣玉于2016年9月收到李兵要求京陶公司承担保证责任的起诉状。李荣玉以张广信在股权转让中存在欺诈行为为由要求撤销股权转让协议并返还股权转让款。

李荣玉向一审法院起诉请求:(1)判令撤销李荣玉与张广信于2014年11月6日签订的《法人变更和北新家园项目股权转让协议书》;(2)判令张广信返还李荣玉已支付的运营成本1640000元、股权转让款4000000元;(3)本案诉讼费用由张广信负担。

一审法院认为:

(1)关于张广信未向李荣玉披露担保事实的行为是否构成欺诈的问题。《合同法》第五十四条第二款规定:"一方以欺诈、胁迫的手段或者乘人之危,使对方在违背真实意思的情况下订立的合同,受损害方有权请求人民法院或者仲裁机构变更或者撤销。"[1]一方当事人故意告知对方虚假情况,或者故意隐瞒真实情况,诱使对方当事人作出错误意思表示的,可以认定为欺诈行为。因此,欺诈包括积极告知不实信息和消极隐瞒真实信息两种情形。本案中,张广信并未在股权转让协议中或以其他方式向李荣玉告知或承诺股权转让协议前不存在李荣玉不知情的以京陶公司名义对外作出的担保,因此不存在积极的欺诈行为。

(2)关于张广信是否构成消极的欺诈行为,则应当从以下方面分析认定:

首先,张广信在股权转让前系京陶公司法定代表人,其在未召开股东会的情形下以京陶公司名义为第三人提供担保,违反了京陶公司章程的规定,不能认定李荣玉知晓担保事实。而且,张广信也未提交证据证明通过其他途径或方式告知李荣玉担保事实。因此,在李荣玉不知晓担保事实的情况下,张广信在转让股权时未将担保事实告知李荣玉,系隐瞒真实情况。

其次,虽然股权转让协议涉及北新家园项目问题,但协议中的核心内容体现为转让京陶公司的股权。在股权转让中,公司的经营状况、盈利能力、对外法律风险等都是影响受让股权以及转让价格的重要因素。双方于2014年3月10日签订

〔1〕《民法典》相关条文为第一百四十八条:"一方以欺诈手段,使对方在违背真实意思的情况下实施的民事法律行为,受欺诈方有权请求人民法院或者仲裁机构予以撤销。"

的转让协议中所记载的“投入本金”“项目红利”的金额与发生争议的转让协议的“投入本金”“运营成本投入”“红利”金额是几乎相同的，即后一份转让协议几乎沿用了前一份未生效的股权转让协议中的相关金额。但是，在签订前一份转让协议时，尚未发生京陶公司对李兵提供担保的事实，京陶公司对外提供500万元担保的事实对李荣玉决定是否签订后一份转让协议以及是否重新确定股权受让款金额具有重要影响。

最后，在股权转让协议中的第一部分“法人变更”以及第三部分“股权撤出”实际上对股权转让前的风险都进行了分担。这再次印证，股权转让协议中双方十分注重对外风险的提示和分配。张广信辩称，股权转让协议已经概况性地约定，包括涉案担保事宜在内的“与北新家园项目无关的张广信利用京陶公司名义开展的业务，其法律责任、风险均由张广信承担”。该抗辩不能成立，因为对外担保系以京陶公司名义对外作出，张广信与李荣玉的约定系针对京陶公司法定代表人的责任，并不影响公司对外承担担保责任。

因此，张广信明知京陶公司对外提供担保500万元担保的事实，而该事实对于李荣玉决定是否签订股权转让协议以及确定股权转让款具有重要影响，但张广信并未举证证明向李荣玉告知该事实，因此构成消极的欺诈行为。

据此，一审法院判决撤销双方签订的《法人变更和北新家园项目股权转让协议书》，张广信返还李荣玉4000000元。

张广信不服一审判决，提起上诉。

二审法院认为，张广信与李荣玉签订的《法人变更和北新家园项目股权转让协议书》系双方的真实意思表示，不违反法律、法规的强制性规定，合法有效。根据《合同法》的规定，故意隐瞒真实情况，诱使对方当事人作出错误意思表示的，亦属于欺诈行为。本案中，双方签订的为股权转让协议，系张广信向李荣玉转让京陶公司的股份，且将法人变更为李荣玉，双方在协议中虽提及了京陶公司运营的除北新家园之外的项目，但京陶公司为张凯所欠李兵的500万元提供担保一事，并不在双方的约定项目之内。而双方在签订协议时，张广信并未将此重大事项告知李荣玉，属于故意隐瞒真实情况，可认定为欺诈行为。

【裁判】

一审判决：

1. 撤销李荣玉与张广信于 2014 年签订的《法人变更和北新家园项目股权转让协议书》;

2. 张广信向李荣玉返还 4000000 元;

3. 驳回李荣玉的其他诉讼请求。

二审判决:

驳回上诉,维持原判。

【实务评析】

实践中,部分股东在控制公司期间损害公司利益,然后再通过股权转让逃避责任的行为屡见不鲜,给股权受让人造成损失。对此,应当通过股权转让中的信息披露义务,为受让股东提供法律救济。股东在转让股权时,首先应当披露与股权直接相关的信息,如股权份额、登记状况、有无抵押、实缴出资情况等。除此之外,股东是否负有其他信息披露义务,应当根据股东的股权份额、任职情形等具体案情判断。需要注意的是,如果当事人对披露义务作出特别约定,或者根据案件情况可以得出当事人默示存在该约定的,应当按照约定执行。

10. 一人公司股东不能证明公司财产独立于自己财产的视为财产混同

——付学玲、沙沫迪等与周盈岐、营口恒岐房地产开发有限公司等股权转让纠纷案

【风险提示】

一人公司　财产混同

【案例要旨】

股东个人作为一人有限公司的唯一股东，不能证明公司财产独立于自己的财产的，构成财产混同。因此，股东抗辩股权转让合同为公司签订而非本人签订因而无效的，不予支持。

【案件基本信息】

1. 裁判书字号

最高人民法院（2016）最高法民终222号民事判决书

2. 当事人

原告（反诉被告、被上诉人）：付学玲

原告（反诉被告、被上诉人）：沙沫迪

原告（反诉被告、被上诉人）：王凤琴

被告（反诉原告、上诉人）：周盈岐

被告（反诉原告、上诉人）：营口恒岐房地产开发有限公司（以下简称恒岐公司）

被告：营口经济技术开发区明虹房地产开发有限公司（以下简称明虹公司）

【基本案情】

2010年4月7日，恒岐公司（甲方）与沙建武（乙方）签订了《公司股权转让合同书》，该合同书约定：经双方友好协商，就恒岐公司及该公司名下全部资产的股权全部转让事宜，甲乙双方约定：合同生效后乙方即拥有该公司及公司名下全部资产100%的股权（股权的交割比例按照甲方收到乙方的转让费数额的增加而增加，甲方收到全部转让费后，乙方即获得全部100%的股权）。甲方恒岐公司法定代表人周盈岐签字，乙方沙建武签字。

自2010年4月8日起至2011年5月15日止，周盈岐共收到沙建武转让款人民币7815万元和美元10万元。沙建武依约支付人民币5000万元后，周盈岐并未按约定将该宗土地所有相关资料的原件交给沙建武，亦未将恒歧公司的营业执照副本原件等资料交给沙建武，之后沙建武也未按合同约定的第二笔付款时间付清第二笔款3000万元。

2010年7月6日，营口市鲅鱼圈区人民政府批复将上述土地出让给恒岐公司。2010年7月8日，恒岐公司办理了该宗土地的土地使用权证书。2010年7月26日，周盈岐交纳土地出让金人民币74955328元。周盈岐取得该宗土地的使用证书后，未将该证书交给沙建武。

付学玲、沙沫迪、王凤琴于2014年6月5日向辽宁省高级人民法院提起诉讼，请求判令解除《公司股权转让合同书》等。恒岐公司、周盈岐提出反诉。

一审法院认为，依据《公司股权转让合同书》的约定，沙建武在2010年4月8日给付周盈岐人民币200万元，2010年4月13日给付周盈岐人民币4800万元。周盈岐并未按《公司股权转让合同书》中的约定将该宗土地所有相关资料、公司营业执照副本等原件交给沙建武。沙建武也未按合同约定的第二笔付款时间付清第二笔款3000万元。2010年7月6日，营口市鲅鱼圈区人民政府将案涉土地出让给恒岐公司，2010年7月8日周盈岐取得了该土地的使用权证书后，周盈岐也未将该土地证书交给沙建武。可见，在履行《公司股权转让合同书》的过程中，周盈岐、恒岐公司违约在先，应当承担相应的责任。另外，恒岐公司的企业性质为个人独资企业，其唯一股东为周盈岐。本案中，周盈岐从沙建武处取得的股权转让款主要用于恒岐公司向土地出让部门交纳土地出让金，周盈岐与恒岐公司发生了股东个人与一人有限公司之间的财产混同，周盈岐作为恒岐公司的唯一股东不能证明公司财产独立于自己的财产,应当对恒岐公司债务承担连带责任。一审判决解除恒岐公司与沙建武在2010年4月7日签订的《公司股权转让合同书》。

周盈岐、恒岐公司不服一审判决,提起上诉。

二审法院认为,关于本案违约主体认定的问题业已查明,《公司股权转让合同书》签订后,合同双方已经开始实际履行。虽然在合同签订之时,恒岐公司尚未取得合同约定的涉案土地使用权,但沙建武仍首先依约支付了第一笔5000万元,而周盈岐、恒岐公司在取得了涉案土地使用权之后却未能如约履行合同约定的交付土地有关材料及公司登记材料等义务,此行为已经构成违约。根据进一步查明的事实,沙建武在支付上述5000万元后陆续支付了2800余万元人民币及10万美元,而恒岐公司却将涉案土地使用权在另案中以调解的方式抵顶给了明虹公司并办理了相应的过户手续,致使《公司股权转让合同书》的合同目的最终不能实现,因此,恒岐公司已经构成根本违约。本院认为,对于《公司股权转让合同书》因存在《合同法》第九十四条第四项〔1〕之规定而导致法定解除的根本责任在于恒岐公司,付学玲、沙沫迪、王凤琴作为沙建武之法定继承人有权要求周盈岐、恒岐公司在合同解除后返还已付转让款本金以及相应的利息,原审法院对此认定并无不当。对于周盈岐、恒岐公司一再主张的因合同约定条款无效故其无须履行约定义务、并要求被上诉人支付违约金的主张,本院前已述及合同条款无效的法定事由并不存在、违约金之主张超出本案二审审理范围的具体理由,同时认为,周盈岐、恒岐公司在未依约履行义务且将涉案土地另行处分从而构成根本违约的前提下,其在本案中却一再否认对沙建武所作承诺之效力,并转而要求沙建武承担违约责任的行为不但与事实不符,且有违诚实信用之原则,对此,不予采纳。

【裁判】

一审判决:

1. 解除恒岐公司与沙建武在2010年4月7日签订的《公司股权转让合同书》;

2. 周盈岐、恒岐公司返还付学玲、沙沫迪、王凤琴人民币7815万元及利息(自2011年5月16日起至实际给付之日止,按中国人民银行规定的同期人民币贷款

---

〔1〕《民法典》相关条文为第五百六十三条第一款第四项:"有下列情形之一的,当事人可以解除合同:(四)当事人一方迟延履行债务或者有其他违约行为致使不能实现合同目的。"

利率给付);美元10万元及利息(自2011年5月16日起至实际给付之日止,按中国人民银行规定的同期美元贷款利率给付);

3.明虹公司对上述债务承担连带给付责任;

4.驳回付学玲、沙沫迪、王凤琴的其他诉讼请求;

5.驳回周盈岐、恒岐公司的反诉请求。

二审判决:

驳回上诉,维持原判。

【实务评析】

在民营企业及家族企业的经济活动中,股东尤其是公司的实际控制人的行为确实在很多场合与公司的行为是混同的,股东的财产与公司的财产也是混同的。由此带来的公司有限责任的丧失、股东与公司之间风险的相互传递,是很多民营企业及家族企业倒闭乃至破产的原因。家企不分、公私不分对民营企业及家族企业来说是顽疾。在一人有限公司的情形下,对于公司股东财产与公司财产独立性的要求更高,一人有限公司的股东不能证明公司财产独立于自己财产的,将对公司债务承担连带责任。

11. 一人有限公司转让其股权须经自然人股东书面签字同意

——世纪华中(北京)科技有限公司与赵双瑞、天津消防器材有限公司股权转让纠纷案

【风险提示】

一人公司　股权转让　书面签字

【案例要旨】

一人公司股权转让时,唯一自然人股东与公司应当为同一的意思表示方能认定公司意思表示真实,此时自然人股东是否同意是认定该股权转让真实与否的唯一标准。

【案件基本信息】

1. 裁判书字号

天津市高级人民法院(2011)津高民二终字第 0049 号民事判决书[1]

2. 当事人

原告(上诉人):世纪华中(北京)科技有限公司(以下简称世纪华中公司)

被告(上诉人):赵双瑞

被告:天津消防器材有限公司(以下简称消防器材公司)

【基本案情】

世纪华中公司成立于 2006 年 3 月,是有限责任公司。发起人为海新电气公

[1] 本案被《人民司法》2012 年第 12 期收录。

司、宋海波，公司注册资本1000万元。

2006年8月18日，世纪华中公司召开股东会，股东会议决定海新电气公司将持有的970万股份转让给宋海波。公司性质变更为一人有限责任公司。

2006年6月23日，消防器材公司进行改制。案外人华夏消防（集团）有限责任公司将其持有的消防器材公司100%的股权以协议方式转让给世纪华中公司与首安工业消防有限公司（以下简称首安消防公司）。改制后的消防器材公司，公司类型为有限责任公司，公司股东为世纪华中公司与首安消防公司，公司注册资本1656万元，公司法定代表人宋海波，职务为董事长。

2007年4月9日，消防器材公司召开股东会，会议表决通过以下决议：将股东首安消防公司在本公司中占有的19%的股份转让给世纪华中公司，公司成为世纪华中公司一个股东的法人独资有限公司。同日，世纪华中公司与首安消防公司签订转股协议，首安消防公司将其在消防器材公司中占有的19%的股份转让给世纪华中公司。消防器材公司变更为法人独资的有限责任公司。

2010年4月29日，时任消防器材公司总经理的赵双瑞委托消防器材公司的工作人员向公司登记机关申请消防器材公司变更登记，并提供了2010年4月29日转股协议、股东决定书及公司变更登记申请书。具体变更事项为：(1)将公司的法定代表人宋海波变更为赵双瑞；(2)股东由世纪华中公司变更为赵双瑞；(3)公司类型由法人独资有限责任公司变更为自然人独资有限责任公司。同日，工商行政管理机关对消防器材公司的上述申请的变更事项予以变更登记。

一审法院认为，对于赵双瑞向工商行政管理机关提供的转股协议、股东决定书是否系世纪华中公司意思表示事实的认定，本案涉诉的转股协议及消防器材公司股东决定书，虽有世纪华中公司与消防器材公司所加盖的公章，但没有世纪华中公司的唯一股东、消防器材公司法定代表人宋海波的签字。关于消防器材公司转股之事，赵双瑞没有同世纪华中公司商议，该转股协议上世纪华中公司的公章，是在其签字时已经加盖。原审法院认为，股东向其他股东或股东之外的其他人转让其股权，系股东（股权转让方）与股权受让方协商一致的民事合同行为，该合同成立的前提之一是合同双方具有转让、受让股权的真实意思表示。故此，应当认定2010年4月29日的转股协议及消防器材公司的股东决定书并非双方真实意思表示，不具有客观真实性，转股协议的内容不能认定为世纪华中公司的真实意思表示，违反了《民法通则》[1]第四条[2]“民事活动应当遵循自愿、公平、等价有偿、诚实信用的原则”的规定，损害了世纪华中公司的合法权益。一审判决：赵双瑞向世纪华中公司返还其所持有的消防器材公司100%股权，并协助世纪华中公司办理相应工商变更登记手续。

赵双瑞不服一审判决，提起上诉。认为法人在合同上盖章即为完成其意思表示行为，双方盖章或签字合同即成立，因而该转股协议应为合法有效。没有任何法律规定法人签订合同要股东签字。至于世纪华中公司内部是否履行了公司法或其章程规定的决定程序，与合同效力无关。

世纪华中公司辩称，公章不是意思机关，没有经过世纪华中公司唯一股东宋海波的同意，消防器材公司股权转让无效。

二审法院认为，公司股东的合法权利依法受到保护，任何单位和个人不得侵犯。本案的争议焦点为，世纪华中公司所持有的消防器材公司100%股权转让给赵双瑞是否合法有效。从股权原持有人世纪华中公司分析，虽然从表面上看，世纪华中公司在转股协议、股东决定书上盖章确认将其持有的消防器材公司100%股权转让给赵双瑞，但是，由于世纪华中公司是消防器材公司唯一的占100%股权的股东，其作为拟制人格主体，在为民事行为时，意思表示只能由自然人来表达，而宋海波恰恰是世纪华中公司唯一自然人股东，因此，宋海波与世纪华中公司应当为同一的意思表示方能认定世纪华中公司意思表示真实，宋海波是否同意也就是认定该股权转让真实与否的唯一标准。作为世纪华中公司的唯一股东、又兼任消防器材公司法定代表人的宋海波并不知晓情自己的股权发生转移，赵双瑞也没有证据证明是在宋海波同意或认可的情况下受让股权，因此，一审法院认定该转股行为不是世纪华中公司的真实意思表示，不具有客观真实性，符合客观事实。世纪华中公司主张赵双瑞返还涉案股权亦应支持。

【裁判】

一审判决：

---

[1] 《民法典》自2021年1月1日起施行，《民法通则》同时废止。下同。

[2] 《民法典》相关条文为第五条、第六条、第七条。第五条：“民事主体从事民事活动，应当遵循自愿原则，按照自己的意思设立、变更、终止民事法律关系。”第六条：“民事主体从事民事活动，应当遵循公平原则，合理确定各方的权利和义务。”第七条：“民事主体从事民事活动，应当遵循诚信原则，秉持诚实，恪守承诺。”

赵双瑞向世纪华中公司返还其所持有的消防器材公司100%股权,并协助世纪华中公司办理相应工商变更登记手续。

二审判决:

驳回上诉,维持原判。

【实务评析】

《公司法》第三十七条第一款规定:“股东会行使下列职权:(一)决定公司的经营方针和投资计划……”一般认为,这里所说的“经营方针和投资计划”应解释为包含了“股权转让”。因一人有限责任公司不设股东会,故有权对转让其股权作出决定的只能是该一人有限公司的自然人股东。《公司法》第六十一条规定:“股东作出本法第三十七条第一款所列决定时,应当采用书面形式,并由股东签名后置备于公司。”

12. 违反级别管辖的约定并非当然无效

——云南路红实业集团有限责任公司与周玉贤、何逢玲股权转让纠纷案

【风险提示】

级别管辖　地域管辖

【案例要旨】

如果当事人约定的地域管辖符合法律和司法解释的规定，即便超过协议约定管辖法院的级别标准，也应当认定双方选择的地域管辖是有效的，可以结合级别管辖标准确定具体的管辖法院。

【案件基本信息】

1. 裁判书字号

最高人民法院(2016)最高法民辖终22号二审民事裁定书

2. 当事人

原告(被上诉人)：云南路红实业集团有限责任公司(以下简称路红公司)

被告(上诉人)：周玉贤

被告(上诉人)：何逢玲

【基本案情】

路红公司向法院起诉称：2012年2月29日，路红公司与周玉贤、何逢玲签订《股权转让协议》，约定周玉贤将其持有的镇雄县刘家坡煤矿有限公司51%的股份转让给路红公司，路红公司支付股权转让款2.04亿元。之后，双方又于2013年11月1日签订《股权转让协议(补充协议)》。路红公司认为上述两份合同以股权

转让形式掩盖非法转让采矿权的事实，故请求云南省高级人民法院确认两份合同无效，并返回股权转让款70179703.46元。

一审法院2015年8月10日受理后，周玉贤、何逢玲在答辩期内提出管辖权异议，认为该案应当遵照原告就被告原则由四川省高级人民法院受理。

一审法院认为：尽管路红公司与周玉贤、何逢玲签订的《股权转让协议》第10条约定，"产生争议协商处理，协商不成由昭通市中级人民法院管辖"，但本案争议标的为70179703.46元，故该约定因违反级别管辖的规定而无效。根据《民事诉讼法》第二十三条"因合同纠纷提起的诉讼，由被告住所地或者合同履行地人民法院管辖"的规定，本案系路红公司依据《股权转让协议》等合同提起的诉讼，被告住所地或合同履行地人民法院均有管辖权。本案中，双方当事人股权转让的标的是镇雄县刘家坡煤矿有限公司，该公司位于云南省镇雄县塘房镇凉水乡，且双方于2012年6月在镇雄县工商行政管理局将股权变更至路红公司名下。故双方合同履行地为镇雄县，周玉贤、何逢玲居住地人民法院与该院对本案均有管辖权。根据《民事诉讼法》第三十五条"两个以上人民法院都有管辖权的诉讼，原告可以向其中一个人民法院起诉；原告向两个以上有管辖权的人民法院起诉的，由最先立案的人民法院管辖"的规定，本案中，原告路红公司已向合同履行地的云南省高级人民法院起诉，故该院审理本案符合法律和最高人民法院的相关规定，周玉贤、何逢玲的管辖异议不能成立，裁定驳回对周玉贤、何逢玲对本案管辖权提出的异议。

周玉贤、何逢玲不服一审裁定，提出上诉。

二审法院认为，本案中，双方当事人在《股权转让协议》中约定："产生争议协商处理，协商不成由昭通市中级人民法院管辖"，云南省昭通市属于与争议有实际联系的地点，故应视为双方当事人对地域管辖作了一致意思表示，双方选择的地域管辖是有效的。结合本案诉讼标的额达到了云南省高级人民法院民商事案件一审管辖标准，故能够确定本案当事人约定的唯一管辖法院为云南省高级人民法院，云南省高级人民法院对案件享有管辖权。综上，上诉人的主张不能成立，一审裁定并无不当。

【裁判】

一审裁定：

驳回周玉贤、何逢玲的管辖异议。

二审裁定：

驳回上诉，维持原裁定。

【实务评析】

民事诉讼管辖法院的确定，首先考虑地域管辖，包括是否属于专属管辖或者专门管辖情形，是否属于协议管辖情形，法律是否对管辖法院有特殊规定等。其次考虑级别管辖。实践中，当事人往往受法律知识所限，管辖协议既约定了地域管辖，同时也约定了级别管辖。对此，考虑到当事人在纠纷发生前无法预见争议的诉讼标的额是否具有重大影响，出于保护当事人的正当预期，如果当事人约定的地域管辖符合法律和司法解释的规定，即便超过协议约定管辖法院的级别标准，也应当认定双方选择的地域管辖是有效的，可以结合级别管辖标准确定具体的管辖法院。

第二章
Chapter 02

合同效力

（一）一般股权转让合同效力认定

13. 不应将合同义务认定为限制合同生效的条件

——乔连生与蚌埠日报社股权转让合同纠纷案

【风险提示】

附条件合同　条件　合同义务

【案例要旨】

附条件合同中的条件与合同义务不同。合同义务是依法成立并生效的合同的内容，合同义务确定且明确，当事人未全面、适当履行义务应承担违约责任。当事人依约履行合同义务的结果具有不确定性，不同于条件成就与否的不确定性，不应将合同义务认定为限制合同生效的条件。

【案件基本信息】

1. 裁判书字号

最高人民法院（2014）民申字第 175 号民事裁定书

2. 当事人

原告（二审上诉人、再审申请人）：乔连生

被告（二审被上诉人、再审被申请人）：蚌埠日报社

【基本案情】

乔连生因与蚌埠日报社股权转让合同纠纷一案，不服安徽省高级人民法院（2013）皖民二终字第 163 号民事判决，向最高人民法院申请再审。

乔连生申请再审称，二审判决认定诉争股权转让合同为附生效条件的合同，属于适用法律错误。双方当事人未就合同的生效作出过附条件的约定，有关“按

国有资产处置规定进行收购兴文公司”的约定，是对合同履行内容的约定，并非合同生效条件。即使认定该条款系双方约定的合同生效条件，因蚌埠日报社怠于履行办理招投标拍卖手续的合同义务，致使合同生效条件不具备，则依据《合同法》第四十五条第二款关于“当事人为自己的利益不正当地阻止条件成就的，视为条件已成就；不正当地促成条件成就的，视为条件不成就”〔1〕的规定，也应当认定诉争股权转让合同属于生效合同。

再审法院认为，关于诉争股权转让合同的效力以及法律后果的认定问题。乔连生与蚌埠日报社虽未签订正式的股权转让合同，但从乔连生出具的承诺书、蚌埠日报社会议纪要的内容以及该社收取保证金的行为来看，双方当事人就转让兴文公司全部股权达成了合意，双方成立股权转让合同关系。双方约定按国有资产处置的相关规定进行股权转让，即由蚌埠日报社将兴文公司股权提交交易所进行挂牌交易，乔连生承诺按挂牌转让方式竞买。本案二审判决依据上述约定，认为双方当事人以将来客观上不确定事实的发生与否为条件控制合同效力发生，诉争股权转让合同为附生效条件的合同，因蚌埠日报社未将兴文公司股权提交交易所进行挂牌交易，所附条件未成就，且客观上无法成就，故诉争股权转让合同不生效。乔连生申请再审主张诉争股权转让合同为有效合同。

条件应当是将来不确定发生的事实，条件必须合法且由当事人协议确定，并且不得与合同的主要内容相矛盾。条件的实质是当事人对民事法律行为所添加的限制，由于这个限制，使法律效果的发生、变更、消灭系于将来不确定的事实，法律行为经附条件后就处在一种不确定状态。也就是说，条件的本质特征在于成就与否的不确定性。据此，合同义务不能成为条件，理由在于：第一，合同义务具有约束力，当事人应当按照约定履行其义务，而条件是否能够成就是不确定的，当事人不负有使条件成就的义务。第二，合同义务没有完成，当事人要承担违约责任，而条件没有成就，当事人不承担违约责任。第三，合同义务没有完成，原则上不能拟制其已经完成，而拟制成就是条件制度的重要内容。第四，依法成立的合同具有约束力和确定性，所谓附条件法律行为的不确定性是合同确定性的例外。如果将条件的范围扩大到合同义务，那么条件天然的不确定性将毁灭合同的确定性本身。第五，条件的作用是限制合同效力，如果合同义务可以作为条件，那么合同效

〔1〕《民法典》相关条文为第一百五十九条：“附条件的民事法律行为，当事人为自己的利益不正当地阻止条件成就的，视为条件已经成就；不正当地促成条件成就的，视为条件不成就。”

力将完全取决于当事人的履行意愿。

因双方当事人转让股权的意思表示真实，不违反法律、行政法规的强制性规定，且蚌埠日报社转让兴文公司股权经过了蚌埠市财政局批准，故诉争合同应为依法成立的有效合同，本案二审判决对合同效力定性不当。但是，蚌埠日报社已依据其与乔连生的结算赔偿了乔连生为履行合同而支付的费用132万余元，并返还了200万元的项目保证金，本案二审判决还判其承担项目保证金的利息损失，乔连生遭受的损失已得到了填补。对于乔连生请求蚌埠日报社赔偿80万元可得利益损失的主张，因乔连生参与股权竞买后能否受让股权并不确定，其所主张的可得利益也是不确定的，故二审判决不支持乔连生的该项请求，结果并无不当。对于乔连生请求蚌埠日报社支付100万元违约金的主张，因双方当事人未约定违约金，且违约金的主要功能是填补损害，在当事人的损失已得到赔偿时，再判令违约方承担违约金责任将使非违约方双倍受偿，故二审判决不支持乔连生的该项请求，结果并无不当。基于以上分析，虽然本案二审判决对合同效力定性不当，但判决结果并无不妥，二审判决应予维持。

【裁判】

裁定驳回乔连生的再审申请。

【实务评析】

附条件的合同，是指当事人在合同中特别规定一定的条件，以条件的是否成就来决定合同效力发生或消灭根据的合同。条件的本质特征在于成就与否的不确定性。本案中，“按国有资产处置的相关规定进行股权转让”这一约定，是双方当事人对股权转让方式作出的约定，其性质不属于法律事实，内容明确且确定。依据该约定，蚌埠日报社负有将兴文公司股权提交交易所进行挂牌交易的合同义务，乔连生参与竞买，至于挂牌交易后乔连生能否摘得股权，是合同履行的结果问题，合同履行结果的不确定不是条件的不确定，不应将上述约定视为限制合同生效的条件。

14. 股权变更登记不影响股权转让行为的生效

——张仁富与武汉普提金香桂地产有限公司、普提金集团有限公司合同纠纷案

【风险提示】

工商变更登记　转让行为

【案例要旨】

工商行政管理部门对股权的变更登记只是公示要件，不影响股权转让行为的生效。当事人就退还公司股权事项达成一致的，应视为双方约定退回股权条件已成就。

【案件基本信息】

1. 裁判书字号

最高人民法院(2015)民一终字第388号民事判决书

2. 当事人

原告(被上诉人)：张仁富

被告(上诉人)：武汉普提金香桂地产有限公司(以下简称香桂公司)

被告：普提金集团有限公司(以下简称普提金集团)

【基本案情】

2009年至2012年，张仁富出借给普提金集团下属公司本息合计8000万元。2012年10月23日，香桂公司的股东普提金集团等召开股东会，决议普提金集团将其在香桂公司8%的股权以800万元出资转让给张仁富。同日，普提金集团与张仁富签订《关于武汉普提金香桂地产有限公司前期投资款及财务费用评估总额

确认书》,内容为:普提金集团将香桂公司的前期投资款中的8000万元转给张仁富冲抵借款。同时,普提金集团为甲方,张仁富为乙方签订《武汉普提金香桂地产有限公司股权转让协议书》,约定:甲方将其在香桂公司8%的股权以800万元转让给乙方。甲方应支付乙方的借款8000万元分别以股权转让款800万元及投资款7200万元在甲方投资款内扣除。

2013年5月13日,香桂公司的股东召开股东会,决议香桂公司的股份变更为福建伟杰投资有限公司45%,普提金集团27%,詹福进20%,张仁富8%。由普提金集团负责办理股东变更手续。

2014年5月9日,普提金集团向张仁富出具《承诺书》,载明:截至2012年5月31日,普提金集团下属公司向你借款共计金额8000万元整。由于到期未能归还,故将其中金额800万元整作为你受让香桂公司8%股权的股本金,余款金额7200万元整转移到普提金集团投资的下属公司香桂公司所有水生所官桥基地项目,年回报按15%计息。现因该项目一直无法按期实施,故我公司承诺,在你退回上述8%股权的前提下,你的上述款项债务本息由普提金集团连带偿还。香桂公司在《承诺书》上加盖了公章。2014年5月15日,张仁富致函普提金集团称:本人同意贵公司承诺内容。本人在收到贵公司《承诺书》之日起,即放弃在香桂公司所享有的股东权利并不再履行股东义务,本人所持有的香桂公司8%的股权由贵公司享有。为此,贵公司应与本人办理股权变更登记手续,请贵公司于2014年6月15日前,办理完毕本人前述股权退还(转让)工商变更事宜,该变更登记手续不影响本人股权已退还给贵公司的法律后果。

张仁富向一审法院起诉称,请求普提金集团、香桂公司向张仁富偿还投资款8000万元及利息。

一审法院认为,因香桂公司水生所官桥基地项目无法按期实施,普提金集团遂于2014年5月9日向张仁富出具《承诺书》,承诺在张仁富退回香桂公司8%股权的前提下,连带偿还张仁富8000万元并按年息15%支付利息。香桂公司在上述《承诺书》中加盖公章的行为,应视为对《承诺书》内容的认可。其后,张仁富致函普提金集团及香桂公司,表示同意其在《承诺书》中的承诺内容,放弃香桂公司的股东权利,并要求普提金集团、香桂公司于2014年6月15日前办理股权变更登记手续。故张仁富与普提金集团、香桂公司就张仁富退还香桂公司8%的股权,退出对香桂公司的投资及普提金集团向张仁富偿付8000万元及利息达成了一致。

张仁富已向普提金集团及香桂公司发函表示退回香桂公司8%的股权,并要求普提金集团及香桂公司及时办理股权变更登记手续,且承诺该变更登记手续不影响张仁富股权已退还给普提金集团的法律后果,故香桂公司仅需在工商行政管理机关办理相关手续即可完成股权变更之公示效果。双方约定的退回股权条件已经成就。一审判决:普提金集团于判决生效后15日内支付张仁富8000万元并支付利息;香桂公司对本金中的7200万元及利息部分承担连带清偿责任。

香桂公司不服一审判决,提起上诉。

二审法院认为,因水生所官桥基地项目无法按期实施,2014年5月9日,普提金集团向张仁富出具《承诺书》。香桂公司在该《承诺书》上加盖了公章。2014年5月15日,张仁富分别向普提金集团及香桂公司致函表明同意《承诺书》的内容。这表明张仁富与普提金集团、香桂公司就张仁富退还香桂公司8%股权,退出对香桂公司的投资及普提金集团向张仁富偿付8000万元本金及利息的事项达成一致。此后,香桂公司及普提金集团一直未办理股权变更手续,并以此属于张仁富的责任为由拒绝退还投资款本息,但其没有证据证明未办理股权变更登记手续系因张仁富拒不配合导致。根据《公司法》第三十二条、第七十一条的规定,有限责任公司的股东之间可以相互转让其全部或者部分股权;公司登记事项发生变更的,应当办理变更登记,未经登记或者变更登记的,不得对抗第三人。工商行政管理部门对股权的变更登记只是公示要件,不影响股权转让行为的生效。此时应视为双方约定退回股权并返还投资款的条件已成就,普提金集团应当向张仁富偿还8000万元本息。而香桂公司向张仁富出具收款收据及出资证明书,对收取投资款的事实和该部分投资款给付固定利息予以确认,因此香桂公司应对7200万元本息返还负连带清偿责任。

【裁判】

一审判决:

1. 普提金集团于判决生效后15日内支付张仁富8000万元,并从2012年6月1日起至判决确定的给付之日止按年息15%的标准支付利息;

2. 香桂公司对上述普提金集团应支付的本金中的7200万元及利息部分承担连带清偿责任。

二审判决:

驳回上诉,维持原判。

【实务评析】

就一般股权转让合同而言,法律与行政法规并没有规定办理工商变更手续后才生效,故应当按照一般合同生效要件的规定来认定其生效时间。是否进行工商变更登记对股权转让合同的效力问题不应产生影响,工商登记并非股权转让合同效力的评价标准。股权转让合同签订后,是否办理工商变更登记,不应导致股权转让行为是否生效或有效问题,仅应产生当事人是否违约以及是否具备对抗第三人效力的问题。

15. 转让方不需向受让方开具发票的合同条款无效

——四川京龙建设集团有限公司与简阳三岔湖旅游快速通道投资有限公司、成都星展置业顾问有限公司等股权转让纠纷案

【风险提示】

股权转让　发票　无效条款

【案例要旨】

转让方不需向受让方开具发票的约定本质上属于恶意串通损害国家利益，转让双方约定转让方不需向受让方开具发票的合同约定条款，因违反法律强行性规定应为无效条款。

【案件基本信息】

1. 裁判书字号

最高人民法院(2013)民二终字第54号民事判决书

2. 当事人

原告(反诉被告、上诉人)：四川京龙建设集团有限公司(以下简称京龙公司)

被告(反诉原告、上诉人)：简阳三岔湖旅游快速通道投资有限公司(以下简称三岔湖公司)

被告(反诉原告、上诉人)：刘贵良

被告(被上诉人)：成都星展置业顾问有限公司(以下简称星展公司)

被告(被上诉人)：成都锦荣房产经纪有限公司(以下简称锦荣公司)

被告(被上诉人)：成都锦云置业咨询有限公司(以下简称锦云公司)

被告(被上诉人)：成都思珩置业顾问有限公司(以下简称思珩公司)

【基本案情】

2009年7月22日，三岔湖公司、刘贵良与京龙公司签订《成都天骋置业咨询有限公司、成都星展置业顾问有限公司、成都锦荣房产经纪有限公司、成都锦云置业咨询有限公司、成都思珩置业顾问有限公司之股权转让协议》（以下简称《股权转让协议》），该协议约定：刘贵良将其持有的天骋公司、星展公司、锦荣公司、锦云公司和思珩公司各90%的股权转让给京龙公司，三岔湖公司将其持有的天骋公司、星展公司、锦荣公司、锦云公司和思珩公司各10%的股权转让给京龙公司。2009年10月22日，三岔湖公司、刘贵良与京龙公司签订《补充协议》。

2010年12月30日，京龙公司在知道三岔湖公司、刘贵良再次转让星展公司、锦荣公司、锦云公司、思珩公司股权后，以三岔湖公司、刘贵良、星展公司、锦荣公司、锦云公司、思珩公司为被告，向四川省高级人民法院提起本案诉讼，请求：(1)三岔湖公司、刘贵良、星展公司、锦荣公司、锦云公司、思珩公司继续履行《股权转让协议》约定的义务；(2)由三岔湖公司、刘贵良、星展公司、锦荣公司、锦云公司、思珩公司承担本案诉讼费。

2011年4月7日，三岔湖公司、刘贵良向四川省高级人民法院提出反诉，请求确认案涉《股权转让协议》和2009年10月22日签订的《补充协议》已经解除。2011年8月9日，京龙公司向该院增加诉讼请求，请求确认三岔湖公司、刘贵良解除《股权转让协议》及《补充协议》无效。

一审法院认为，《股权转让协议》中关于"不论在任何情况下，三岔湖公司、刘贵良不须、亦不应就或为本协议项下的任何股权转让价款等向京龙公司提供任何形式的发票，但需出具三岔湖公司、刘贵良自行签发的收据或收条"的约定，属《合同法》第五十二条第二项规定的"恶意串通，损害国家、集体或者第三人利益"的情形，应为无效条款，但该条款无效不影响案涉合同其他条款的效力。《股权转让协议》的其他条款及《补充协议》不违反法律、行政法规的强制性规定，合法有效。据此一审法院判决作出相应判决。

京龙公司、三岔湖公司、刘贵良均不服一审判决，提起上诉。

二审法院认为，三岔湖公司、刘贵良及京龙公司于2009年7月22日签订的《股权转让协议》中关于"不论在任何情况下，三岔湖公司、刘贵良不须、亦不应就或为本协议项下的任何股权转让价款等向京龙公司提供任何形式的发票，但需出具三岔湖公司、刘贵良自行签发的收据或收条”的约定及同年10月22日签订的《补充协议》第8条关于“京龙公司同意并保证，在办理过户手续时，只向相关审批机构提供《股权转让协议》的附件二所列的股权转让协议而非《股权转让协议》或《补充协议》，否则，应视为京龙公司单方违约，京龙公司应向三岔湖公司、刘贵良支付定额违约金2000万元”的约定，均以损害国家税收利益为目的，根据《合同法》第五十二条第二项关于“恶意串通，损害国家、集体或者第三人利益”的合同无效的规定，应为无效条款。《股权转让协议》及其《补充协议》中的其余内容系各方当事人的真实意思表示，根据《合同法》第五十六条关于“合同部分无效，不影响其他部分效力的，其他部分仍然有效”的规定，[1]《股权转让协议》及其《补充协议》的其他条款不违反法律、行政法规的强制性规定，合法有效，对当事人具有法律约束力。

【裁判】

一审判决：

1. 四川京龙建设集团有限公司向三岔湖公司、刘贵良支付股权转让款120118150元；

2. 三岔湖公司、刘贵良在收到该判决第一项确定的120118150元股权转让款向京龙公司办理星展公司、锦荣公司的股权过户登记手续；

3. 四川京龙建设集团有限公司向三岔湖公司、刘贵良支付违约金2000万元；

4. 驳回京龙公司的其他诉讼请求；

5. 驳回三岔湖公司、刘贵良的其他反诉请求。

二审判决：

驳回上诉，维持原判。

【实务评析】

《发票管理办法》第十九条规定：“销售商品、提供服务以及从事其他经营活动的单位和个人，对外发生经营业务收取款项，收款方应当向付款方开具发票；特殊

[1] 《民法典》相关条文为第一百五十六条：“民事法律行为部分无效，不影响其他部分效力的，其他部分仍然有效。”

情况下,由付款方向收款方开具发票。”第二十条规定:“所有单位和从事生产、经营活动的个人在购买商品、接受服务以及从事其他经营活动支付款项,应当向收款方取得发票。”依此,股权转让方向股权受让方开具发票是其法定义务。

16. 股权转让合同约定的竞业禁止期间不得超过二年

——刘凡清、杨明与上海峰渡水净化工程有限公司股权转让纠纷案

【风险提示】

竞业禁止　类推适用　劳动合同法

【案例要旨】

在解除或者终止劳动合同后,负有保密义务的人员到与本单位生产或者经营同类产品、从事同类业务的有竞争关系的其他用人单位,或者自己开业生产或者经营同类产品、从事同类业务的竞业限制期限,不得超过二年。

【案件基本信息】

1. 裁判书字号

上海市第二中级人民法院(2014)沪二中民四(商)终字第567号民事判决书

2. 当事人

原告(上诉人):刘凡清

被告(上诉人):杨明

【基本案情】

杨明原为上海凡清环境工程有限公司(以下简称凡清公司)的股东。2007年1月30日,刘凡清与杨明签订《股份转让协议书》。2007年1月30日《股份转让协议书》约定,杨明将其所持凡清公司的股权全部转让给刘凡清,转让价格为人民币355.12万元。

2008 年 1 月 18 日,刘凡清与杨明签订《股份转让协议书》。其约定,杨明将其所持凡清公司股权全部转让给刘凡清,转让价格为 326 万元。第 2 条约定,杨明承诺,自股权转让交易完成之日起,杨明个人及其所领导或关联的企业不生产和经营刘凡清个人及其企业的专利技术及其产品,不生产和经营纤维束过滤类技术及其产品,不做侵害刘凡清个人及其企业利益的事情(仅限于在 2008 年 1 月 18 日《股份转让协议书》签订之前杨明做过前期跟踪并经过双方确认并未与刘凡清个人及其企业相冲突的项目继续由杨明代理【详见清单附件】),如果杨明违反承诺,则赔偿刘凡清 200 万元(以下简称竞业禁止条款)。第 4 条约定,自 326 万元股权转让款在规定期限内支付完毕后,2007 年 1 月 30 日《股份转让协议书》废止。第 5 条约定,2008 年 1 月 18 日《股份转让协议书》自双方签字之日起生效。

2008 年 1 月 30 日、1 月 31 日,刘凡清分两次支付杨明股权转让款 200 万元、100 万元,共计 300 万元。

2008 年 1 月 31 日,刘凡清与杨明向公司登记机关申请办理变更登记。

2008 年 2 月 24 日,公司登记机关作出《准予变更登记通知书》,决定准予变更登记。

2008 年 9 月 8 日,上海峰渡水净化工程有限公司(以下简称峰渡公司)召开股东会会议并作出决议,峰渡公司股东李艳玲、李东斌同意杨明以增资 800 万元的方式入股峰渡公司,入股后,杨明成为峰渡公司持股比例为 80% 的股东。

2009 年 5 月 20 日,峰渡公司召开股东会会议并作出决议,李艳玲、李东斌将其所持股权悉数转让给杨明,股权转让后,杨明成为峰渡公司持股比例为 100% 的股东,相应地,峰渡公司由有限责任公司变更为一人有限责任公司。2010 年 11 月 4 日,杨明将其所持峰渡公司 10% 的股权转让给黄慧珍,股权转让后,杨明成为峰渡公司持股比例为 90% 的股东。

刘凡清起诉称:股权转让完成后,杨明违反承诺,以峰渡公司的名义生产和经营纤维束过滤类产品。杨明、峰渡公司的行为已经构成违约,严重损害了刘凡清的合法权益,请求判令:(1)杨明、峰渡公司自此不得生产和经营纤维束过滤类技术及其产品或者从事损害刘凡清及其企业利益的活动;(2)杨明、峰渡公司连带赔偿刘凡清 200 万元。

一审法院认为,刘凡清与杨明于 2008 年 1 月 31 日向公司登记机关申请股权变更登记的行为使股权转让交易完成之条件成就,自该日起,杨明应按照 2008 年

1月18日《股份转让协议书》的约定履行竞业禁止义务。本案中,刘凡清与杨明并未在2008年1月18日《股份转让协议书》竞业禁止条款中明确约定杨明应履行竞业禁止义务的截止时间。庭审中,刘凡清与杨明一致确认2008年1月18日《股份转让协议书》签订时,双方约定的杨明应履行竞业禁止义务的期间是终身。

关于杨明不得生产和经营通用的纤维束过滤类技术和产品的义务,虽然杨明在签订2008年1月18日《股份转让协议书》时的身份是股东,但在履行竞业禁止义务时已恢复到普通自然人的身份,禁止杨明生产和经营通用的技术和产品将构成对杨明劳动权的限制。根据《劳动合同法》第二十四条第二款之规定,在解除或者终止劳动合同后,负有保密义务的人员到与本单位生产或者经营同类产品、从事同类业务的有竞争关系的其他用人单位,或者自己开业生产或者经营同类产品、从事同类业务的竞业限制期限,不得超过二年。上述法律规定属于效力性强制规定,虽然被规定在《劳动合同法》中,但应当类推适用于本案。一审判决杨明支付刘凡清违约金150万元。

刘凡清、杨明不服一审判决,提出上诉。

二审法院认为,2008年1月18日《股份转让协议书》签订时,杨明系凡清公司股东。该协议中关于杨明及其领导或关联企业不得生产经营同类技术和产品等内容,该条款内容应当理解为缔约双方在系争股份转让协议中,就杨明将其名下全部股份转让给刘凡清后,即杨明与刘凡清之间共同投资经营凡清公司的合同关系终止后,杨明所应当承担的后合同义务的约定。杨明理应按照该约定内容,遵循诚实信用原则,履行不得生产经营同类技术和产品等义务。原审判决认定杨明实施了违约行为,其理应按约承担相应赔偿责任。关于杨明所应当承担后合同义务的期限问题,本院认为,应当基于当事人的合意及公平原则进行认定。本案系争股份转让协议缔约双方,在系争协议中并未明确约定具体期限。原审判决结合本案事实,兼顾对有序市场体系和公平竞争机制的维护,参照相关法律认定该期限为二年,并无不当。

【裁判】

一审判决:

1. 杨明于本判决生效之日起10日内支付刘凡清违约金150万元;

2. 对于刘凡清的其余诉讼请求不予支持。

二审判决:

驳回上诉,维持原判。

【实务评析】

《劳动合同法》之所以将竞业禁止期间限定为最长不超过二年,主要基于四点考虑:第一,虽然企业的商业秘密和竞争利益应当得到保护,但劳动权属于公民的基本人权范畴,公民一旦被永久排除在其熟悉和擅长的领域之外,将面临难以生存之虞。第二,过长的竞业禁止期间虽然保护了企业的商业秘密和竞争利益,却损害了市场主体自主经营、公平竞争的机制,也不利于科学技术的进步。第三,任何先进的技术和产品在诞生之后,随着时间的推移,对有关技术进行保密的必要性也在逐步降低。第四,用人单位和劳动者可能处于不平等的地位,出于保护居于弱势地位的劳动者的目的,也应对竞业禁止期间进行限制。

17. 公司章程可在不违反法律强制性规定下对股权转让进行限制

——宋文军与西安市大华餐饮有限公司股东资格确认纠纷案

【风险提示】

公司章程　适当限制

【案例要旨】

国有企业改制为有限责任公司,其初始章程对股权转让进行限制,明确约定公司回购条款,只要不违反公司法等法律强制性规定,可认定为有效。有限责任公司按照初始章程约定,支付合理对价回购股东股权,且通过转让给其他股东等方式进行合理处置的,人民法院应予支持。

【案件基本信息】

1. 裁判书字号

陕西省高级人民法院(2014)陕民二申字第00215号民事判决书[1]

2. 当事人

原告(二审上诉人、再审申请人):宋文军

被告(二审被上诉人、再审被申请人):西安市大华餐饮有限责任公司(以下简称大华公司)

【基本案情】

大华公司成立于1990年4月5日。2004年5月,大华公司由国有企业改制

〔1〕 本案是最高人民法院2018年发布的第十八批指导性案例96号。

为有限责任公司，宋文军系大华公司员工，出资2万元成为大华公司的自然人股东。大华公司章程第三章“注册资本和股份”第十四条规定“公司股权不向公司以外的任何团体和个人出售、转让。公司改制一年后，经董事会批准后可在公司内部赠予、转让和继承。持股人死亡或退休经董事会批准后方可继承、转让或由企业收购，持股人若辞职、调离或被辞退、解除劳动合同的，人走股留，所持股份由企业收购……”第十三章“股东认为需要规定的其他事项”第六十六条规定“本章程由全体股东共同认可，自公司设立之日起生效”。该公司章程经大华公司全体股东签名通过。2006年6月3日，宋文军向公司提出解除劳动合同，并申请退出其所持有的公司的2万元股份。2006年8月28日，经大华公司法定代表人赵来锁同意，宋文军领到退出股金款2万元整。2007年1月8日，大华公司召开2006年股东大会，大会应到股东107人，实到股东104人，代表股权占公司股份总数的93%，会议审议通过了宋文军、王培青、杭春国三位股东退股的申请并决议“其股金暂由公司收购保管，不得参与红利分配”。

后宋文军以大华公司的回购行为违反法律规定，未履行法定程序且公司法规定股东不得抽逃出资等，请求依法确认其具有大华公司的股东资格。

再审法院认为，针对大华公司的公司章程中关于“人走股留”的规定，是否违反了《公司法》的禁止性规定，该章程是否有效。首先，大华公司章程第十四条规定，“公司股权不向公司以外的任何团体和个人出售、转让。公司改制一年后，经董事会批准后可以公司内部赠与、转让和继承。持股人死亡或退休经董事会批准后方可继承、转让或由企业收购，持股人若辞职、调离或被辞退、解除劳动合同的，人走股留，所持股份由企业收购。”依照《公司法》第二十五条第二款“股东应当在公司章程上签名、盖章”的规定，有限公司章程系公司设立时全体股东一致同意并对公司及全体股东产生约束力的规则性文件，宋文军在公司章程上签名的行为，应视为其对前述规定的认可和同意，该章程对大华公司及宋文军均产生约束力。其次，基于有限责任公司封闭性和人合性的特点，由公司章程对公司股东转让股权作出某些限制性规定，系公司自治的体现。在本案中，大华公司进行企业改制时，宋文军之所以成为大华公司的股东，其原因在于宋文军与大华公司具有劳动合同关系，如果宋文军与大华公司没有建立劳动关系，宋文军则没有成为大华公司股东的可能性。同理，大华公司章程将是否与公司具有劳动合同关系作为取得股东身份的依据继而作出“人走股留”的规定，符合有限责任公司封闭性和人合性的特点，亦系公司自治原则的体现，不违反公司法的禁止性规定。最后，大华公司章程第十四条关于股权转让的规定，属于对股东转让股权的限制性规定而非禁止性规定，宋文军依法转让股权的权利没有被公司章程所禁止，大华公司章程不存在侵害宋文军股权转让权利的情形。综上，本案一、二审法院均认定大华公司章程不违反《公司法》的禁止性规定，应为有效的结论正确，宋文军的这一再审申请理由不能成立。裁定驳回再审申请人宋文军的再审申请。

【裁判】

再审裁定：

驳回再审申请人宋文军的再审申请。

【实务评析】

在判定公司章程限制股权转让的效力问题上《公司法》第七十一条第一款规定，“有限责任公司的股东之间可以相互转让其全部或者部分股权”。依该规定，股东之间可以自由转让股权，未对有限责任公司股东间股权转让加以限制。同时，该条第四款规定，“公司章程对股权转让另有规定的，从其规定”。依该规定，允许章程作出例外规定，这属于任意性条款，股东可以基于该规定对股权内部转让进行限制。因此，对于公司章程中的特别规定，各方都应当尊重。

18. 公司章程限制股权转让条款违反强制性规定或股权自由转让原则的无效

——许涛与黄展鹏股权转让纠纷案

【风险提示】

公司章程　限制性约定　自由转让原则

【案例要旨】

公司章程虽然可以对股权转让作出限制性的约定,但这一限制性约定是受到限制的。对于违反法律强制性规定的或者违反公司法原理的限制性条款,无效。

【案件基本信息】

1. 裁判书字号

杭州市中级人民法院(2019)浙01民终3462号民事判决书

2. 当事人

原告(反诉被告、上诉人):许涛

被告(反诉原告、被上诉人):黄展鹏

【基本案情】

2015年8月26日,杭州雅共投资管理有限公司(以下简称雅共公司)成立。许涛、黄展鹏均是雅共公司股东。公司章程第二十四条规定,公司的股东之间可以相互转让其全部或者部分股权。第二十六条规定,公司股东转让股权,应当先召开股东会,股东会决议应当经全体股东一致通过并盖章、签字。若全体股东未能取得一致意见,则按本章程第二十四条、第二十五条规定执行。

2017年9月5日,黄展鹏(甲方)与许涛(乙方)签订《股权转让协议》,约定甲方将其持有的雅共公司16万股股权转让给乙方。

2018年2月6日，黄展鹏向许涛发送《律师函》，告知许涛将双方的股权转让事宜列入公司的定期股东会会议通知事项并在会上进行表决。同年3月14日，黄展鹏又向许涛发送《关于再次建议许涛先生召开股东会的函》，请求许涛通知股东召开股东会并重新选举监事。

黄展鹏向一审法院提出诉讼请求许涛支付股权转让款48万元、违约金96000元等。许涛向一审法院提起反诉请求：判令解除双方于2017年9月5日签订的《股权转让协议》。

一审法院认为，黄展鹏与许涛系雅共公司股东，双方签订《股权转让协议》转让股权属于股东之间转让股权。根据《公司法》第七十一条的规定，有限责任公司的股东之间可以相互转让其全部或者部分股权。公司章程对股权转让另有规定的，从其规定。本案中，雅共公司章程第二十六条规定，公司股东转让股权，应当先召开股东会，股东会决议应当经全体股东一致通过并盖章、签字。若全体股东未能取得一致意见，则按本章程第二十四条、第二十五条规定执行。第二十四条规定，公司的股东之间可以相互转让其全部或者部分股权。据此，许涛主张本案未就股权转让事宜召开股东会，《股权转让协议》因不符合章程规定而未生效，同时还主张因其他股东不同意案涉股权转让致使《股权转让协议》无法继续履行，要求解除该协议。对此，该院认为，《股权转让协议》是否生效，属于合同的效力问题，应以《合同法》为判断依据。根据《合同法》规定，依法成立的合同，自成立时生效。《股权转让协议》也明确约定协议经双方签署即正式生效，故该协议自双方签字时已生效。许涛主张未生效没有法律依据以及公司章程或合同依据，该院不予采纳。关于《股权转让协议》应否解除的问题，该院认为，公司章程第二十六条虽然规定股东转让股权应当先召开股东会，且股东会决议应当经全体股东一致通过并盖章、签字，但是，该规定应理解为公司章程对股东转让股权作出的程序性要求，而非对股东之间转让股权作出限制性规定，因为股东之间转让股权并不影响公司的人合性。另外，许涛提供的证据也无法证明雅共公司全体股东均不同意案涉股权转让。根据公司章程规定，在全体股东未能取得一致意见时，股东之间仍然可以相互转让股权。因此，许涛主张《股权转让协议》无法继续履行并要求解除该协议，缺乏依据，不予支持。一审法院判决许涛支付黄展鹏股权转让款480000元、违约金96000元。

许涛不服一审判决，提起上诉。

二审法院认为，雅共公司章程第二十六条的约定系公司章程对股东转让股权作出的程序性要求，至于股东之间是否能转让股权应由雅共公司章程第二十四条及公司法相关规定规制。雅共公司章程第二十四条明确约定公司的股东之间可以相互转让其全部或者部分股权，因此黄展鹏与许涛于 2017 年 9 月 5 日签订的《股权转让协议》并不违反雅共公司的章程。且该协议系双方真实意思表示，并不违反法律、行政法规的强制性规定，故应属有效。依照该协议，许涛于 2018 年 9 月 15 日前支付股权转让款，其至今未支付，已构成违约，一审判决要求许涛支付股权转让款及违约金，有事实和法律依据，本院予以支持。

许涛以黄展鹏至今未交付股权已构成违约为由诉请解除该《股权转让协议》。对此，二审法院分析如下：无论是重新选举监事还是进行工商变更登记，均非黄展鹏单方的义务，行为的完成需要许涛以及雅共公司的配合。且该协议并未约定股权交付的时间，黄展鹏亦一直表示愿意配合办理相关的工商变更登记手续，结合许涛系雅共公司的法定代表人及大股东这一事实，许涛的该主张不成立，本院不予采纳。

【裁判】

一审判决：

(1)许涛支付黄展鹏股权转让款 480000 元；(2)许涛支付黄展鹏违约金 96000 元；(3)驳回黄展鹏的其他诉讼请求；(4)驳回许涛的反诉请求。

二审判决：

驳回上诉，维持原判。

【实务评析】

公司章程可以对股权转让作出限制性的约定。这种约定相比《公司法》关于股权转让的一般性规定，提出了更为苛刻的条件，是章程制定者为了维护自身及公司利益达成合意的体现。在肯定章程可以对股权转让作出限制性约定的同时，必须明确，这一限制性约定是受到制约的，对于违反法律、行政法规强制性规定的或者违反公司法原理的限制性条款，不应认定其效力。

19. 当事人签订的股权转债权协议无效

——万家裕与丽江宏瑞水电开发有限公司其他股东权纠纷案

【风险提示】

股权转债权　抽逃出资

【案例要旨】

将股东的出资款改变为借款是改变出资人对公司出资性质的违法行为,会导致股东抽回出资并退股的法律后果,有违公司法的禁止性规定,该行为无效。

【案件基本信息】

1. 裁判书字号

最高人民法院(2014)民提字第00054号民事判决书

2. 当事人

原告(二审上诉人、再审申请人):万家裕

被告(二审被上诉人、再审被申请人):丽江宏瑞水电开发有限公司(以下简称宏瑞公司)

第三人:永胜县六德乡双河电站(以下简称双河电站)

第三人:北京博尔晟科技发展有限公司(以下简称博尔晟公司)

第三人:张正云

第三人:唐振云

【基本案情】

2004年5月27日,宏瑞公司经有关部门核准设立,进行水电开发,法定代表人为唐正良。宏瑞公司共有博尔晟公司、双河电站两个法人股东,唐振云、张正云两个自然人股东。在公司运营活动中，经法定代表人唐正良授权，唐振云有权代表博尔晟公司行使股东权利。2008 年 6 月，为了公司建设的需要，唐振云、张正云拟增资扩股，遂与万家裕协商，由万家裕出资 510 万元，占公司 30% 股权。2008 年 7 月 29 日，万家裕以个人名义向丽江市古城区信用合作社贷款 530 万元，由宏瑞公司两个股东张正云及双河电站以资产作抵押担保，唐振云作为宏瑞公司的授权代理人也在借款合同上签字，借款用途为“电站投资”。2008 年 8 月 4 日，万家裕将所借 510 万元打入了宏瑞公司账户，宏瑞公司会计凭证记载为“实收资本”。2008 年 8 月 10 日，唐振云、张正云和万家裕签署了一份《丽江宏瑞水电开发有限公司章程》（以下简称《宏瑞公司章程》），其中载明万家裕于 2008 年 8 月 10 日认缴出资 510 万元，占公司注册资本的 30%。2010 年 1 月 3 日，万家裕、张正云、张光华、唐振云作出《股东会决议》，决定将公司股权转让，并约定转让金按当时的出资比例进行分配，明确万家裕到账股金的比例为 510 万元，占 53%。但因后来未找到受让方，股权没能转让。

2010 年 11 月 20 日，唐振云向万家裕补写了一张《借条》，内容为：“借到万家裕人民币 510 万元，此款已于 2008 年 8 月 4 日打入公司账户，由公司承担信用社利息和本金归还，期限为一年半，若到期未能偿还作为资本债转为公司股金。”2011 年 6 月 20 日及 6 月 23 日，宏瑞公司作出《宏瑞水电开发有限公司账务自查结论》（以下简称《账务自查结论》），其中注明“实收万家裕资本金 510 万元”。其间，唐振云于 2009 年 7 月 26 日、2010 年 5 月 18 日向万家裕账户内打入人民币 110 万元，2011 年 3 月 3 日，唐振云又将 400 万元人民币打入万家裕账户内。

万家裕提起诉讼，请求确认其系宏瑞公司股东，出资 510 万元注册资本金，持有公司 53% 的股权，判令宏瑞公司配合万家裕办理公司股东变更的工商登记手续。

一审法院认为，万家裕将 510 万元打入宏瑞公司账户后，万家裕、唐振云、张正云于 2008 年 8 月 10 日签署的《宏瑞公司章程》已明确了万家裕属宏瑞公司股东且占公司 30% 的股权，可以认定万家裕的 510 万元属投资款。但 2010 年 11 月 20 日宏瑞公司出具的《借条》已将万家裕支付的 510 万元认定为借款，该借条约定还款期限为一年半，超过一年半该借款才能转为公司股金，而还款期限应从出具借条之日，即 2010 年 11 月 20 日起算，宏瑞公司于 2011 年 3 月 3 日归还了万家裕全部借款，故万家裕成为宏瑞公司股东的条件不成就。一审判决驳回万家裕的诉讼请求。

万家裕不服一审判决,提起上诉。

二审法院认为,万家裕在二审庭审中认可2010年11月20日唐振云代表宏瑞公司向其出具了《借条》。万家裕持有《借条》原件,表明其接受《借条》,并同意将原来用于出资的510万元变更为借款。《借条》出具之前的2009年7月26日、2010年5月18日,宏瑞公司已归还万家裕110万元,该事实进一步证明,万家裕在《借条》出具前已同意宏瑞公司将其投入的510万元当作借款。直至2011年3月3日,唐振云代表宏瑞公司归还余款400万元时,万家裕仍未提出异议。故此,应当确认,《借条》是当事人的真实意思表示,合法有效,《借条》已将万家裕与宏瑞公司之间的投资关系变更为借款法律关系,万家裕不应成为宏瑞公司的股东。二审法院判决驳回上诉,维持原判。

万家裕不服二审判决,申请再审。

再审法院认为,万家裕对宏瑞公司的股权并未转变为债权。股东不得抽逃出资是公司法的一项基本制度和原则,我国《公司法》对此作了明确规定。股东向公司出资后,出资财产即转变为公司的法人财产,其独立于股东个人的财产而构成公司法人格的物质基础。股东从公司抽回出资,则会减少公司资本,动摇公司的独立法人地位,侵害公司、其他股东和公司债权人的利益,因而为法律所严禁。本案中,万家裕打入宏瑞公司账户的510万元性质上为出资款,且为《宏瑞公司章程》所确认,该510万元进入宏瑞公司的账户后,即成为宏瑞公司的法人财产,无论是万家裕主动要求宏瑞公司将其出资转变为借款,还是唐振云代表宏瑞公司向万家裕出具《借条》并将出资作为借款偿还,抑或万家裕与宏瑞公司协商一致,将出资转变为借款而归还,本质上都是根本改变万家裕对宏瑞公司出资性质的违法行为,都会导致万家裕抽回出资并退股的法律后果,这是有违公司法的禁止性规定的,因而上述行为均应无效,万家裕的股东身份自然也不应因此种无效行为而改变。

【裁判】

一审判决:

驳回万家裕的诉讼请求。

二审判决:

驳回上诉,维持原判。

再审判决:

1. 撤销一、二审判决。

2. 确认万家裕为宏瑞公司的股东,出资510万元,持有30%的股权。

3. 宏瑞公司应于判决生效之日起15日内,配合万家裕办理股东变更登记手续。

【实务评析】

股东向公司出资后,出资财产即转变为公司的法人财产。股东将出资款打入公司账户且被公司章程确认后,该款即成为公司的法人财产,无论是出资股东主动要求公司将其该出资转变为借款,还是公司主动向出资人出具借条并将该出资款作为借款偿还,抑或出资人与公司协商一致将该出资款转变为借款而归还,本质上都是改变出资人对公司出资性质的违法行为,有违公司法的禁止性规定。因而上述行为均为无效,出资人的股东身份也不应因此种无效行为而改变。

20. 公务员之间签订的股权转让合同有效

——陈孝斌、张彩霞与上海弓展木业有限公司等股东资格确认纠纷案

【风险提示】

公务员　股权转让

【案例要旨】

公务员不得从事或者参与营利性活动,在企业或者其他营利性组织中兼任职务的规定,属管理性强制性规范,并不属于效力性强制性规范;公务员作为隐名股东与显名股东签订的股权代持协议并不因违反上述规定而无效,可享有在代持协议项下相应股权所对应的财产权益,但不能被登记为显名股东。

【案件基本信息】

1. 裁判书字号

上海市第二中级人民法院(2014)沪二中民四(商)终字第489号民事判决书

2. 当事人

原告(上诉人):陈孝斌

原告(上诉人):张彩霞

被告(上诉人):上海弓展木业有限公司(以下简称弓展公司)

第三人:陈美兰

第三人:刘云强

【基本案情】

原告陈孝斌与第三人陈美兰系兄妹,原告张彩霞是陈孝斌妻子张甲的姐姐。

2005 年 7 月 22 日,两原告及两第三人共同出资设立了弓展公司。考虑到陈孝斌、张彩霞系公务员,无法实际参与公司经营管理,故在被告的工商登记中只登记两第三人为股东,其中陈美兰记载出资为 35 万元,占 70% 股权,刘云强出资为 15 万元,占 30% 股权。

2013 年年初,陈美兰与两原告就被告公司的经营问题产生矛盾,陈美兰拒绝履行门市经理职责,导致公司经营陷入停滞,并拒绝承认两原告的股东身份。

陈孝斌、张彩霞共同向法院提起诉讼,请求判令:(1)确认原告陈孝斌持有被告 43.33% 股权,原告张彩霞持有被告 26.67% 股权;(2)被告办理前述股权变更登记手续,两第三人予以配合。

一审法院认为:首先,本案中,弓展公司工商登记的注册资本为 50 万元,股东为陈美兰与刘云强二人,但陈孝斌、张彩霞、陈美兰及刘云强本人均确认刘云强已于 2007 年退出公司,不再是弓展公司股东,只是未办理工商变更登记手续,由此可见弓展公司实际的股权结构与工商登记的并不一致。其次,陈孝斌、张彩霞与陈美兰于 2009 年 3 月 26 日共同签订的股东协议明确了弓展公司实际投资金额为 30 万元,股权结构为陈孝斌占 43.33%,陈美兰占 30%、张彩霞占 26.67%,目前并无证据证明该协议违背协议当事人真实意思表示,且协议上加盖了弓展公司公章,故该协议对陈孝斌、张彩霞、弓展公司及陈美兰均有法律约束力。再次,原审审理中,刘云强对陈孝斌、张彩霞的股东身份予以确认,陈美兰也确认弓展公司设立时其只出资 2 万元,而陈孝斌及张彩霞则分别向弓展公司支付过 6 万元、2 万元出资款,在不考虑陈孝斌、张彩霞公务员身份的情况下陈孝斌、张彩霞应享有弓展公司股权。陈美兰还确认自弓展公司设立时起公司账目就由陈孝斌负责,陈孝斌还负责 2007 年变更公司营业场所的工商登记手续,可见陈孝斌一直实际参与弓展公司的经营。最后,陈孝斌、张彩霞提交的利润分配支出表、收条、付款凭证、记账凭证等书面证据互相印证,可以证实陈孝斌、张彩霞关于陈孝斌、张彩霞实际从弓展公司领取股东红利的说法,各方所领取的红利金额占全部红利的比例与 2009 年 3 月 26 日股东协议约定的股权比例相吻合。

综合前述,原审法院认为,陈孝斌、张彩霞所主张的分别持有弓展公司 43.33% 股权、26.67% 股权的事实应予确认。

最高人民法院《关于适用〈中华人民共和国公司法〉若干问题的规定(三)》(以下简称《公司法解释(三)》)第二十四条第三款规定,实际出资人未经公司其他股东半数以上同意，请求公司变更股东、签发出资证明书、记载于股东名册、记载于公司章程并办理公司登记机关登记的，人民法院不予支持。本案中，陈美兰作为工商登记持有70%股权的弓展公司股东，明确表示不同意办理股东变更登记手续，因此原审法院对于陈孝斌、张彩霞要求弓展公司向公司登记机关办理股权变更登记手续的主张难以支持。

一审法院据此判决陈美兰所持有的弓展公司的40%股权、刘云强所持有的3.33%股权为陈孝斌所有；刘云强所持26.67%股权为张彩霞所有；驳回陈孝斌、张彩霞的其他诉讼请求。

二审法院认为：首先，《公务员法》第五十三条第十四项（现行法第五十九条第十六项，2018年修订）关于公务员不得“从事或者参与营利性活动，在企业或者其他营利性组织中兼任职务”的规定，属管理性禁止性规范，并不属于效力性强制性规范。公务员若违反了该规范，应由其管理机关追究相应责任，但并不能以此影响合同效力。

其次，原审判决以涉案股东协议，以及各方当事人在原审审理中对于出资事实的认可为依据，并结合由各方当事人签署的领取年度分红的收条、付款凭证、交涉短信等相互印证证据，认定陈孝斌、张彩霞在弓展公司中享有相应比例的权益，并无不当。

最后，《公务员法》的前述管理性禁止性规范，是与当事人的“市场准入”资格有关，该类规范目的之一在于由特定管理机关依法履行其管理职能，以维护社会秩序。有鉴于此，陈孝斌、张彩霞上诉提出请求成为具有公示效力的工商登记股东的主张，与前述法律规定相悖，不能成立，法院不予支持。尽管陈孝斌、张彩霞不能成为工商登记股东，但是其在涉案股东协议项下相应股权所对应的财产权益应当可以享有。

【裁判】

一审判决：

1. 陈美兰所持有的弓展公司的40%股权、刘云强所持有的弓展公司的3.33%股权为陈孝斌所有；

2. 刘云强所持有的弓展公司的26.67%股权为张彩霞所有；

3. 对陈孝斌、张彩霞的其他诉讼请求不予支持。

二审判决:

驳回上诉,维持原判。

【实务评析】

《公务员法》第五十九条虽然规定公务员不得"从事或者参与营利性活动,在企业或者其他营利性组织中兼任职务,但这仅仅是对公务员的管理性禁止性规定。我国公务员管理条例、公务员法以及公司法均没有明文规定国家公务员不得成为有限公司的股东,更没有规定公务员不能将自己的股权转让给他人。同时,成为有限公司股东与从事经营性行为并非等同关系。作为公司股东,对公司而言所享有的是一种带有人身与财产性质的综合性权利,本质上表现为财产权利。从公司内部治理结构分析,作为股东也并非意味着一定要从事经营活动。即使公务员从事经营行为,违反了公务员法,应承担公法上的责任,但不能据此否定其民事行为的效力。

21. 自然人股东继承人在公司章程无另有规定时可继承股东资格

——王璞与刘胜远、上海兆信恒投资有限公司等确认合同无效纠纷案

【风险提示】

自然人股东　继承　股东资格

【案例要旨】

自然人股东死亡后，除公司章程另有规定的，其合法继承人可以继承股东资格。将自己持有的股权依法转让给公司其他股东，系自主处分财产权利的合法行为。

【案件基本信息】

1. 裁判书字号

最高人民法院(2013)民二终字第91号民事判决书[1]

2. 当事人

原告(上诉人)：王璞

被告(被上诉人)：刘胜远

被告(被上诉人)：上海兆信恒投资有限公司(以下简称兆信恒公司)

被告(被上诉人)：新疆拜城音西铁热克煤业有限责任公司(以下简称音西铁热克煤业公司)

〔1〕 本案被《最高人民法院商事审判指导案例2014》收录。

【基本案情】

2009年12月15日，新疆维吾尔自治区高级人民法院作出(2009)新民二终字第97号生效民事判决。法院认为：刘胜远应当继承原由刘斌持有的音西铁热克煤业公司股权中的30%股权、苑勤应当继承原由刘斌持有的音西铁热克煤业公司股权中的10%股权。刘胜远、苑勤在刘斌死亡后应当继承刘斌在音西铁热克煤业公司中的股东资格，成为音西铁热克煤业公司的股东。音西铁热克煤业公司负有将刘胜远及其出资额在公司登记机关予以登记的义务。

2008年7月28日，兆信恒公司收购音西铁热克煤业公司股份后所占西铁热克煤业公司的股权比例为51%。2011年5月13日，刘胜远与兆信恒公司签订《股权交割证明》，载明：刘胜远目前持有音西铁热克煤业公司股权300000元(30%)，兆信恒公司目前持有音西铁热克煤业公司股权510000元(51%)，经股东内中协商，刘胜远自愿将其在音西铁热克煤业公司的股权300000元(30%)全部转让给兆信恒公司，兆信恒公司接受刘胜远的股权。该股权已于2011年5月13日交割完毕。此项股权转让为音西铁热克煤业公司内部股东之间转让。

2011年5月23日，音西铁热克煤业公司根据两个股东兆信恒公司和刘胜远于2011年5月13日签订的股权交割证明，决定对公司章程作如下修改："第八条　公司的注册资本为100万元人民币"，修正为"第八条　公司注册资本为100万元，具体出资额如下：兆信恒公司出资额81万元，股权比例81%，出资时间2008年7月18日；王璞出资额14.25万元，股权比例14.25%，出资时间2008年7月18日；方黎三出资额4.75万元，股权比例4.75%，出资时间2008年7月18日。公司对股东所出资金发给出资证明书，股东按其出资份额享有权利承担义务。"

关于《股权转让交割证明》的效力问题，一审法院认为：(1)该院已发生法律效力的(2009)新民二终字第97号民事判决，确认了刘胜远继承其父亲刘斌股权后，持有音西铁热克煤业公司30%的股权。刘胜远作为音西铁热克煤业公司的合法股东，将自己持有的股权转让给公司其他股东，系刘胜远自主处分自己合法财产权利的行为，并未违反任何法律规定，也不损害国家、集体、第三人利益，王璞并未能举证证明刘胜远低价转让股权侵害其合法权益。故，刘胜远与兆信恒公司之间的《股权转让协议》合法有效。(2)根据《公司法》的规定，隐名投资合同包含书面、口头合意形式及事实合意形式。当双方间既无书面或口头合意，也无证据足以证明事实合意存在时,则不应当将其认定为隐名投资行为。当名义股东与实际出资人合同约定由实际出资人出资,名义股东出面行使股权,但由实际出资人享受股权收益时,实际出资人可以依据合同约定向名义股东主张相关权益。本案中,人民法院确认刘胜远持有的30%音西铁热克煤业公司股权,系从音西铁热克煤业公司原始股东刘斌处继承而来,刘胜远享有实际的股权,而不是王璞所称的名义股东。王璞未能举证证明其与刘斌达成过隐名投资协议,刘斌不属于《公司法》规定的名义股东,并非由王璞为实际出资人的名义股东,刘胜远依据已发生法律效力的判决所继承刘斌的股东身份也当然不是名义股东。刘胜远与兆信恒公司之间的《股权转让协议》,是双方当事人真实意思表示,且不违反法律法规的强制性规定,应属合法有效合同。一审法院判决:驳回王璞的诉讼请求。

王璞不服,提起上诉,请求确认2011年5月13日刘胜远与兆信恒公司签订的股权转让协议(交割证明)无效。

二审法院认为,(2009)新民二终字第97号民事判决确认刘胜远继承其父亲刘斌股权后,持有音西铁热克煤业公司30%的股权,之后工商登记对其持股予以确认。《公司法》第七十六条(现行法第七十五条,2018年修正)规定:"自然人股东死亡后,其合法继承人可以继承股东资格;但是,公司章程另有规定的除外。"音西铁热克煤业公司章程中没有限制自然人股东的合法继承人继承其股东资格的除外规定。尽管在刘斌死后法院判决和工商变更登记之前,刘斌生前所持有的股权处于权利主体不明确的状态,且一审法院对音西铁热克煤业公司股权变动的整个过程未给出一个清晰、完整的描述,然而可以确定在刘胜远与兆信恒公司签订该股权转让协议时,刘胜远是音西铁热克煤业公司的股东,其将自己持有的股权转让给公司其他股东,系自主处分财产权利的合法行为。股权转让协议的双方当事人意思表示真实,协议内容未违反法律或行政法规的强制性规定,未损害国家、集体或第三人的利益,王璞亦未能举出充分证据证明刘胜远转让股权的行为侵害其合法权益或股权转让协议存在其他应当被确认为无效的法定情形。判决驳回上诉,维持原判。

【裁判】

一审判决:

驳回王璞的诉讼请求。

二审判决：

驳回上诉，维持原判。

【实务评析】

根据《公司法》第七十五条的规定，自然人股东的合法继承人可以继承其股东资格。但是对于此问题，公司章程也可以作出除外规定，主要是考虑到有限责任公司具有人合性，股东之间的合作是基于相互之间的信任，而自然人股东死亡后，其继承人毕竟已不是原股东本人，股权实质上发生了转让，在此情况下，其他股东对原股东的信任并不能自然转变为对继承人的信任，不一定愿意与继承人继续合作，可能导致股东之间的纠纷甚至形成僵局。为此，《公司法》允许公司章程规定股东认为切实可行的办法，来解决股东资格的继承问题。

22. 缺少夫妻一方签字的共有股权转让并非一律无效

——彭丽静与梁喜平、王保山等股权转让侵权纠纷案

【风险提示】

夫妻共有股权　一方签字

【案例要旨】

夫妻双方共同共有公司股权的，夫或妻一方与他人订立股权转让协议的效力问题，应当根据案件事实，结合另一方对股权转让是否明知、受让人是否为善意等因素进行综合分析。如果能够认定另一方明知股权转让，且受让人是基于善意，则股权转让协议对于另一方具有约束力。

【案件基本信息】

1. 裁判书字号

最高人民法院（2007）民二终字第219号民事判决书[1]

2. 当事人

原告（上诉人）：彭丽静

被告（被上诉人）：梁喜平

被告（被上诉人）：王保山

被告（被上诉人）：河北金海岸房地产开发有限公司（以下简称金海岸公司）

【基本案情】

彭丽静与梁喜平系夫妻，在婚姻存续期间二人共同出资成立了金海岸公司，

[1] 本案是《最高人民法院公报》2009年第5期公报案例。

分别占有20%和80%的股权。

2005年11月7日，原告彭丽静和被告梁喜平作为甲方，与作为乙方的被告王保山和王军师签订了一份合同书，就转让金海岸公司股权及其相关事宜达成协议。2005年11月8日，金海岸公司召开股东会，通过了变更股东和转让出资额的决议，决定由原股东梁喜平出让其80%的股权给新股东王保山，其他股东放弃优先购买权。决议上有梁喜平、彭丽静、王保山三人签字和手印（彭丽静的签字和手印是梁喜平代签和代捺的）。

2005年11月23日，彭丽静、梁喜平、王保山三人通过了金海岸公司章程修正案，修正案有梁喜平、彭丽静、王保山三人签字和手印（彭丽静的签字和手印是梁喜平代签和代捺的）。

股权转让合同签订后，2005年11月23日，双方变更了公司工商登记，将原股东梁喜平变更为王保山，占公司80%的股权，彭丽静仍持有公司20%的股权。王保山先后向梁喜平夫妇二人支付了股权转让款4944万元。

彭丽静于2007年3月23日提起诉讼，请求：(1)确认被告梁喜平与王保山签订的股权转让合同书及其附件中有关将原告在金海岸公司的20%的股权以1224万元人民币转让给他人的约定侵犯了原告的合法权益，对原告没有法律约束力。(2)确认被告梁喜平与王保山签订的股权转让合同书及其附件中有关将被告梁喜平在金海岸公司的80%的股权以4896万元人民币转让给被告王保山的约定侵犯了原告的优先购买权等合法权益，属无效约定等。

一审法院认为：(1)关于被告梁喜平是否有权代理原告彭丽静的问题。原告彭丽静与被告梁喜平夫妻二人一起洽商过股权转让事宜，且在诉讼后，原告彭丽静与被告梁喜平分别致函给被告王保山，均有催促其办理土地过户手续等一系列的行为，因此，被告梁喜平有权代理原告彭丽静签订股东会决议、公司章程修正案、股权转让合同，有权处分彭丽静持有的金海岸公司20%的股权。(2)关于股权转让合同书效力的问题。股权转让合同书第13条约定：本合同自甲乙双方四人、金海岸公司签字后生效，各保证人盖章后保证合同生效。股权转让合同书约定了两个生效条款，除上述条款外，合同书第4.1条还约定："合同签订后20日内，乙方（王保山）以金海岸公司的名义支付预备役师土地转让费1500万元，乙方支付此款之日起合同生效。"在这两个条款中，合同书第4.1条的约定相对于整个合同书是实质性的附条件的合同生效条款，即合同签订后的20日内，被告王保山必须以金海岸公司的名义向预备役师支付土地转让费1500万元,一旦王保山支付此款,则股权转让合同书生效。事实上,被告王保山也确实在签订合同书后的20日内向预备役师支付了土地转让款,实现了合同书约定的生效要件。据此,一审法院判决驳回原告彭丽静的诉讼请求。

彭丽静不服一审判决,提起上诉。

二审法院认为,本案当事人夫妻二人在设立公司时并未进行财产分割,应当认定是以夫妻共同共有财产出资设立公司。彭丽静和梁喜平用夫妻共同共有财产出资成立公司,在夫妻关系存续期间,丈夫或者妻子的公司股份是双方共同共有的财产,夫妻作为共同共有人,对共有财产享有平等的占有、使用、收益和处分的权利。根据最高人民法院《关于适用〈中华人民共和国婚姻法〉若干问题的解释(一)》第十七条第二款规定:"夫或妻非因日常生活需要对夫妻共同财产做重要处理决定,夫妻双方应当平等协商,取得一致意见。他人有理由相信其为夫妻双方共同意思表示的,另一方不得以不同意或不知道为由对抗善意第三人。"〔1〕彭丽静与梁喜平转让金海岸公司股权的行为属于对夫妻共同财产作重要处理,二人均应在股权转让合同、股东会决议、公司章程修正案上签名。本案查明的事实是:彭丽静与梁喜平夫妻二人由中间人尹广宗介绍认识了王保山,共同协商股权转让事宜;王保山在签订股权转让协议前,通过上诉人夫妇提供的部队账户,以金海岸公司的名义向预备役师支付土地出让金200万元;在签订股权转让协议时,夫妇共同开办的石家庄市远大市政工程有限公司(以下简称远大公司)提供保证;在股权转让协议签订后,向夫妇共同开办的远大公司和河北海岸房地产开发有限公司(以下简称海岸公司)交付股权转让款;王保山持有彭丽静的身份证复印件,办理股权变更的工商登记;王保山持有金海岸公司的全部证照、印章、资料原件,金海岸公司的住所地进行变更;王保山已经支付了4944万元的股权转让款,变更了金海岸公司的股东手续,股权转让合同履行后实际控制了金海岸公司。上述事实证明上诉人彭丽静参与股权转让的签订和履行,转让股权是夫妻二人的真实意思表示。

---

〔1〕《民法典》的相关内容为第一千零六十条:"夫妻一方因家庭日常生活需要而实施的民事法律行为,对夫妻双方发生效力,但是夫妻一方与相对人另有约定的除外。夫妻之间对一方可以实施的民事法律行为范围的限制,不得对抗善意相对人。"下同。

【裁判】

一审判决:

驳回彭丽静的诉讼请求。

二审判决:

驳回上诉,维持原判。

【实务评析】

《民法典》第一千零六十条第二款规定,夫妻之间对一方可以实施的民事法律行为范围的限制,不得对抗善意相对人。根据上述规定,夫或妻一方与他人订立股权转让协议的效力问题,如果能够认定另一方对股权转让明知且受让人是基于善意,则股权转让协议对于另一方具有约束力。

23. 加盖法定代表人印章与法定代表人签字具有同等法律效力

——唐晨与梁丽华、张继承等股权转让纠纷案

【风险提示】

法定代表人　印章　签字

【案例要旨】

关于《增资扩股协议》的效力问题，法定代表人尽管没有签字，但其盖章与签字具有同等法律效力。《增资扩股协议》经过合同主体的签字或盖章，应当于协议签订当日生效。

【案件基本信息】

1. 裁判书字号

上海市第二中级人民法院(2017)沪02民终6040号民事判决书[1]

2. 当事人

原告(被上诉人):唐晨

被告(上诉人):梁丽华、张继承

被告:朴圣烨

第三人:广州易贝信息科技有限公司(以下简称易贝信息公司)、广州易贝教育科技有限公司(以下简称易贝教育公司)、汪毅

【基本案情】

2015年6月16日,唐晨与张继承、梁丽华、朴圣烨及汪毅签订《增资扩股协

〔1〕 本案是《中国法院2019年度案例》收录案例。

议》,载明张继承、梁丽华、汪毅为原股东,朴圣烨为实际股东代表,标的公司为易贝教育公司,法定代表人为张继承;易贝教育公司原股东拟进行增资扩股;唐晨以120万元认购新增注册资本526256元;若易贝教育公司出现以下任一情形,唐晨享有回赎权,有权要求易贝教育公司原股东回购唐晨投资款项:(1)新增资金未按本协议载明投向约定项目……(3)易贝教育公司自本协议生效起1年期限内未能实现股份制改造或者自本协议生效日起三年内未能实现上市(含新三板)……协议自各方盖章及其授权代表签字之日起生效。上述协议最后落款处,唐晨、梁丽华、朴圣烨、汪毅均在其证件号处签名并加盖手印,载明张继承身份证号处则加盖"张继承"印章。

2015年6月19日,唐晨向易贝教育公司转账60万元。此后,易贝教育公司将股东备案登记从张继承、梁丽华、汪毅变更为唐晨、张继承、梁丽华、汪毅和案外人广州易战教育咨询有限公司。

唐晨向一审法院起诉,请求张继承回购唐晨持有的易贝教育公司4.98%的股权并返还唐晨人民币(以下币种均为人民币)498000元,梁丽华回购唐晨持有的易贝教育公司4.98%的股权并返还唐晨498000元等。

一审法院认为,《增资扩股协议》上加盖张继承印章,张继承的印章与张继承签名的法律效力相同。对于张继承、梁丽华和朴圣烨所称该印章系张继承作为易贝教育公司法定代表人的印章且交由朴圣烨作为易贝教育公司经营所用,而非其私人印章,张继承、梁丽华和朴圣烨未提供充分证据证明唐晨对该节事实知情,唐晨有理由相信该印章加盖于《增资扩股协议》上代表张继承本人的意思表示,故一审法院对张继承、梁丽华和朴圣烨上述意见不予认可。张继承印章的加盖表明张继承已经对《增资扩股协议》的内容予以认可,故《增资扩股协议》各方当事人均已就协议形成合意,易贝教育公司的股东均已对《增资扩股协议》内容予以确认,故《增资扩股协议》应当于协议签订当日即2015年6月16日生效。

关于《增资扩股协议》是否为格式合同,易贝信息公司、易贝教育公司并未举证证明合同文本系由唐晨提供且张继承、梁丽华和朴圣烨等无就合同条款进行协商的机会,故对于易贝信息公司和易贝教育公司所称《增资扩股协议》系格式合同且存在无效情形的意见,一审法院不予认可。

关于股权回赎条件是否成就,根据《增资扩股协议》约定,易贝教育公司未完成股改、未上市应只要符合其中一种就可以认定回赎条件成就。现易贝教育公司未在协议约定的合同生效后一年时间内变更为股份有限公司。对于易贝教育公司等所称系由于唐晨未完成绿色账户项目、阻碍易贝教育公司增资等促使回赎条件成就，一审法院认为，易贝教育公司等未提供证据证明唐晨曾允诺应为公司开展绿色账户项目以及该项目应当开展的程度，亦未提供证据证明唐晨阻碍易贝教育公司增资扩股导致公司无法在约定时间内完成股改，故一审法院对于易贝教育公司等的上述意见不予采纳。因此，《增资扩股协议》所约定的唐晨要求回赎股权的条件成就。

关于股权回赎的主体的确定，根据《增资扩股协议》约定，应当为原股东，协议中明确标注张继承、梁丽华、汪毅为原股东，故股权回赎的主体应当为张继承、梁丽华、汪毅。一审法院判决，张继承、梁丽华回购唐晨持有的易贝教育公司的股权等。

张继承、梁丽华不服一审判决提出上诉。

二审法院经审理认为张继承和梁丽华的上诉请求均不能成立。

【裁判】

一审判决：

1. 张继承于判决生效之日起10日内回购唐晨持有的易贝教育公司4.98%的股权并返还唐晨498000元；

2. 梁丽华于判决生效之日起10日内回购唐晨持有的易贝教育公司4.98%的股权并返还唐晨498000元；

3. 张继承于判决生效之日起10日内支付唐晨资金使用费，分别以249000元为基数从2015年6月19日起按照15%/年计算至实际支付之日止、以249000元为基数从2015年7月14日起按照15%/年计算至实际支付之日止；

4. 梁丽华于判决生效之日起10日内支付唐晨资金使用费，分别以249000元为基数从2015年6月19日起按照15%/年计算至实际支付之日止、以249000元为基数从2015年7月14日起按照15%/年计算至实际支付之日止；

5. 驳回唐晨的其他诉讼请求。

二审判决：

驳回上诉，维持原判。

【实务评析】

关于《增资扩股协议》的效力问题，张继承尽管没有签字，但是盖章与签字具有同等法律效力。唐晨作为善意相对人对于张继承所称的公章、私章并不知情，并且在无证据表明张继承向朴圣烨交付其个人印章时明确印章使用范畴且该印章使用范畴的限制已经由朴圣烨向协议相对方唐晨披露的情况下，印章上载有张继承的姓名就产生盖章即表示张继承作出意思表示的外观。

24. 股权转让协议载明的当事人未签署协议时协议效力的认定

——王双英与夏金荣股权转让纠纷案

【风险提示】

未签署协议　处分权　协议效力

【案例要旨】

对于协议效力的认定不能简单根据协议载明的当事人是否签订协议确定，而应考量以原告名义签订协议的当事人是否有权处分协议项下股权。

【案件基本信息】

1. 裁判书字号

上海市第二中级人民法院(2017)沪02民终4050号民事判决书[1]

2. 当事人

原告(上诉人):王双英

被告(被上诉人):夏金荣

第三人(被上诉人):上海南市百货商场有限公司(以下简称南市百货公司)

【基本案情】

南市百货公司于1997年11月至2007年1月系股份合作制企业，王双英向南市百货公司支付集资款6800元，并对应获得南市百货公司2%的股权。甲方为王双英、乙方为南市百货公司、签订日期为2000年4月15日的《股权转让协议》约

〔1〕 本案被《中国法院2019年度案例》收录。

定:双方经充分协商,甲方愿意将其所入南市百货商场的股权 6800 元转让给乙方,自转让生效日起,转让股份的权利和义务均由乙方承担。出具日期为 2000 年 5 月 22 日的《付款凭单》载明:受款人王双英,付款用途"集资款股权转让",金额 6800 元,受款人签名"王双英"。王双英还于 2000 年 4 月 17 日与南市百货公司签订《解除劳动关系协议》,解除双方之间的劳动合同关系。2003 年 6 月 6 日,南市百货公司工作人员以王双英等 37 人(甲方)名义与夏金荣(乙方)签订《股权转让协议》,约定:甲方将所持有的南市百货公司 73.4% 股权,计 36.7 万元整转让给乙方(见附表);乙方出资 36.7 万元整受让甲方所持有的南市百货公司 73.4% 股权;协议所附"股权转让表"列明王双英股权转让比例为 2%。

王双英向一审法院起诉,请求确认王双英等 37 人为甲方、夏金荣为乙方的 2003 年 6 月 6 日《股权转让协议》中涉及王双英股权份额的部分无效;判令夏金荣配合将其名下所持有南市百货公司股权份额中的 2% 变更登记至王双英名下。

一审法院认为,2000 年 4 月 15 日《股权转让协议》及付款凭单均非复印件,内容可以互相印证,且王双英确认收到的款项与该协议及付款凭单载明的金额一致,王双英否认上述证据真实性,但不申请对 2000 年 4 月 15 日《股权转让协议》及付款凭单上的相应签名进行鉴定,应承担举证不能的责任。根据证据,对夏金荣所述王双英与南市百货公司于 2000 年 4 月 15 日签订《股权转让协议》、南市百货公司依约向王双英支付 6800 元一节事实可予认定。2000 年 4 月 15 日《股权转让协议》约定转让的标的,系王双英持有的南市百货公司全部股权,其实质系王双英自南市百货公司退股。王双英认为该协议未经协议双方当事人协商,但其观点与王双英签署协议的行为相悖,难以采纳。2000 年 4 月 15 日《股权转让协议》系双方当事人真实意思表示,未违反法律法规强制性规定,属合法有效。此外,股份合作制企业具有劳动合作与资本合作相结合的特征,企业职工因解除劳动合同关系等原因离开企业后,不再具有企业劳动者的身份,亦不再具有股东身份。王双英与南市百货公司签订 2000 年 4 月 15 日《股权转让协议》及 2000 年 4 月 17 日《解除劳动关系协议》后,即不再具有南市百货公司的股东身份,而南市百货公司则取得了对王双英原持有股权的处分权,应当依照法律及企业章程的相关规定对上述股权进行处分,包括寻找股权受让人或减资。南市百货公司于 2003 年 6 月 6 日以王双英名义与夏金荣签订《股权转让协议》,系为完成对上述股权的处分所采取的变通措施,实质并非新的股权转让的交易行为,不对协议载明的当事人产生权利义务后果,亦不损害王双英利益。综上,对于王双英要求确认2003年6月6日的《股权转让协议》中涉及王双英股权份额部分无效的诉请,不予支持。同时,王双英要求夏金荣配合将其名下南市百货公司股权的2%变更登记至王双英名下的诉请缺乏依据,亦不予支持。据此,一审判决:驳回王双英的全部诉讼请求。

王双英不服一审法院判决,提起上诉。

二审法院认为,股权出让方要求确认股权转让协议无效并恢复其股东身份的,应当具有法律依据和事实依据。经鉴定人检验分析,作为检材的《股权转让协议》《付款凭单》中三处"王双英"的签名均具备鉴定条件,且鉴定意见认为上述检材中三处签名均是王双英本人所写,故对2000年4月15日的《股权转让协议》和2000年5月22日的《付款凭单》的真实性,本院予以采信。对应《股权转让协议》确系王双英签署,能够反映王双英出让其在南市百货公司股权的真实意思表示。王双英在《付款凭单》上的签字,也能够证明其出让案涉股权并实际收到相应股权转让款的事实。当时南市百货公司章程并未禁止职工股东向公司出让股权,且转让股权的行为属股东处分自身财产权益。同时,公司章程也未将股权转让行为列为股东大会决议事项。上述股权转让行为不违反南市百货公司的章程规定,亦不违反法律法规效力性强制性规定,应属合法有效。此后,作为案涉股权受让方的南市百货公司,由其工作人员以王双英名义另外签订股权转让协议的方式,将受让的股权转让给南市百货公司的法定代表人夏金荣。虽然该代签名行为不被王双英认可,但并不违背王双英在2000年4月15日出让股权的意思表示。事后,王双英已经足额收取了约定的股权转让款,相应股权业已完成工商变更登记,因而不存在侵害王双英合法权益的情形。二审法院判决驳回上诉,维持原判。

【裁判】

一审判决:

驳回王双英的全部诉讼请求。

二审判决:

驳回上诉,维持原判。

【实务评析】

本案《股权转让协议》载明的转让方为原告,但非由原告签署。对于协议效力的认定不能简单根据协议载明的当事人是否签订协议确定，而应考量以原告名义签订协议的当事人是否有权处分协议项下股权。参照公司法的相关规定，原告退股后，第三人取得了对原告原持有股权的处分权。因此，第三人以原告名义与被告签订《股权转让协议》系为完成对上述股权的处分所采取的变通措施，实质并非交易行为，不对协议载明的当事人产生权利义务后果。

25. 约定代偿公司债务是受让股权对价的一部分的股权转让合同条款有效

——广西柳州化工控股有限公司、柳州化工股份有限公司与广西金伍岳能源集团有限公司、贵州鑫悦煤炭有限公司等合同纠纷案

【风险提示】

公司债务　代偿　股权对价

【案例要旨】

在股权转让合同中约定由一方代偿公司债务的，无论是代偿公司对第三人的债务，还是代偿公司对合同一方的债务，均可以认定为构成股权对价的一部分，该约定内容并未违反我国法律法规的效力性强制性规定。

【案件基本信息】

1. 裁判书字号

最高人民法院（2017）最高法民终882号民事判决书

2. 当事人

原告（反诉被告、被上诉人）：广西柳州化工控股有限公司（以下简称柳控公司）

原告（反诉被告、被上诉人）：柳州化工股份有限公司（以下简称柳化公司）

被告（反诉原告、上诉人）：广西金伍岳能源集团有限公司（以下简称金伍岳公司）

被告（上诉人）：贵州鑫悦煤炭有限公司（以下简称鑫悦公司）

被告（上诉人）：贵州新益矿业有限公司（以下简称新益公司）

【基本案情】

2013 年 8 月 28 日，柳控公司、柳化公司与鑫悦公司签订《股权转让合同》。第一条约定，转让方为柳控公司、柳化公司，受让方为鑫悦公司。第二条转让标的及交易内容："4. 转让标的的债权债务处理方式：为保证转让方不受标的企业债权人的追索，受让方应采取有效措施促使标的企业在 2014 年 8 月 31 日前足额偿还全部债务，并就标的企业偿还债务承担连带保证责任。"

同日，柳化公司（甲方）、柳控公司（乙方）、新益公司（丙方）、鑫悦公司（丁方）签订《债务清偿协议》，约定："一、截至 2013 年 6 月 30 日，丙方的债务为 260517948.56 元：（一）由丁方代丙方偿还其所欠甲方及其他债权人的债务 2.4 亿元，丁方应直接将该 2.4 亿元代偿债务款分三期存入甲方、乙方指定账户。"

2013 年 10 月 25 日，柳化公司（甲方）、柳控公司（乙方）、新益公司（丙方）、鑫悦公司（丁方）签订《关于黔西县新益煤矿相关事宜的补充协议》，约定："一、黔西县新益煤矿涉及的地质灾害等历史遗留问题由丙方、丁方全权处理，甲方、乙方不再参与处理。"

2015 年 1 月 31 日，柳化公司（甲方）、柳控公司（乙方）、鑫悦公司（丙方）、金伍岳公司（丁方）签订一份《协议书》，约定：第一条，丙方应立即向甲方、乙方支付《股权转让合同》与《债务清偿协议》项下丙方应付未付的全部款项。第二条，丁方同意对丙方在第一条项下应承担的全部义务及责任承担连带保证责任，保证期间为本协议书签订之日起二年。

柳化公司、柳控公司向一审法院起诉请求：（1）鑫悦公司、新益公司向柳化公司、柳控公司偿还债务款 9649.07 万元；（2）鑫悦公司、新益公司向柳化公司、柳控公司支付违约金 10321.4995 万元；（3）鑫悦公司、新益公司向柳化公司、柳控公司支付一审阶段律师代理费 258 万元；（4）判令金伍岳公司对鑫悦公司的上述债务承担连带清偿责任。

金伍岳公司在一审中提出反诉请求：（1）确认鑫悦公司、新益公司与柳化公司、柳控公司于 2013 年 8 月 28 日签订的《债务清偿协议》无效；（2）确认金伍岳公司、鑫悦公司与柳化公司、柳控公司于 2013 年 8 月 28 日签订的《保证合同》无效；（3）确认金伍岳公司、鑫悦公司与柳化公司、柳控公司于 2015 年 1 月 31 日签订的《协议书》无效。

一审法院认为，股权转让项目交易合同、《债务清偿协议》，系各方当事人的真实意思表示，不违反法律法规禁止性规定，均是有效合同。《协议书》与前述《保证合同》均为《股权转让合同》《债务清偿协议》的从合同，如前所述，主合同有效，从合同也应认定有效。一审法院判决鑫悦公司、新益公司向柳化公司、柳控公司支付尚欠债务款项9649.07万元及逾期付款违约金。

金伍岳公司、鑫悦公司、新益公司不服一审判决，提起上诉。

关于《股权转让合同》第二条第四项、《债务清偿协议》《保证合同》《协议书》是否合法有效的问题，二审法院认为：《公司法》第十五条规定，公司可以向其他企业投资，但不得成为对所投资企业的债务承担连带责任的出资人，法律另有规定除外。该条是关于公司对外投资责任限制的规定。作为法人主体的公司，享有自主经营的权利，法律应保护其运用自己的财产进行对外投资，但投资具有风险性，如果允许投资的公司承担无限责任，有可能直接导致公司的破产或利益受到重大损失，进而损害公司股东和债权人的利益，直接危害社会经济秩序的稳定。因此，在《公司法》范畴内，公司可以对其他企业投资，但不能在出资时约定对该企业的债务承担连带责任。本案并不属于《公司法》第十五条规定的情形。《股权转让合同》第二条第4项约定鑫悦公司应采取措施促使新益公司在2014年8月31日前足额偿还全部债务，并就偿还债务承担连带保证责任。同日订立的《债务清偿协议》约定，鑫悦公司代新益公司偿还债务2.4亿元。根据本案事实可见，鑫悦公司对新益公司原债务承担连带清偿责任是其取得新益公司股权、成为新益公司出资人的条件之一，且该债务的内容、金额是明确的，鑫悦公司并非在成为出资人之后再行对新益公司将来的不确定债务承担连带责任。因此，鑫悦公司不属于《公司法》第十五条规定的对新益公司的债务承担连带责任的出资人。《保证合同》《协议书》是《股权转让合同》《债务清偿协议》的从合同。在主合同有效的情况下，从合同作为当事人的真实意思表示，没有违反法律法规的禁止性规定，亦为有效。

【裁判】

一审判决：

1. 鑫悦公司、新益公司向柳化公司、柳控公司支付尚欠债务款项9649.07万元；

2. 鑫悦公司、新益公司向柳化公司、柳控公司支付逾期付款违约金为：以应付尚欠款项 9649.07 万元为基数，按照中国人民银行同期贷款基准利率上浮 50% 为标准，自 2016 年 3 月 18 日起计至本案判决生效之日止；

3. 鑫悦公司向柳化公司、柳控公司支付律师代理费 258 万元；

4. 金伍岳公司对上述第一项、第二项、第三项判决义务承担连带清偿责任；

5. 驳回柳化公司、柳控公司的其他诉讼请求；

6. 驳回金伍岳公司的反诉请求。

二审判决：

驳回上诉，维持原判。

【实务评析】

作为法人主体的公司，享有自主经营的权利，法律应保护其运用自己的财产进行对外投资，但投资具有风险性，如果允许投资的公司承担无限责任，有可能直接导致公司的破产或利益受到重大损失，进而损害公司股东和债权人的利益，直接危害社会经济秩序的稳定。因此，在《公司法》范畴内，公司可以对其他企业投资，但不能在出资时约定对该企业的债务承担连带责任。

（二）涉土地使用权、矿产股权转让合同效力认定

26. 不能以转让房地产公司全部股权是变相转让土地使用权为由认定股权转让合同无效

——李宁与张磊、大同中建伟业房地产开发有限公司等股权转让纠纷案

【风险提示】

房地产公司　全部股权　土地使用权

【案例要旨】

公司是作为一个独立的法人持续存在的，其内部股权发生的变化，对其名下土地使用权的归属不会造成影响，股东间对外签订的《股权转让协议书》有效。

【案件基本信息】

1. 裁判书字号

最高人民法院（2018）最高法民终199号民事判决书

2. 当事人

原告（被上诉人）：李宁

原告（被上诉人）：张磊

被告（上诉人）：大同中建伟业房地产开发有限公司（以下简称中建伟业公司）

被告：大同市益同房地产开发有限责任公司（以下简称益同公司）

被告：西安安盛置业有限公司（以下简称安盛公司）

被告：段方亚

【基本案情】

李宁和张磊共同持有益同公司的全部股权。2011 年 10 月 18 日，李宁、张磊作为股权出让人（甲方）与股权受让人（乙方）中建伟业公司、担保人（丙方）安盛公司以及担保人益同公司就益同公司的全部股权的转让签订了《股权转让协议书》。主要内容为：第一条约定，经双方协商，甲方自愿将所持有的益同公司全部股权 100% 转让乙方；第五条约定，益同公司以位于大同市 × × 东路路南侧原同力橡胶厂、宗地编号为 2009 - 04 的地块作为抵押物担保债权的实现；第七条第二款约定，如一方违约，向对方支付本协议股权转让金总价款 30% 的违约金。

2011 年 10 月 20 日，中建伟业公司向李宁、张磊出具《承诺书》，中建伟业公司承诺将按照下述期限向李宁、张磊继续履行支付股权转让款的义务：2011 年 10 月 21 日前支付人民币 1 亿元，2011 年 10 月 26 日前支付人民币 1 亿元，并于 2012 年 1 月 30 日前支付余款人民币 1 亿元；段方亚作为担保方在该承诺书上签字。

《承诺书》签署后，中建伟业公司仍拒绝按照约定履行付款义务，截至起诉时，经李宁、张磊多次催要，中建伟业公司仍未能支付股权转让余款 1 亿元，益同公司、安盛公司及段方亚也未代为履行。

大同市工商行政管理局出具的益同公司企业档案信息卡反映，2013 年 6 月，益同公司的法定代表人变更为王建忠，股东变更为王建忠、孟涛二人。

李宁、张磊向一审法院起诉，请求：中建伟业公司向李宁、张磊支付股权转让金人民币壹亿元及迟延付款利息损失，以及违约金人民币 9930 万元；益同公司、安盛公司、段方亚对上述款项承担的全部给付义务承担连带清偿责任。

关于涉案《股权转让协议书》的效力问题，一审法院认为：2011 年 10 月 18 日，李宁和张磊作为股权出让人（甲方）与股权受让人（乙方）中建伟业公司、担保人（丙方）安盛公司以及担保人益同公司就益同公司的全部股权签订的《股权转让协议书》，确定了各方的合同权利和义务，为各方真实意思表示，并不违反相关法律规定，为有效协议。双方对该协议已进行了部分履行。中建伟业公司认为，该协议是以股权转让为名，实则为国有土地使用权的转让，涉嫌合同诈骗，为无效协议，但未能提交充分的证据证明，对其此项主张，一审法院不予支持。一审法院判决：(1) 中建伟业公司在判决生效之日起 15 日内支付李宁、张磊股权转让欠款 1 亿元及利息和违约金；(2) 安盛公司、益同公司、段方亚承担连带清偿责任；(3) 益同公司以 2009－04 的地块(抵押物)承担判决判项一的清偿责任。

中建伟业公司不服一审判决，提起上诉，请求：案涉《股权转让协议书》名为股权转让，实为土地使用权转让，在上述协议签订时，益同公司既未取得案涉土地使用权，又未投入达到开发投资总额的 25%，不符合《城市房地产管理法》第三十八条、第三十九条规定的土地使用权转让条件，属以合法形式掩盖非法转让、倒卖土地使用权的目的，根据《合同法》第五十二条的规定，上述协议应认定为无效合同，一审判决以有效合同进行认定处理是完全错误的。

关于案涉《股权转让协议书》的效力问题，二审法院认为：中建伟业公司上诉称案涉《股权转让协议书》名为股权转让，实为转让土地使用权，因此属于无效合同，对此本院认为双方在《股权转让协议书》中明确约定的转让对象即为益同公司股权；案涉土地使用权始终都在益同公司名下没有变动，至于期间益同公司股东的变更，属该公司内部事务，并未为法律所禁止，益同公司作为一个独立的法人是持续存在的，其内部股权发生的变化，对其名下土地使用权的归属不会造成影响，并无违反《城市房地产管理法》之处，故中建伟业公司主张案涉《股权转让协议书》为无效合同的上诉主张不能成立。中建伟业公司也无有效证据推翻加盖其公章的 2011 年 10 月 20 日《承诺书》的真实性，故其应根据《股权转让协议书》及《承诺书》的约定履行支付下欠股权转让款的义务。二审法院改判大同中建伟业房地产开发有限公司在本判决生效之日起 15 日内支付李宁、张磊股权转让欠款 82058505 元及违约金。

【裁判】

一审判决：

1. 中建伟业公司在判决生效之日起 15 日内支付李宁、张磊股权转让欠款 1 亿元及利息和违约金；

2. 安盛公司、益同公司、段方亚对判决判项一承担连带清偿责任；

3. 益同公司以位于大同市 × × 东路路南侧原同力橡胶厂、宗地编号为 2009－04 的地块(抵押物)承担判决判项一的清偿责任。

二审判决：

1. 维持山西省高级人民法院(2015)晋民初字第 37 号民事判决第二项、第三项；

2. 变更山西省高级人民法院(2015)晋民初字第37号民事判决第一项为:中建伟业公司在本判决生效之日起15日内支付李宁、张磊股权转让欠款82058505元及违约金。

【实务评析】

通过收购股权的方式获取目标公司所享有的有形或无形资产是被社会普遍认可和接受的合法交易行为。衡量以股权转让方式实现土地收购协议的效力,应当依据股权转让的法律法规,而非有关土地交易法规,此行为中土地使用权的主体并未发生改变,虽然收购股权的最终目的是获得土地项目,但股权转让合同的结果仅能发生股权、股东的变化,却不能导致土地使用权人的改变。唯一股东也好、控股股东也罢,都必须以土地使用权证中记载的公司名义合法地使用土地。故在协议中没有违反法律法规规定的效力性强制性规范的前提下,此类协议合法有效。

27. 未涉及探矿权人变更的转让协议属于股权转让

——西藏国能矿业发展有限公司与薛梦懿、薛梦蛟等股权转让纠纷案

【风险提示】

探矿权人更名　股权转让　探矿权转让

【案例要旨】

合作协议的性质应认定为探矿权转让还是股权转让,主要应取决于探矿权人更名与否的事实以及合作协议约定的内容是否涉及探矿权转让。

【案件基本信息】

1. 裁判书字号

最高人民法院(2014)民二终字第205号民事判决书

2. 当事人

原告(反诉被告、被上诉人):西藏国能矿业发展有限公司(以下简称国能公司)

被告(反诉原告、上诉人):薛梦懿

被告(反诉原告、上诉人):薛梦蛟

被告:西藏龙辉矿业有限公司(以下简称龙辉公司)

第三人(上诉人):王如生

第三人(上诉人):薛云琦

【基本案情】

2013年7月12日,国能公司与薛梦懿、薛梦蛟签订合作协议约定:薛梦懿、薛

梦蛟有意将持有龙辉公司的全部股权转让给国能公司，双方同意展开一系列合作。龙辉公司注册资本5020万元，薛梦懿持有龙辉公司60%的股权，以2749.8万元转让价将其全部股份转让给国能公司；薛梦蛟持有龙辉公司40%的股权，以1833.2万元转让价将其全部股份转让给国能公司。协议第六条第六款约定："薛梦懿、薛梦蛟保证共同配合完成国能公司收购龙辉公司全部股权的工商及其他相关变更登记备案手续"；第七条第二款约定："西藏国能保证配合薛梦懿、薛梦蛟办理其龙辉矿业股权变更的工商及其他相关变更登记备案手续"。协议第十五条约定违约责任，即由于一方不履行本协议及附件规定的义务或严重违反本协议及附件规定，造成龙辉公司无法正常经营或各方无法达到本协议规定的经营目的，视为违约，违约方需赔偿守约方的全部损失。

国能公司已付股权转让款共计1500万元，对此双方均无异议。但在履行协议过程中，双方未按协议约定办理股权转让工商变更登记手续。8月29日，原、被告双方对龙辉公司的企业法人营业执照、公司公章、公司财务章、探矿证等18份公司资质及财务证照进行了交接。

2013年10月24日，薛梦懿向国能公司发出终止协议函，通知终止协议的履行，要求3日内退还与西藏龙辉矿业有限公司有关的材料、公章、营业执照等物品。11月28日，受薛梦懿、薛梦蛟委托，泰和泰（拉萨）律师事务所律师向国能公司发出（2013）泰拉律函字第25号《律师函》，内容为协商解除合同事宜。

2013年11月29日，薛梦懿、薛梦蛟与王如生、薛云琦签订了转让合同，将已转让给国能公司的股权再次转让给王如生、薛云琦。12月9日，薛梦懿、薛梦蛟与王如生、薛云琦就所转让龙辉公司股权在西藏自治区工商行政管理局办理了股权变更登记手续。

国能公司向法院起诉，请求确认国能公司与薛梦懿、薛梦蛟签订的合作协议合法有效，且由被告履行合作协议，并为国能公司办理股权变更工商登记手续。薛梦懿、薛梦蛟提起反诉，请求国能公司赔偿因过错导致合同未生效给薛梦懿、薛梦蛟造成的经济损失1497113元，并返还薛梦懿、薛梦蛟交付的物品。

关于国能公司与薛梦懿、薛梦蛟签订的合作协议的效力问题，一审法院认为：从国能公司与薛梦懿、薛梦蛟之间的合作协议内容看，虽包含股权转让和矿权合作两方面内容，但其实质内容是股权转让，故该协议属股权转让协议，符合《合同法》第8条[1]、《公司法》的规定,系合法有效。国能公司提出的合作协议有效的诉讼主张成立,应予支持。薛梦懿、薛梦蛟提出的合作协议属探矿权转让合同,因未经国土资源管理部门批准而未生效的抗辩理由不能成立。一审判决国能公司与薛梦懿、薛梦蛟签订的合作协议合法有效;国能公司向被告薛梦懿、薛梦蛟支付剩余股权转让价款;薛梦懿、薛梦蛟及龙辉公司为原告办理龙辉公司的股权、法定代表人变更工商登记手续。

薛梦懿、薛梦蛟、王如生、薛云琦不服一审法院判决,提起上诉。

二审法院认为,案涉合作协议的性质应认定为探矿权转让还是股权转让,主要应取决于探矿权人更名与否的事实以及合作协议约定的内容是否涉及探矿权转让等因素。根据本案查明事实,案涉探矿权系登记在一审被告龙辉公司名下,协议内容中,双方当事人仅约定由薛梦懿、薛梦蛟将其持有龙辉公司的股份转让给国能公司以及与该股权转让相关的事宜,并未涉及探矿权人更名的内容。再者,作为协议转让方的薛梦懿、薛梦蛟,该二人并非案涉探矿权持有人,其无权在协议中处置龙辉公司所持有的探矿权;而作为探矿权人龙辉公司,其并非案涉合作协议的当事人,亦不可能在该协议中进行探矿权转让。协议中虽包括矿产合作的相关内容,但均属基于股权转让所产生的附随权利义务,探矿权人仍系龙辉公司,该协议的实质仍然属于股权转让。因此,本案国能公司与薛梦懿、薛梦蛟所签订的合作协议应认定为股权转让协议,而非探矿权转让协议。关于协议效力,《合同法》第四十四条规定:"依法成立的合同,自成立时生效。法律、行政法规规定应当办理批准、登记等手续生效的,依照其规定。"由于本案合作协议属股权转让性质,并不属于法律、行政法规规定应当办理批准、登记等手续生效的情形,协议成立时即生效。判决驳回上诉,维持原判。

【裁判】

一审判决:

1. 原告国能公司与被告薛梦懿、薛梦蛟签订的合作协议合法有效;

2. 被告薛梦懿、薛梦蛟与第三人王如生、薛云琦签订的转让合同无效;

3. 原告国能公司于本判决生效之日起30日内分别向被告薛梦懿、薛梦蛟支

---

[1] 《民法典》相关条文为第四百六十五条:"依法成立的合同,受法律保护。依法成立的合同,仅对当事人具有法律约束力,但是法律另有规定的除外。"

付剩余股权转让价款 1849.8 万元人民币、1233.2 万元人民币；

4. 被告薛梦懿、薛梦蛟及龙辉公司于原告国能公司支付完剩余股权转让价款 3083 万元人民币之日起 10 日内，配合原告并为原告办理龙辉公司的股权、法定代表人变更工商登记手续。

二审判决：

驳回上诉，维持原判。

【实务评析】

股权与矿业权是不同的民事权利，其性质、内容及适用的法律应有所区别。矿山企业的股权属社员权，由股东享有，受《公司法》调整。矿山企业的股权转让导致股东变化，不当然导致矿业权主体变更，不构成以合法的矿山企业股权转让之形式，逃避行政监管，实现实质上非法的矿业权转让的目的，不宜认定为变相的矿业权转让，径行判令无效。若股权转让合同中同时约定了矿业权转让、矿业权人变更等实质性内容，则应根据矿业权转让的法律法规认定该部分内容的效力。

28. 涉及探矿权的股权转让约定未履行相关行政审批手续不生效不影响其他条款的效力

——陕西南海矿业建设工程有限责任公司与北京金澜投资管理有限公司确认合同效力纠纷案

【风险提示】

探矿权　股权转让　行政审批

【案例要旨】

《股权转让协议书》既有转让权益安排,也有共同合作开发建设煤矿的安排,并非单一的探矿权转让或者股权转让,除涉及探矿权转让的内容未生效外,其他内容发生法律效力。

【案件基本信息】

1. 裁判书字号

最高人民法院(2014)民二终字第48号民事判决书

2. 当事人

原告(上诉人):陕西南海矿业建设工程有限责任公司(以下简称南海公司)

被告(上诉人):北京金澜投资管理有限公司(原名称为北京沃达同和投资管理有限公司,以下均简称金澜公司)

【基本案情】

2007年8月3日,国土资源部办公厅批准"陕西省榆林市榆神矿区上河井田勘探"项目探矿权以协议方式转让。

2007年11月5日,南海公司(乙方)与陕西省地质矿产勘查开发局西安地质矿产勘查开发院(甲方)签订《矿权转让合同书》,以协议的方式受让陕北侏罗纪煤田上河井田内拥有的探矿权。

2007 年 11 月 9 日,南海公司取得了陕西省国土资源厅颁发的陕西省榆林市榆神矿区上河井田勘探项目《矿产资源勘查许可证》。2007 年 12 月 6 日,南海公司、金澜公司的法定代表人侯新民与赵子华经协商,就共同投资榆林市上河井田煤矿开发建设事宜达成《合作投资意向》,该合作投资意向对井田概况、投资估算、井田开发建设资源价款成本组成、投资成本的核算和确认违约责任等进行了约定,对双方具体的投资比例、投资金额及资金投资办法另行签订协议明确。之后,金澜公司分别于 2008 年 4 月 10 日、2008 年 4 月 26 日向南海公司指定账户支付 20 万元、60 万元。

2008 年 8 月 5 日,南海公司(甲方)与金澜公司(乙方)签订了《陕西省榆林市榆神矿区上河井田勘探(尚合煤矿)股份转让协议书》(以下简称《股份转让协议书》)。协议签订后,金澜公司共向南海公司指定账户转款人民币 20410 万元。

2011 年 3 月 4 日,南海公司向原审法院提起诉讼,认为双方签订的《股份转让协议书》违反国家关于探矿权转让的禁止性规定,请求法院依法确认无效并予以解除。2012 年 2 月 17 日,南海公司向原审法院提交了变更诉讼请求申请书,将原请求第一项变更为请求法院依法确认《股份转让协议书》未生效,判令解除该协议。

一审法院认为:(1)关于双方签订的《股份转让协议书》的性质。从本案南海公司、金澜公司签订的合作投资意向及股份转让协议书的内容上看,因双方的股份转让协议书第一条至第三条分别约定了探矿权转让的数量、转让价款具体数额及付款办法,以及转让后双方的权利义务等,即甲方愿将该矿探矿权 70% 的股权向乙方永久性扩股转让。乙方向甲方支付相应的股份转让款。并约定,本合同生效后,甲乙双方按所持股份比例永久性拥有煤矿的资源开发权、财产拥有权、经营决策权、利润分红等全部收益权和承担该项目的投资、建设风险、经营风险、工伤事故等全部经济责任和法律责任,故双方所签股份转让协议书应属于合作转让合同。(2)关于双方签订的《股份转让协议书》的效力问题。该院认为,按照国土资源部《矿业权出让转让管理暂行规定》第四十四条、第四十六条规定,矿业权转让必须经过国家相关登记管理机关的行政审批或登记备案。本案南海公司、金澜公司双方在签订股份转让协议书后,并未向登记管理机关备案,故该合同不生效。

由于本案股份转让协议未生效，对双方不产生实质的拘束力，无须履行。一审法院据此判决：南海公司与金澜公司2008年8月5日签订的《股份转让协议书》未生效，不再履行。

南海公司和金澜公司均不服一审判决，提起上诉。

二审法院认为：(1)关于《股份转让协议书》建立的民事法律关系性质。《股份转让协议书》内容表明，本案当事人对其间合作开发尚合煤矿建立的法律关系进行了概括性的约定。结合《股份转让协议书》签订前后发生的案件事实，应当认定该协议既有转让探矿权或者股权的权益安排，也有合作开发涉案煤矿项目的安排，原审判决认定案涉《股份转让协议书》系合作转让合同并无不妥。(2)关于《股份转让协议书》是否生效。根据《矿产资源法》第六条之规定，探矿权人在完成规定的最低勘查投入后，经依法批准，可以将探矿权转让他人。根据该规定，履行报批手续是转让探矿权的必经法律程序。根据《合同法》第四十四条关于"依法成立的合同，自成立时生效。法律、行政法规规定应当办理批准、登记等手续生效的，依照其规定"的规定，涉案协议关于探矿权转让法律关系，属于依法需要办理批准手续才生效的情形。根据本案现有证据查明的案件事实，并未发生向国家相关主管部门提交关于探矿权转让报批手续的情形，应认定《股份转让协议书》中涉及探矿权转让法律关系的约定成立但未生效。《股份转让协议书》除约定转让探矿权内容外，还有关于股权转让的约定及合作开发建设涉案项目的其他内容，且按照双方当事人合作的投资比例，金澜公司已经向南海公司支付了两亿多元款项，《股份转让协议书》已经开始履行，应认定《股份转让协议书》中涉及探矿权转让外的其他内容依法成立并生效。

【裁判】

一审判决：

南海公司与金澜公司2008年8月5日签订的《股份转让协议书》未生效，不再履行。

二审判决：

1. 变更陕西省高级人民法院(2011)陕民一初字第00003号民事判决第一项为：南海公司与金澜公司于2008年8月5日签订的《股份转让协议书》中涉及探矿权转让的约定未生效；

2. 驳回南海公司的其他诉讼请求。

【实务评析】

煤矿企业股权转让协议内容既有转让权益安排，亦有共同合作开发安排，并非单一的探矿权转让或股权转让的，应区别对待。在探矿权转让合同成立并具备继续履行条件的情况下，一方以未履行行政审批手续为由诉请解除或确认无效的，法院不予支持。《股份转让协议书》已经开始履行，应认定《股份转让协议书》中涉及探矿权转让外的其他内容依法成立并生效。

（三）股权转让黑白合同效力认定

29. 阴阳合同场合下权利义务关系的确定依据

——林梅灼与林俨儒、福建鑫海冶金有限公司等股权转让纠纷案

【风险提示】

阴阳合同　实际履行

【案例要旨】

当事人据以主张权利的股权转让合同与用以工商备案登记的股权转让合同不一致时，有证据证明双方之间实际履行的为非备案的合同时，应以当事人实际履行的合同作为确定双方之间权利义务关系的依据。

【案件基本信息】

1. 裁判书字号

最高人民法院(2015)民二终字第176号民事判决书

2. 当事人

原告(被上诉人)：林梅灼

被告(上诉人)：林俨儒

被告(上诉人)：福建鑫海冶金有限公司(以下简称鑫海公司)

被告：蒋校

【基本案情】

2014年1月17日，林梅灼与林俨儒签订《股份转让协议书》，约定：(1)林梅灼将所持有鑫海公司的股份共计人民币10400万元，实股为9440万元以2.5倍即23600万元人民币作价转让，林俨儒同意按此转让价格购买接受。(2)林俨儒将

转让款转入中信银行福州长乐支行林梅灼指定的账户。林梅灼收到第一期6000万元款项后,将持有鑫海公司的9440万元股份过户给林俨儒名下。(3)林俨儒如果未能按期支付上述款项,应按未付款全额支付月息1.5%的违约金。在协议保证人(单位)签名处有蒋校的签名和鑫海公司的盖章。

2014年2月13日,林梅灼与林俨儒签订《股份转让补充协议》,约定:(1)林梅灼所持有鑫海公司的股份是以公司现状作为转让前提条件,林俨儒也同意按鑫海公司的现状购买接收,任何一方不以公司遗留问题以及现状存在的问题为借口不履行已经签订的各项协议。(2)转让款支付办法中的时间期限和违约责任是双方经充分协商后的郑重承诺,双方都保证信守承诺,圆满履行协议。

2014年2月21日,林梅灼与林俨儒签订《福建鑫海冶金有限公司股权转让协议》,约定:股权转让价格与付款方式:①甲方林梅灼同意将持有鑫海公司22.17%的股权共16640万元人民币出资额,以16640万元转让给乙方林俨儒,林俨儒同意按此价格及金额购买该股权。②林俨儒同意在本协议签订之日起3日内,将转让费16640万元人民币现金(或转账)方式一次性支付给林梅灼。该协议订立后,在工商登记机关变更登记时进行了备案。

2014年7月16日,林梅灼与林俨儒签订《股份转让补充协议书(二)》,约定:(1)确认事实:①截至2014年7月12日,受让方林俨儒已向出让方林梅灼支付转让款人民币7500万元。②出让方林梅灼和受让方林俨儒已就转让的股份办理了变更手续。③受让方林俨儒尚欠出让方林梅灼出让款17044万元。以每月1.5%的违约金计算在内,至7月12日累计利息405万元。(2)还款计划:现各方协商一致,将还款计划作出如下调整:受让方林俨儒欠转让款本、息共计17449万元,分15个月还清。还款日为每月12日……(5)以前签订的协议内容与该协议不一致的,以该协议为准。在该协议中保证人签名处,有蒋校的签名和鑫海公司的盖章。

合同订立后,出让人林梅灼将股权过户给了受让人林俨儒,并办理了工商变更登记。受让人林俨儒共支付了股权转让价款7556万元给林梅灼,目前已无继续支付价款的能力。

林梅灼向法院提起诉讼,请求林俨儒支付股份转让款人民币16044万元整及违约金1551.01万元,且鑫海公司、蒋校承担连带还款责任。

关于本案讼争的股权转让是依据2014年1月17日签订的协议还是2014年2

月21日签订的工商备案登记的协议或2014年7月16日签订的协议的问题，一审法院认为：从2014年1月17日至2014年7月16日股权转让双方当事人就同一股权的转让签订了四份协议书。最后一份是2014年7月16日的《股份转让补充协议书（二）》，该协议与最初的两份协议互相印证，可以确定双方当事人是以2014年1月17日、2月13日及7月16日的《股份转让协议书》作为履行和结算的根据，2014年2月21日签订的《福建鑫海冶金有限公司股权转让协议》仅是作为工商登记使用。林俨儒及鑫海公司、蒋校的抗辩不能成立。综上所述，林梅灼与林俨儒双方签订的股权转让协议，系当事人真实意思表示，内容合法，系有效合同。判决林俨儒于该判决生效之日起10日内支付林梅灼股份转让款16044万元及违约金405万元；被告福建鑫海冶金有限公司、蒋校对上述债务承担连带责任。

林俨儒、鑫海公司、蒋校不服一审判决，提起上诉。

关于案涉股权转让合同的效力问题，二审法院认为：因2014年1月17日的《股份转让协议书》、2014年2月13日的《股份转让补充协议》及2014年7月16日的《股份转让补充协议书（二）》三份合同均系各方当事人的真实意思表示，亦不具有《合同法》第五十二条所规定的合同无效的情形，故上述合同合法有效。因2014年1月17日的《股份转让协议书》就股权转让的标的作了约定，而2014年2月13日的《股份转让补充协议》及2014年7月16日的《股份转让补充协议书（二）》对案涉股权转让合同的标的并未作出变更，且《股份转让补充协议书（二）》明确载明系对前述两份合同的补充，并对已履行情况做了确认，故林俨儒、鑫海公司有关上述三份股权转让合同因标的物不一致而无效、也未实际履行的主张，与事实不符，本院亦不予支持。综上，判决：林俨儒应于该判决生效之日起10日内支付林梅灼股份转让款16044万元及违约金405万元，蒋校承担连带责任。

【裁判】

一审判决：

1.林俨儒应于该判决生效之日起10日内支付林梅灼股份转让款16044万元及违约金405万元；

2.被告鑫海公司、蒋校对上述债务承担连带责任。

二审判决：

1.维持福建省高级人民法院（2014）闽民初字第102号民事判决第一项；

2. 撤销福建省高级人民法院(2014)闽民初字第102号民事判决第二项;

3. 蒋校对林俨儒应当支付给林梅灼的股份转让款16044万元及违约金405万元承担连带责任。

【实务评析】

"阴阳合同"在发生争议时应根据"阴"还是"阳"合同确定当事人之间的权利义务及责任是首要的争议问题。当事人据以主张权利的合同与用以工商备案登记的合同不一致时,从常理判断应以当事人的真实意思为依据,此时如果有证据证明当事人之间实际履行的为非备案的合同时,应以当事人实际履行的合同即"阴"合同作为确定双方之间权利义务关系的依据。在股权转让实务中,直接在"阴阳合同"中确定"阴"合同作为确定转让方与受让方权利义务关系及实际履行的依据,而明确"阳"合同只为商事备案之用是最简单的、最有效的处理方式。当然,用补充协议的方式对"阴"和"阳"合同的适用进行专门约定也是一种行之有效的做法。

30. 登记备案的转让协议欠缺真实合意时对当事人不具有约束力

——叶金和与黄鑫股权转让纠纷案

【风险提示】

转让协议　登记备案　真实意思

【案例要旨】

股权转让人与受让人之间股权转让合意应以双方真实意思表示为准，能够证明双方真实意思的投资意向书、未提交登记备案的股权转让协议等与登记备案的转让协议内容不一致的，登记备案的转让协议因欠缺真实合意对当事人之间不具有约束力，仅对第三人确认受让人股东资格出资责任等具有公示对抗效力。

【案件基本信息】

1. 裁判书字号

盐城市中级人民法院(2016)苏09民终3412号民事判决书[1]

2. 当事人

原告(上诉人)：叶金和

被告(被上诉人)：黄鑫

【基本案情】

2011年7月26日，张友宏(丁方)与叶金和(甲方)、潘祥军(乙方)、徐往扣(丙方)签订《投资意向协议书》一份。该协议约定，甲、乙、丙、丁四方为合作经

〔1〕 本案是《中国法院2019年度案例》收录案例。

济，拟在大丰市白驹工业园区新办建筑材料矿粉项目企业，项目总投资约1600万元，各方投资额为：甲方450万元，乙方350万元，丙方500万元，丁方300万元，办理营业执照按协议比例等。

江苏恒创新型建材有限公司（以下简称恒创公司）于2011年9月19日经工商管理部门核准登记成立，由香港睿辉有限公司（以下简称睿辉公司）独资设立，注册资本为700万美元，企业类型为有限责任公司（台港澳法人独资），法定代表人为徐往扣。四名意向投资人均未登记为恒创公司的股东。恒创公司正式注册成立后，独立投资人睿辉公司除授权徐往扣任公司执行董事（法人代表）外，未另行派员参与恒创公司的经营与管理，该公司实际由四名意向投资人在经营。

2013年1月31日，投资协议人叶金和、仲银存、徐往扣、潘祥军签订《协议书》一份，内容为：为促进恒创公司的生产经营运作和公司的发展，2013年1月31日，四位股东于江苏省兴化市戴南镇订立如下协议："一、公司总投资确定为1750万元。其中：叶金和577.50万元，占33%；徐往扣490万元，占28%；潘祥军376.50万元，占21.50%；仲银存306万元，占17.50%。"

2013年11月5日，叶金和、杨树霞（甲方）、王海浦（乙方）、潘祥军（丙方）、仲银存（丁方）、黄鑫（戊方）签订《股权转让协议书》一份，约定甲方杨树霞的股权全部转让给甲方叶金和，徐往扣的股权全部转让给乙方王海浦，丁方仲银存的股权全部转让给戊方黄鑫。

2014年3月7日，恒创公司形成股东会决议一份，主要内容为：（1）同意叶金和将其持有恒创公司的股权1023.21954万元人民币（占公司注册资本的27%）以1023.21954万元人民币的价格转让给王海浦。（2）同意叶金和将其持有恒创公司的股权776.88951万元人民币（占公司注册资本的20.5%）以776.88951万元人民币的价格转让给潘祥军。（3）同意叶金和将其持有恒创公司的股权625.30086万元人民币（占公司注册资本的16.5%）以625.30086万元人民币的价格转让给黄鑫。股东叶金和、杨树霞、王海浦、潘祥军、黄鑫出资比例分别为28%、8%、27%、20.5%、16.5%。

2014年3月7日办理股东工商变更登记时，原告叶金和（出让方）与被告黄鑫（受让方）签订《股权转让协议》一份，载明：（1）出让方将其持有恒创公司的股权625.30086万元人民币（占公司注册资本的16.5%）以625.30086万元人民币的价格转让给黄鑫。（2）受让方于2014年6月30日前将股权转让款以现金方式一次性直接交付给出让方。2014 年 3 月 10 日,恒创公司经工商登记变更,现股东名称为叶金和、杨树霞、王海浦、潘祥军、黄鑫。

2014 年 3 月 22 日,恒创公司召开董事会,参加人员为叶金和、杨树霞、王海浦、潘祥军、黄鑫,列席人员陈平(陈平系恒创公司的债权人),记录人徐明选(徐明选是恒创公司的材料会计)。董事会记录,调整后,各股东所占公司股份为:叶金和 28%、王海浦 27%、黄鑫 16.5%、潘祥军 20.5%、杨树霞 8%。

叶金和向一审法院提起诉讼,请求判决黄鑫立即支付叶金和股权转让款 325.30086 万元及利息。

一审法院认为:(1)从恒创公司的演变过程来看,恒创公司名为外资独资企业,实际系由四名自然人投资并运作,尽管自然人有退出的,也有转让的,但在工商登记中并无任何记载。于是便产生了显名股东与隐名股东情形,叶金和通过受让方式成为显名股东,而潘祥军、徐往扣、张友宏(后为仲银存)几个实际投资人则成为隐名股东。(2)恒创公司登记的注册资本与实际投资资本存在不一致的情况下,在处理实际投资人之间的债权、债务关系时,只能以投资人之间的投资协议作出判定。2014 年 3 月 7 日股东会决议既是为了解决隐名股东转变为显名股东的问题,更是为了与工商登记的注册资本相吻合,双方均不持有原件,完全是为了工商登记备案所用,通过这份股权转让协议,使隐名股东的身份转变为显名股东。但此协议并非实际投资人债权债务关系的真实记载,叶金和更不可以将此作为债权凭证。一审法院据此驳回叶金和的诉讼请求。

叶金和不服一审判决,提起上诉。

二审法院经审理一审判决事实清楚,适用法律正确,依法维持原判。

【裁判】

一审判决:

驳回叶金和的诉讼请求。

二审判决:

驳回上诉,维持原判。

【实务评析】

本案的关键问题是"阴""阳"股权转让协议以何为准。欠缺真实意思的民事法律行为不成立,故欠缺当事人真实意思的备案股权转让协议对双方当事人不具有约束力。关于工商登记备案对合同效力的影响,《公司法》第三十二条第三款规定:“公司应当将股东的姓名或者名称向公司登记机关登记;登记事项发生变更的,应当办理变更登记。未经登记或者变更登记的,不得对抗第三人。”备案股权转让协议虽约束双方当事人,但登记备案公示对抗效力的保护对象是第三人。

31. 掩盖股权转让实际价格用于备案登记的股权转让合同无效

——高枫与唐恭馀、朱鹏杰股权转让纠纷案

【风险提示】

实际价格　备案登记

【案例要旨】

用于备案登记的股权转让合同掩盖股权转让实际价格,系双方通谋实施的虚伪意思表示,应认定无效。

【案件基本信息】

1. 裁判书字号

最高人民法院(2016)最高法民终7号民事判决书

2. 当事人

原告(被上诉人):高枫

原告(被上诉人):唐恭馀

被告(上诉人):朱鹏杰

【基本案情】

2011年3月23日,和静县大西沟铁矿有限责任公司(以下简称大西沟公司)取得新疆维吾尔自治区国土资源厅《划定矿区范围批复》。矿区范围有5个拐点坐标,开采深度由2048米至1998米标高。矿区面积1.0071平方公里。

2011年11月8日,大西沟公司召开股东会后作出股东会决议,决议:(1)同意股东朱鹏杰将其所持本公司99%的股权转让给高枫66%股权,转让给唐恭馀

33%股权,其他股东放弃优先购买权;(2)公司于股东发生变化之日起30日内向公司登记机关申请变更登记。聂家瑞、朱鹏杰、高枫、唐恭馀(由杨斌代签)在该股东会决议上签字确认。

同日,朱鹏杰作为甲方与乙方高枫、赵卫签订《和静县大西沟铁矿有限责任公司股权转让补充合同》(以下简称《股权转让补充合同》),落款处赵卫未签名。合同主要内容为:(1)大西沟公司股权,甲方朱鹏杰持有公司99%的股份,在2011年11月8日签订的《股权转让合同》一次性转让给乙方,乙方以人民币贰仟伍佰万元的价格一次性受让甲方朱鹏杰的全部股份和投资;(2)转让价款乙方分四次支付……(4)乙方第四次余额人民币贰佰万元受让款待甲方办理采矿权证所要提交的《和静大西沟铁矿详查地质报告》《和静大西沟铁矿开发利用方案报告》《和静大西沟铁矿地质灾害评估报告》《和静大西沟铁矿环境评估报告》取得新疆维吾尔自治区国土厅评估中心评审通过并取得专家评审意见书后5个工作日内乙方全部给甲方付清。

同日,朱鹏杰与高枫签订用于工商行政管理部门备案的《股权转让协议》,高枫取得大西沟公司66%的股权,朱鹏杰另与唐恭馀签订用于工商行政管理部门备案的《股权转让协议》,唐恭馀取得大西沟公司33%的股权。2011年12月12日,大西沟公司对工商档案登记中的投资人,根据股东会决议的内容进行了变更登记。聂家瑞占公司股份比例为1%,高枫占公司股份比例为66%,唐恭馀占公司股份比例为33%。

2011年12月16日,朱鹏杰与高枫协商签订《大西沟公司股权转让补充说明》:由于甲方(朱鹏杰)资金紧张乙方(高枫)同意提前支付壹佰万元整。最后余款壹佰万元正待甲方协助乙方办结《和静县大西沟铁矿详查报告》《和静县大西沟铁矿开发利用方案报告》《和静县大西沟铁矿地质灾害评估报告》并取得上述报告各项国土厅相关部门批文后,乙方给甲方办结。

自2011年10月21日,高枫陆续向朱鹏杰支付股权转让款及合同外价款共计2700万元。

高枫、唐恭馀向法院提起诉讼,请求解除双方之间的《股权转让协议》及《股权转让补充合同》,朱鹏杰向高枫、唐恭馀返还股权转让款并支付利息损失。

一审法院认为,双方于2011年11月8日签订的《股权转让补充合同》及用于工商登记备案的两份《股权转让合同》是双方真实意思的表示,不违反法律法规强制性规定，合法有效。虽然该《股权转让补充合同》中无唐恭徐签字，但在大西沟公司的股东会决议、用于备案的股权转让合同及大西沟公司的工商档案变更登记中均有唐恭徐的签字，依法应认定高枫与唐恭徐是实际的合同当事人。《股权转让补充合同》中约定高枫、唐恭徐需要承担的义务是支付合同价款及报告编制费用，根据高枫、唐恭徐提交的证据及朱鹏杰当庭确认，高枫、唐恭徐已经按照合同约定支付了2400万元合同内股权转让款，并支付了300万元合同外价款；报告编制费总额80万元，截至2012年10月20日已经支付75万元。高枫、唐恭徐的合同义务绝大部分已经履行完毕。因达到约定解除合同的条件，高枫、唐恭徐主张解除合同返还已付股权转让款2700万元的主张符合双方合同约定，应予支持。一审判决解除朱鹏杰与高枫、唐恭徐签订的《股权转让补充合同》及用于工商行政管理部门备案的两份《股权转让合同》；朱鹏杰向高枫、唐恭徐返还股权转让款。

朱鹏杰不服一审判决，提起上诉。

二审法院认为，当事人就案涉大西沟公司的股权转让事宜，先后签订了2011年11月8日的《股权转让合同》、《股权转让补充合同》、两份用于工商备案的《股权转让协议》，以及2011年12月16日的《股权转让补充说明》等系列文件。就前述协议文本之间的相互关系来看，朱鹏杰与高枫、唐恭徐分别签订的用于工商登记机关备案登记的《股权转让协议》将股权转让价款约定为66万元和33万元，掩盖了双方股权交易价格实际为2800万元的真实情况，该《股权转让协议》与《股权转让补充合同》构成“阴阳合同”的关系，依法应当认定该《股权转让协议》系双方通谋实施的虚伪意思表示，为无效合同。二审判决驳回上诉，维持原判。

【裁判】

一审判决：

1. 解除朱鹏杰与高枫、唐恭徐签订的《股权转让补充合同》及用于工商行政管理部门备案的两份《股权转让合同》；

2. 朱鹏杰在判决生效之日起15日内，向高枫、唐恭徐返还股权转让款27000000元；

3. 朱鹏杰在判决生效之日起15日内，向高枫、唐恭徐返还报告编制费用750000元；

4. 朱鹏杰在判决生效之日起15日内，向高枫、唐恭徐支付股权转让款及报告

编制费用利息 6671031.25 元;

5. 朱鹏杰在判决生效之日起 15 日内,向高枫、唐恭馀支付财产保全费 5000 元。

二审判决:

驳回上诉,维持原判。

【实务评析】

《民法典》第一百四十六条规定:“行为人与相对人以虚假的意思表示实施的民事法律行为无效。以虚假的意思表示隐藏的民事法律行为的效力,依照有关法律规定处理。”即双方通过虚假的意思表示实施的民事行为是无效的,因为其法律效果并非双方当事人的内心真意,双方彼此知晓,如果认定有效则有悖于意思自治的原则。同时,行为人以虚假的意思表示隐藏的民事行为的效力,应当依照有关法律规定处理,如果隐藏的民事行为不违反法律、行政法规的效力性强制性规定,则应当认定隐藏的民事行为有效;否则对隐藏的民事行为也应当认定无效。

(四)代持股权转让合同效力认定

32. 实际出资人在满足一定条件下可转让其股权

——毛光随与焦秀成、焦伟等股权转让纠纷案

【风险提示】

实际出资人　转让股权

【案例要旨】

其他时任登记股东对隐名股东转让股权的行为未提出异议，转让行为不存在违反法律法规效力性强制性规范的情形，依法成立并生效。

【案件基本信息】

1. 裁判书字号

最高人民法院(2016)最高法民终18号民事判决书

2. 当事人

原告(被上诉人)：毛光随

被告(上诉人)：焦秀成

被告(上诉人)：焦伟

被告(原审被告)：准格尔旗川掌镇石圪图煤炭有限责任公司(以下简称石圪图煤炭公司)

【基本案情】

毛光随于2008年2月26日与石圪图煤炭公司签订《石圪图煤炭公司露天煤矿第一工段生产责任制协议》，约定毛光随出资3000万元建设费用承包该公司第一工段进行生产和经营。同日，毛光随经银行向石圪图煤炭公司转付了上述3000

万元。2008 年 3 月 11 日焦秀成以因生产用款为由向毛光随借款 400 万元，2008 年 3 月 28 日焦伟向毛光随借款 500 万元。

2009 年 1 月 12 日毛光随与石圪图煤炭公司经协商后签订《股权认购协议书》，该协议确定毛光随占该公司总股份 35200 万元 12% 的股权，协议同时还约定本协议签订后凡涉及毛光随与石圪图煤炭公司原来的协议全部终止作废等内容。该《股权认购协议书》签订后，双方未办理工商注册变更登记。

2013 年 12 月 28 日，毛光随为转让方与焦秀成为受让方签订了《股权转让合同》，约定将毛光随拥有的石圪图煤炭公司 12% 的股权作价 1 亿元人民币转让给焦秀成。该《股权转让合同》签订后，焦秀成未能按照合同约定时间履行其合同义务。2014 年 12 月 6 日毛光随与焦秀成、焦伟、石圪图煤炭公司签订了《补充协议书》，约定：毛光随与焦秀成、焦伟、石圪图煤炭公司共同认同 2013 年 12 月 28 日签订的《股权转让合同》全部条款内容合法有效，焦伟与石圪图煤炭公司为焦秀成的全部债务提供担保，保证方式为连带责任保证。石圪图煤炭公司同日又出具了《担保书》，保证内容、保证方式及保证期间与补充协议内容相同。

毛光随向法院提起诉讼，请求焦秀成给付股权转让价款 1 亿元并支付相应违约金等。

一审法院认为，《石圪图煤炭公司露天煤矿第一工段生产责任制协议》、《股权认购协议书》、《股权转让合同》、《补充协议书》以及石圪图煤炭公司出具的《担保书》能够清晰地反映出，毛光随从开始向石圪图煤炭公司投入 3000 万元建设资金到逐渐转变为持有该公司 12% 的股权后，由焦秀成按 1 亿元价格予以收购及焦伟、石圪图煤炭公司为本次股权收购予以担保的事实。上述协议签订后，毛光随已按约履行，焦秀成取得受让的股权后，未按约支付股权价款，构成违约，应当承担相应的付款和违约责任。一审法院判决焦秀成给付毛光随股权转让价款 1 亿元并支付相应违约金。

焦秀成不服一审判决，提起上诉。

二审法院认为，2013 年 12 月 28 日毛光随与焦秀成签订了《股权转让合同》，约定将毛光随持有的石圪图煤炭公司 12% 的股份转让给焦秀成，该转让合同涉及隐名股东即实际出资人转让股权的效力问题。毛光随在石圪图煤炭公司内部享有的隐名投资人地位以及 12% 的股权依法应当得到确认和保护，因此，毛光随在满足一定条件时，可以依法转让该股权。毛光随拟转让之股权，系来源于石圪图煤炭公司《股权认购协议书》之确认,作为时任法定代表人的焦秀成应当知晓该事实。在明知毛光随为隐名股东的情形下,焦秀成与毛光随之间转让该12%股权的行为依法成立。根据本案的实际情况,石圪图煤炭公司就该转让行为不但未提出异议,而且在2014年12月6日的《补充协议书》中承诺承担连带保证责任,并出具了《担保书》,此外,亦未见石圪图煤炭公司的其他时任登记股东提出任何异议。因此,焦秀成与毛光随之间签订的《股权转让合同》合法有效,焦秀成、毛光随、焦伟、石圪图煤炭公司四方基于此而签订的《补充协议书》亦合法有效,各方均应当依约履行合同。基于已经查明的事实,在《股权转让合同》及《补充协议书》签订后,焦秀成未能如约履行支付股权转让款的义务,毛光随主张焦秀成继续履行付款义务并承担违约责任的主张符合约定和法律规定。

【裁判】

一审判决:

1.焦秀成在该判决生效之日起10日内给付毛光随股权转让价款1亿元。

2.焦秀成于该判决生效之日起10日内给付毛光随违约金。以本金1000万元为基数,自2014年1月20日至2014年3月31日;以本金3250万元为基数,自2014年4月1日至2014年6月30日;以本金5500万元为基数,自2014年7月1日至2014年9月30日;以本金7750万元为基数,自2014年10月1日至2014年12月31日;以本金1亿元为基数,自2015年1月1日至实际给付之日止。均按每天1‰计算。

3.焦伟、石圪图煤炭公司对焦秀成的全部债务承担连带保证责任。

4.焦伟、石圪图煤炭公司承担保证责任后有权向焦秀成追偿。

二审判决:

驳回上诉,维持原判。

【实务评析】

第三人明知实际出资人的存在,并从实际出资人处受让股权时,如果名义股东以工商登记为由提出反对,应当进入确权程序。在确权的过程中,公司及其股东应当禁止名义股东转让股权。如果名义股东并没有提出反对的,则可以认定该转让有效。此时在实际出资人和第三人之间的转让的不是股权,因为此时股权仍然归名义股东享有。实际出资人和第三人之间的转让不会引起两者之外的其他法律关系的变化。如果名义股东同意继续行使股权，由新的受让人享受股权投资收益，当新的受让人欲取代名义股东显名化时需要经过公司其他股东过半数同意，这并不会给公司的人合性带来破坏。

33. 公司明知名义股东擅自处分代持股权仍为其办理股权转让手续的应承担连带赔偿责任

——江苏春晖国际贸易有限公司与江苏新沂农村商业银行股份有限公司、新沂市凤凰时装厂财产损害赔偿纠纷案

【风险提示】

公司明知　名义股东　擅自处分　连带赔偿

【案例要旨】

公司明知实际出资人的存在,但为名义股东办理股份变更登记手续时未通知并征求实际出资人的意见,应当与名义股东对实际出资人因此遭受的损失承担连带赔偿责任。

【案件基本信息】

1. 裁判书字号

最高人民法院(2016)最高法民再168号民事判决书

2. 当事人

原告(二审上诉人、再审申请人):江苏春晖国际贸易有限公司(以下简称春晖贸易公司)

被告(二审上诉人、再审被申请人):江苏新沂农村商业银行股份有限公司(以下简称新沂农商行)(原新沂农合行)

被告(二审被上诉人、再审被申请人):新沂市凤凰时装厂(以下简称凤凰时装厂)

【基本案情】

2008年,原新沂市农村信用合作联社经批准进行股份制改制,拟成立新沂农

合行。新沂农合行筹建期间，向社会募集股金。因春晖贸易公司当时不具备出资认购资格条件，与凤凰时装厂协商一致，由春晖贸易公司出资200万元，以凤凰时装厂名义购买新沂农合行200万元股份，并约定其中100万元股份由春晖贸易公司所有。2008年8月23日，凤凰时装厂向春晖贸易公司出具100万元收款收据一份，载明："今收到江苏春晖国际贸易有限公司交来入股新沂市农村合作银行款壹佰万元整。"当日，凤凰时装厂向春晖贸易公司出具《承诺书》一份，载明："新沂市凤凰时装厂于2008年8月在新沂市农村合作银行入股贰佰万元，其中壹佰万元(50%股份)由江苏春晖国际贸易有限公司出资。本厂承诺：江苏春晖国际贸易有限公司有权按比例获得银行分红，享有相应的权力和承担相应的义务。待银行允许股份转让变更时，我厂配合办理变更股份所需的手续。"

原新沂农合行经营期间，凤凰时装厂收取分红款后，亦按照100万股股份份额向春晖贸易公司支付相应分红款。

2011年5月，经协商，由春晖贸易公司向马如彬支付15万元，由凤凰时装厂协助春晖贸易公司办理100万股股权登记变更手续。同日，由马如彬代表凤凰时装厂签章出具《关于股金转让的申请》，并同时与吕春晖签订《股金转让协议书》，约定将上述100万股股份变更登记至吕春晖个人名下。上述书面材料加盖新沂农合行城北支行公章后，转交给新沂农合行会计科吴杰办理相关股权登记变更手续。

2011年8月22日，新沂农合行向新沂市人民法院提起诉讼，请求江苏马仕西服有限公司偿还逾期金融债务，凤凰时装厂等保证人承担连带保证责任。经法院审理，各方达成调解协议，约定由保证人凤凰时装厂以其持有的新沂农合行200万股股份折价750万元，分别抵偿上述五笔债务。同年8月31日，凤凰时装厂将上述200万股股份作价750万元全部转让给新沂市龙马湖农业发展有限公司，新沂农合行为双方办理了股权变更登记手续。

2011年10月8日，春晖贸易公司法定代表人以凤凰时装厂诈骗其价值800万元的新沂农合行100万股股份为由，向新沂市公安局经侦大队报案。2012年8月29日，新沂市公安局以经审查认为没有犯罪事实，不需要追究刑事责任为由，决定不予立案。

春晖贸易公司向法院提起诉讼，请求凤凰时装厂、新沂农商行共同赔偿损失1100万元。

一审法院判决凤凰时装厂于判决生效之日起10日内赔偿春晖贸易公司损失375万元及利息,新沂农商行承担补充赔偿责任。

春晖贸易公司不服一审判决,提起上诉。

二审法院认为,新沂农商行应当就春晖贸易公司损失承担侵权损害补充赔偿责任。原新沂农合行对于春晖贸易公司系其隐名股东的事实应为明知,其拖延办理股权变更登记手续,以及与凤凰时装厂协议以案涉股权折价抵偿其金融债权的行为,显然不具有善意,构成对春晖贸易公司合法权益的侵害,应当对春晖贸易公司的损失承担相应的补充赔偿责任。新沂农商行系原新沂农合行改制而来,并承继了原新沂农合行的全部债权债务,依法应当对春晖贸易公司的案涉损失承担补充赔偿责任。二审法院判决:驳回上诉,维持原判决。

春晖贸易公司不服二审判决,申请再审。

再审法院认为,关于新沂农商行应否与凤凰时装厂承担连带责任的问题。本案中,凤凰时装厂作为名义股东,未经实际出资人春晖贸易公司同意,擅自处置登记在其名下、由春晖贸易公司实际所有的100万股新沂农商行股份,致使春晖贸易公司合法利益遭受侵害。根据《公司法解释(三)》第二十五条第二款之规定,凤凰时装厂依法应当向春晖贸易公司承担赔偿责任。新沂农商行明知春晖贸易公司系新沂农商行100万股股份实际出资人,且春晖贸易公司与凤凰时装厂正在办理股权变更登记手续,仍然与凤凰时装厂协商以案涉股份折价抵偿凤凰时装厂担保债务,并迅速办理案涉股份的变更登记手续。新沂农商行没有证据证明其曾经就上述事项通知并征求春晖贸易公司的意见,其与凤凰时装厂擅自处分春晖贸易公司实际所有股份、造成春晖贸易公司损失的共同故意十分明显,应当与凤凰时装厂对春晖贸易公司因此遭受的损失承担连带赔偿责任。判决新沂市凤凰时装厂于本判决生效后15日内赔偿江苏春晖国际贸易有限公司600万元及利息,江苏新沂农村商业银行股份有限公司承担连带责任。

【裁判】

一审判决:

1. 凤凰时装厂赔偿春晖贸易公司损失375万元及利息;

2. 在凤凰时装厂不能清偿上述债务的范围内,由新沂农商行承担补充赔偿责任。

二审判决：

驳回上诉，维持原判决。

再审判决：

1. 撤销一、二审民事判决；

2. 凤凰时装厂赔偿春晖贸易公司 600 万元及利息；

3. 新沂农商行对上述第二项承担连带责任。

【实务评析】

名义股东作为公司登记文件记载的股东，很容易私下操作转让股权，第三人可以依据善意取得的规定主张取得相应的股权，此时就可能给实际出资人造成损失，在这种情况下实际出资人不能请求确认股权转让行为无效，也不能要求第三人承担赔偿责任，而只能向名义股东请求赔偿。在名义股东擅自处分代持股权造成实际出资人损失时，往往公司也可能存在过错行为，此时公司是否应当承担责任以及如何承担责任，法律并未作出明确的规定。本案中，最高人民法院认为公司与名义股东对造成实际出资人损失存在共同故意的情况下，应当对实际出资人承担连带赔偿责任。

（五）股权转让缔约过失责任

34. 承担报批义务方不履行报批义务致合同未生效应承担缔约过失责任

——深圳市标榜投资发展有限公司与鞍山市财政局股权转让纠纷案

【风险提示】

报批义务　合同未生效　缔约过失责任

【案例要旨】

合同约定生效要件为报批允准，承担报批义务方不履行报批义务的，应当承担缔约过失责任。

【案件基本信息】

1. 裁判书字号

最高人民法院（2016）最高法民终802号民事判决书

2. 当事人

原告（上诉人）：深圳市标榜投资发展有限公司（以下简称标榜公司）

被告（上诉人）：鞍山市财政局（以下简称鞍山财政局）

【基本案情】

2011年11月29日，鞍山财政局为委托方，沈交所为受托方，双方签订一份《产权转让挂牌登记委托协议》，约定鞍山财政局作为出让方将标的资产，即鞍山银行69300万股国有股权出让信息委托沈阳联合产权交易所登记并挂牌公布。

2012 年 3 月 21 日，标榜公司向沈交所提交了挂牌公告中要求提交的摘牌材料。

2012 年 3 月 28 日，辽宁融信资产经营有限公司、中信红河矿业有限公司、标榜公司、宏运集团有限公司 4 家公司摘牌。

2012 年 3 月 29 日，沈交所向标榜公司发出《意向受让受理通知书》，该通知书载明：经与转让方共同审核，认为你公司符合意向受让资格，予以受理。请于 2012 年 3 月 30 日 17 时前将摘牌保证金 1650 万元汇入我所账户。2012 年 3 月 30 日，标榜公司向沈交所交纳保证金 1650 万元。

2012 年 4 月 17 日，转让方鞍山财政局（甲方）与受让方标榜公司（乙方）签订《股份转让合同书》，约定甲方拟转让其合法持有的标的企业 22500 万股份，乙方拟收购甲方转让的上述股份。1.7 审批机关：包括中国银行业监督管理委员会、鞍山市国资委等依国家法律、法规规定具有审批权限的机关或其地方授权机关。

2012 年 2 月 10 日，标榜公司按约定将相关报批材料提交至鞍山银行，并在申报的材料中书面作出不谋求优于其他股东的关联交易、不干预银行日常经营、5 年内不转让所持股份及不发生违规关联交易的承诺和声明。

2012 年 6 月，鞍山银行向中国银行业监督管理委员会鞍山监管分局报送了《关于标榜公司等 2 家企业受让持股鞍山银行股东资格审查的请求》，并附有申请材料目录清单。

2012 年 6 月 12 日，中国银行业监督管理委员会鞍山监管分局向辽宁银监局报送了鞍银监发〔2012〕165 号《关于鞍山银行股份有限公司 2012 年度股东变更情况的监管意见》，该意见载明“我局拟同意鞍山银行此次股东变更有关行政许可事项”。

2013 年 3 月 25 日，鞍山市国资委作出鞍国资函〔2013〕13 号《关于终止鞍山银行国有股权受让的函》，该函载明“辽宁省银监银监部门向市政府反馈了明确意见，认为贵集团等 4 户企业存在关联交易，不会通过审批”。

2013 年 3 月 26 日，中国银行业监督管理委员会辽宁监管局作出《行政许可事项不予受理通知书》，载明：“鞍山银行：你单位报送《关于标榜公司等 2 家企业受让持股鞍山银行股东资格审查的请求》，按照相关规定，你行于补正通知发出之日起 3 个月内未能提交补正申请材料，该行政许可事项不予以受理。”

2013 年 6 月 6 日，鞍山财政局作出《关于终止鞍山银行国有股权转让的函》。

该函载明:“该项国有金融资产转让的价格为每股2元,但至今仍未最终成交。截至2011年12月31日,根据资产评估机构对鞍山银行的资产评估报告,每股评估值为2.52元,与当初的转让价格相比发生了重大变化,国有资产明显增值。我局决定终止本次鞍山银行国有及国有法人股8.08亿股的转让。”

2013年6月14日,沈交所根据鞍山财政局文件,向标榜公司、宏运集团及中信红河矿业有限公司、辽宁融信资产经营有限公司发出《关于终止鞍山银行国有股权转让的通知》。

2013年12月31日,鞍山财政局在北京金融资产交易所将上述股权重新挂牌转让。

2015年9月1日,标榜公司向一审法院提起诉讼,要求鞍山财政局赔偿损失、保证金、可得利益等。

一审法院作出判决后,标榜公司、鞍山财政局均不服一审,提起上诉。

二审法院认为,鞍山财政局违反合同约定,未履行报批义务,亦未按照有权机关要求补充报送相关材料,依据上述司法解释规定,其行为属于《合同法》第四十二条第三项规定的“其他违背诚实信用原则的行为”,[1]应认定鞍山财政局存在缔约过失。具体阐述如下:

(1)当事人客观合理的交易机会损失应属于缔约过失责任赔偿范围。通常情况下,缔约过失责任人对善意相对人缔约过程中支出的直接费用等直接损失予以赔偿,即可使善意相对人利益得到恢复。但如果善意相对人确实因缔约过失责任人的行为遭受交易机会损失等间接损失,则缔约过失责任人也应当予以适当赔偿。

(2)关于鞍山财政局应否对标榜公司其他损失承担赔偿责任的问题。

首先,鞍山财政局恶意阻止合同生效的过错明显。鞍山财政局作为政府部门,其在能够将涉案合同报送有权机关批准的情况下,拒不按照银监部门的要求提交相应材料,导致银监部门对相关行政许可事项不予以受理,致使合同不能生效。不仅如此,还将涉案股权在很短时间内另行高价出售。

其次,标榜公司存在客观合理的交易机会损失。涉案《股份转让合同书》订立后,虽须经有权机关批准方才生效,但双方已就标榜公司购买鞍山银行股权达成

---

[1] 《民法典》相关条文为第五百条第三项:“当事人在订立合同过程中有下列情形之一,造成对方损失的,应当承担赔偿责任:……(三)有其他违背诚信原则的行为。”

合意，在无证据证明该合同不能获得有权机关批准的情况下，标榜公司有合理理由信赖鞍山财政局恪守承诺，及时妥善的履行报批手续，从而使涉案合同的效力得到确定，进而通过合同的履行实际取得涉案股权，获取相关利益。因此，标榜公司获得涉案股权的可能性现实存在。但因鞍山财政局拒不将涉案合同报批，继而还将涉案股权另行高价出售，其不诚信行为直接导致标榜公司获得涉案股权的可能性完全丧失，导致标榜公司因此而获得相关利益的现实性完全丧失。

最后，鞍山财政局对标榜公司交易机会损失承担赔偿责任是维护公平正义和市场交易秩序的需要。一方面，鞍山财政局对标榜公司交易机会损失承担赔偿责任符合公平原则。鞍山财政局所获得的股权出售价差利益，是以标榜公司丧失购买涉案股权的机会为代价。在鞍山财政局因其过错行为获得利益的情况下，如果不对标榜公司的交易机会损失予以赔偿，将导致双方利益严重失衡，不符合公平原则。另一方面，鞍山财政局在赔偿标榜公司直接损失的基础上，对标榜公司间接损失承担适当赔偿责任，以使其为不诚信行为付出相应代价，有利于敦促各类民事主体善良行事，恪守诚实信用，也有利于维护诚实守信的市场交易秩序。

(3)关于标榜公司交易机会损失的数额认定问题，综合考虑各种因素后酌定为 1125 万元。

【裁判】

一审判决：

1. 鞍山财政局赔偿标榜公司交易费本金人民币 27.846535 万元及相应利息；

2. 鞍山财政局赔偿标榜公司 1350 万元的保证金利息；

3. 鞍山财政局赔偿标榜公司 1294.30693 万元的保证金利息；

4. 驳回标榜公司其他诉讼请求。

二审判决：

1. 维持辽宁省高级人民法院(2015)辽民 2 初字第 00060 号民事判决第 1、2、3 项；

2. 撤销辽宁省高级人民法院(2015)辽民 2 初字第 00060 号民事判决第 4 项；

3. 鞍山市财政局赔偿标榜公司损失 1125 万元；

4. 驳回标榜公司的其他诉讼请求。

【实务评析】

缔约过失责任制度是实现诚实守信这一民法基本原则的具体保障。根据《民法典》第五百条的规定，缔约过失行为包括假借订立合同、恶意进行磋商、故意隐瞒与订立合同有关的重要事实或者提供虚假情况以及其他违背诚信原则的行为。依照法律、行政法规的规定经批准或者登记才能生效的合同成立后，有义务办理申请批准或者申请登记等手续的一方当事人并未按照法律规定或合同约定办理申请批准或者未申请登记的，属于其他违背诚信原则的行为，应承担缔约过失责任。

35. 缔约过失责任人应对善意相对人遭受的交易机会等间接损失予以适当赔偿

——深圳市标榜投资发展有限公司与鞍山市财政局股权转让纠纷案

【风险提示】

缔约过失　善意相对人　间接损失

【案例要旨】

善意相对人确因股权转让缔约过失行为遭受交易机会损失等间接损失的,缔约过失责任人应当予以适当赔偿。间接损失数额应考虑缔约过失人过错程度及获得利益情况、善意相对人成本支出及预期利益等,综合衡量确定。

【案件基本信息】

1. 裁判书字号

最高人民法院(2016)最高法民终 802 号民事判决书[1]

2. 当事人

原告(上诉人):深圳市标榜投资发展有限公司(以下简称标榜公司)

被告(上诉人):鞍山市财政局(以下简称鞍山财政局)

【基本案情】

2011 年 11 月 29 日,鞍山财政局与沈交所签订《产权转让挂牌登记委托协议》,约定鞍山财政局将鞍山银行 69300 万股国有股权出让信息委托沈阳联合产

〔1〕 本案被《最高人民法院公报》2017 年第 12 期收录。

权交易所登记并挂牌公布。

2011 年 12 月 30 日，在沈交所网站上对鞍山财政局转让 27.7161% 股权（69300 万股）及股份转让明细、转让价格、受让股东资格条件等内容进行转让挂牌公告。同时，在沈交所网站招商信息网页上公布了《鞍山银行国有股权转让招商说明书》。该说明书载明，鞍山银行 32.3155% 国有股权转让项目，已经于 2011 年 12 月 30 日在辽宁日报和沈交所网站上刊登了股权转让挂牌公告。

2012 年 3 月 28 日，辽宁融信资产经营有限公司、中信红河矿业有限公司、标榜公司、宏运集团有限公司（以下简称四家公司）摘牌，其中标榜公司摘牌 2.75 亿股。

2012 年 4 月 17 日，转让方鞍山财政局与受让方标榜公司签订《股份转让合同书》，转让 9.9986% 即 22500 万股份。该合同书第 11 条第 4 款约定，标的企业主要股东承诺：自股份交割之日起 5 年内不转让所持标的企业股份。

2012 年 6 月 12 日，中国银行业监督管理委员会鞍山监管分局向辽宁银监局报送了《关于鞍山银行股份有限公司 2012 年度股东变更情况的监管意见》，拟同意鞍山银行此次股东变更有关行政许可事项。

2013 年 6 月 6 日，鞍山财政局作出《关于终止鞍山银行国有股权转让的函》。载明："沈交所：截至 2011 年 12 月 31 日，鞍山银行每股评估值为 2.52 元，与当初的转让价格相比发生了重大变化，国有资产明显增值。我局决定终止本次鞍山银行国有及国有法人股 8.08 亿股的转让，请协助办理相关手续"。

2013 年 6 月 14 日，沈交所根据鞍山财政局上述文件，向四家公司发出《关于终止鞍山银行国有股权转让的通知》，终止本次股权转让。

2013 年 10 月 11 日，宏运集团代表 4 家挂牌公司向鞍山财政局作出《关于要求返还交易保证金的函》。该函载明：鞍山财政局：我集团已接收到鞍山市国资委《关于终止鞍山银行国有股权受让的函》，并告知关于保证金退还事宜与鞍山财政局办理。四家企业提出希望能按照原协议继续履行，恢复交易，但贵局明确表态无法实现。鉴于此，我集团代表各受让企业向鞍山财政局提出退还保证金及支付交易费的要求，请贵局在接到本函之日起 3 日内将 4948 万元（包括 4848 万元保证金及 100 万元交易费）返还我方。2013 年 10 月 16 日，四家公司收到鞍山财政局退还的保证金 4848 万元（含本案 1350 万元）。

2013 年 12 月 31 日，鞍山财政局在北京金融资产交易所将上述股权重新挂牌转让。2014 年 7 月 24 日,鞍山财政局将案涉股权以每股 2.5 元转让给了中国华阳投资有限公司。

2015 年 5 月 20 日,四家公司向鞍山财政局发出《关于要求损失赔偿的函》,要求赔偿交易费用、应得利益、摘牌保证金利息等损失。鞍山财政局于 2015 年 5 月 26 日签收该函,但未予回应。

2015 年 9 月 1 日,标榜公司向法院起诉,请求鞍山财政局赔偿交易费用损失及利息损失、保证金利息损失以及交易可得利益损失。

关于标榜公司主张的可得利益损失问题,一审法院认为:可得利益是指合同履行以后可以获得的纯利润,而不包括取得这些利益所支付的费用。本案中,《股份转让合同书》第 11 条第 4 款约定,乙方标榜公司声明及保证自股份交割之日起 5 年内不转让所持标的企业股份,到期转让股份应取得监管部门批准。挂牌文件中也已明确受让股权企业 5 年内不得转让购买股份。鉴于上述约定,即使标榜公司经有权部门批准成为鞍山银行股东,其受让股权 5 年内不得转让,对 5 年后的股权价格及交易纯利润损失无法确定。故对标榜公司关于鞍山财政局应赔偿交易可得利益损失的主张,不予支持。一审判决鞍山财政局赔偿深圳市标榜投资发展有限公司交易费本金人民币 27.846535 万元及相应利息以及保证金利息。

鞍山财政局、标榜公司均不服,提起上诉。

二审法院认为,鞍山财政局对标榜公司所主张的可得利益损失应予适当赔偿。具体阐释如下:(1)当事人客观合理的交易机会损失应属于缔约过失责任赔偿范围。(2)关于鞍山财政局应否对标榜公司其他损失承担赔偿责任的问题。首先,鞍山财政局恶意阻止合同生效的过错明显。本案中,鞍山财政局在能够将涉案合同报送有权机关批准的情况下,拒不按照银监部门的要求提交相应材料,导致银监部门对相关行政许可事项不予以受理,使合同不能生效。还将涉案股权在很短时间内另行高价出售。鞍山财政局恶意阻止涉案合同生效,过错明显。其次,标榜公司存在客观合理的交易机会损失。涉案《股份转让合同书》订立后,虽须经有权机关批准方才生效,但双方已就标榜公司购买鞍山银行股权达成合意,在无证据证明该合同不能获得有权机关批准的情况下,标榜公司有合理理由信赖鞍山财政局恪守承诺,及时妥善的履行报批手续,从而使涉案合同的效力得到确定,进而通过合同的履行实际取得涉案股权,获取相关利益。因此,标榜公司获得涉案股权的可能性现实存在。但因鞍山财政局拒不将涉案合同报批,继而还将涉案股权另行高价出售，其不诚信行为直接导致标榜公司获得涉案股权的可能性完全丧失，导致标榜公司因此而获得相关利益的现实性完全丧失。二审判决鞍山市财政局赔偿深圳市标榜投资发展有限公司损失 1125 万元。

【裁判】

一审判决：

1. 鞍山财政局在赔偿深圳市标榜投资发展有限公司交易费本金人民币 27.846535万元及相应利息；

2. 鞍山财政局在赔偿深圳市标榜投资发展有限公司 1350 万元的保证金利息；

3. 鞍山财政局赔偿深圳市标榜投资发展有限公司 1294.30693 万元的保证金利息。

二审判决：

1. 维持辽宁省高级人民法院（2015）辽民 2 初字第 00060 号民事判决第 1、2、3 项；

2. 鞍山市财政局赔偿深圳市标榜投资发展有限公司损失 1125 万元。

【实务评析】

对于缔约过失案件中有过失的一方因其过失导致合同不能生效的，赔偿范围一直存在不同的意见。往往认为仅赔偿交易费用的损失，而对于商业机会可得利益则不予赔偿。本案的裁判结果突破了一般缔约过失案件中，过错一方仅仅赔偿另一方的实际损失，而不赔偿间接损失特别是可得利益损失的做法，认为在特定情况下，对于明显违背诚实信用的一方，应当赔偿另一方的部分可得利益（交易机会）损失。

36. 股权转让合同不因转让人瑕疵出资而无效

——莱芜市城建鑫科建安工程有限公司与李臣道股东出资纠纷案

【风险提示】

瑕疵出资　股权转让

【案例要旨】

出资人不因瑕疵出资丧失股东权,受让人可被确认为股东,受让人有权转让股权,其股权转让行为不因瑕疵出资而无效。

【案件基本信息】

1. 裁判书字号

莱芜市中级人民法院(2017)鲁12民终140号民事判决书

2. 当事人

原告(被上诉人):莱芜市城建鑫科建安工程有限公司(以下简称城建鑫科公司)

被告(上诉人):李臣道

【基本案情】

城建鑫科公司于2009年3月19日注册成立,原注册资本为人民币100万元,其中股东莱芜市城建建安工程有限公司出资51万元,持股比例为51%,股东吕纪冉出资49万元,持股比例为49%。

2010年10月28日,股东莱芜市城建建安工程有限公司将持有的51万元股权转让给吕彦融。

2011年6月2日,股东吕彦融、吕纪冉将持有的城建鑫科公司的全部股权转让给了李臣道,李臣道持股比例为100%。同日,城建鑫科公司进行增资,注册资本由100万元增资500万元变更为600万元,其中,李臣道以货币方式增资300万元,新增股东魏兰珂、尚庆顿各出资100万元。

2011年6月2日,增资的500万元由王坤、吕爱霞名下的账户分别转入李臣道、魏兰珂、尚庆顿名下的账户300万元、100万元、100万元,计500万元,后该500万元转入尚庆顿名下的账户,2011年6月3日该500万元最终以电汇的形式又转回王坤、吕爱霞名下的账户。

2011年11月3日,股东李臣道将其持有的400万元股权转让给魏兰珂,魏兰珂持有股权500万元。2012年3月7日,魏兰珂、尚庆顿将其持有的全部股权转让给股东秦磊、亓仲美,秦磊系城建鑫科公司法定代表人。

2016年4月13日,魏兰珂将李臣道诉至莱城区法院,请求撤销涉案股权转让合同,莱城区法院作出(2016)鲁1202民初1394号民事判决,驳回魏兰珂的诉求。该判决查明:2011年6月2日,增资的500万元由王坤、吕爱霞名下的账户转入李臣道、魏兰珂、尚庆顿名下的账户300万元、100万元、100万元,后该500万元转入尚庆顿名下的账户,2011年6月3日该500万元最终以电汇的形式又转回王坤、吕爱霞名下的账户。该判决现已生效。

2016年5月26日,李臣道将魏兰珂诉至莱城区法院,请求魏兰珂支付股权转让款400万元,莱城区法院作出(2016)鲁1202民初2035号民事判决,支持了李臣道的诉求。该判决认定:2011年11月3日,李臣道与魏兰珂签订股权转让合同,该合同合法有效。李臣道将其名下城建鑫科公司的400万元股权依法转让给魏兰珂,已履行变更股权登记义务,魏兰珂应向李臣道支付股权转让款400万元。该判决已生效。

上述"股权转让合同"转让的股权包含本案股金300万元。

城建鑫科公司向法院提起诉讼,请求李臣道交足补齐应该缴纳给城建鑫科公司的股金400万元。

一审法院认为,参照《公司法解释(三)》第十三条、第十四条、第十八条之规定,在股东未履行或全面履行出资义务或抽逃出资的情形下,公司或者其他股东依法有权作为主体向股东主张权利,李臣道曾是公司股东,且关于增资的500万元,被(2016)鲁1202民初1394号民事判决认定为属抽逃出资,故本案原、被告主体适格。2011年6月2日,城建鑫科公司进行股权转让、增资500万元,验资完毕后，次日又将该500万元转回出借人王坤、吕爱霞名下的账户，依法应认定为股东抽逃出资。据此，一审判决李臣道支付城建鑫科公司出资款300万元；驳回城建鑫科公司的其他诉讼请求。

李臣道不服一审判决，提起上诉。

二审法院认为，本案争议的焦点问题是李臣道应否向城建鑫科公司补足股金300万元。分析如下：

1. 本案系虚假出资而非抽逃出资

出资款的来源是王坤、吕爱霞，并非李臣道本人，注资后第二天即转走并未用于公司经营，该注资明显以增资为目的，李臣道表面上出资但实际未出资，未支付对价即取得了公司股权，系虚假出资而非抽逃出资，虚假出资与抽逃出资同为出资瑕疵，《公司法解释(三)》第十三条第一款规定：股东未履行或者未全面履行出资义务，公司或者其他股东请求其向公司依法全面履行出资义务的，人民法院应予支持。

2. 李臣道是否应当承担补足股金的责任

第一，如前所述，根据工商行政部门的注册登记公示效力，即使李臣道虚假出资，也不能改变李臣道曾取得股东资格这一事实，李臣道作为股东应确保其出资充实合法。

第二，李臣道取得股东资格后，与魏兰珂签订股权转让协议，将其股权400万元转让给魏兰珂，此时李臣道股权出资并未补足。根据相关规定，瑕疵出资股东转让股权并不必然导致股权转让合同无效，且莱城区法院生效判决已认定该股权转让协议合法有效，并判令魏兰珂向李臣道支付股权转让款400万元。根据合同相对性原则，李臣道亦应保证其转让的股权资本充实。

第三，公司股权是股东向公司出资而享有的权利，李臣道虽然现在不是公司股东，但公司主体未变更，现公司股东虽然变更，但相关股份是从李臣道处变更登记而来，股份所代表的出资额并未变更。原股东李臣道未向公司出资完毕，对于公司而言，李臣道的出资责任仍然存在，并不因为其股东身份的退出而免除。

第四，李臣道称对其账户内资金转走一事并不知情，因本案系虚假出资而非抽逃出资，故无论李臣道对此是否知情，均不能影响虚假出资的定性和李臣道曾为股东资格的认定，亦对其虚假出资时的股东身份而产生的补缴出资的法律责任无影响。

【裁判】

一审判决:

1. 李臣道支付城建鑫科公司出资款300万元;

2. 驳回城建鑫科公司的其他诉讼请求。

二审判决:

驳回上诉,维持原判。

【实务评析】

根据《公司法》有关规定的精神,瑕疵出资股东当向公司补缴出资,并向其他股东承担违约责任,甚至要承担相应的行政及刑事责任,但其股东资格并不应受到影响。认定瑕疵出资股东仍具备股东资格正是其承担补缴出资义务的前提和基础,如果否认其股东资格,将导致对公司的出资义务无人履行,从而损害债权人和社会公共利益。可见,出资人并不因瑕疵出资而丧失股东权,也就有权转让该股权,股权转让行为并不因瑕疵出资而无效。

第三章
Chapter 03

优先购买权

（一）法律规范性质

37. 公司法关于股权转让同意权制度和优先购买权制度规范的性质

——济南诺能生物工程有限公司与上海高龙生物科技有限公司、山东高龙生物科技有限公司股权转让纠纷案

【风险提示】

同意权　优先购买权

【案例要旨】

《公司法》基于维护有限责任公司的人合性的目的，对有限责任公司股东向股东以外的人转让股权，规定了同意权制度和优先购买权制度予以限制。

【案件基本信息】

1. 裁判书字号

山东省高级人民法院(2012)鲁商终字第65号民事判决书

2. 当事人

原告（上诉人）：济南诺能生物工程有限公司（以下简称济南诺能公司）

被告（被上诉人）：上海高龙生物科技有限公司（以下简称上海高龙公司）

被告（被上诉人）：山东高龙生物科技有限公司（以下简称山东高龙公司）

【基本案情】

山东高龙公司于2008年12月24日成立，股东为上海高龙公司和案外人朱文涛，注册资本1000万元，上海高龙公司出资950万元，朱文涛出资50万元。2011

年3月2日，上海高龙公司（甲方）与济南诺能公司（乙方）签订股权转让协议，约定：一、甲方将其在山东高龙公司34%的股份依法转让给乙方。二、乙方同意接受该转让的股份。三、转让价格340万元，该转让价款在本协议签订之日后10日内由往来款冲抵（山东高龙公司欠济南诺能公司人民币340万元整冲上海高龙与山东高龙往来账）。四、甲方保证对所转让该公司的股份拥有完全的处分权……七、本协议签订后，公司在35日内向工商行政管理机关申请办理变更登记。

2011年4月20日，济南诺能公司以股权转让纠纷起诉上海高龙公司与山东高龙公司，要求继续履行股权转让协议，山东高龙公司到新泰市工商局办理股权变更登记手续。

一审法院认为，根据公司法的相关规定，公司章程对股权转让另有规定的，从其规定。山东高龙公司的公司章程中第七条规定：……2. 股东向股东以外的人转让出资，必须经全体股东过半数同意，不同意转让的股东应当购买该转让的出资，如果不购买转让的出资，视为同意转让。根据山东高龙公司的章程规定，股东向股东以外的人转让出资，必须经全体股东过半数同意。由于山东高龙公司只有朱文涛和上海高龙公司两个股东，上海高龙公司在转让其持有的股份之时，并未经过公司另一股东朱文涛的同意，故不符合公司章程规定的转让条件，且在上海高龙公司与非股东订立股权转让合同之时，也未将股权转让合同中的价格或者其他主要条件告知股东朱文涛，上海高龙公司转让其股份给非股东的行为，侵犯了朱文涛作为股东享有的优先购买权，故双方签订的股权转让协议无效。济南诺能公司主张朱文涛与上海高龙公司于2011年2月15日签订了股权转让协议，朱文涛已将其股权转让给了上海高龙公司，但其提供的股权转让协议系复印件，朱文涛与上海高龙公司均不予认可，均否认存在朱文涛已将其股权转让给了上海高龙公司的事实，故济南诺能公司的主张没有证据予以证明，该院不予采信。一审法院判决：驳回济南诺能生物工程有限公司的诉讼请求。

济南诺能公司不服一审法院判决，提起上诉。

二审法院认为，根据我国公司法的规定，有限责任公司系人合兼资合的公司，股东之间的合作以相互之间的信任和信赖为基础。为此，《公司法》第七十二条对于股东以外的人受让公司股权作出了限制。按照该规定，本案上海高龙公司如欲对外转让股权，应当征得山东高龙公司另一股东朱文涛的同意，并且朱文涛在同等条件下享有优先购买权。但本案中，上海高龙公司在与济南诺能公司签订股权转让协议时,并没有依法通知朱文涛,并征求其对于股权转让的意见,违反了上述法律规定,侵害了朱文涛作为公司股东的合法权益,破坏了公司人合性的基础。济南诺能公司主张朱文涛不是山东高龙公司的股东,其受让股权并不损害朱文涛的权益,与事实不符,法院依法不予支持。而且,目前朱文涛已经明确提出行使优先购买权,并与上海高龙公司签订了优先购买股权的协议,上海高龙公司与济南诺能公司签订的股权转让协议也已经无法实际履行。济南诺能公司主张山东高龙公司向其出具了出资证明书,但该出资证明书形成于股权转让协议之前,其出具时间与股权转让协议约定不符,亦无证据证明上海高龙公司就该股权转让事实通知了朱文涛。据此,原审法院以违反法律规定且侵害朱文涛的同意权和优先购买权为由,认定该协议无效,从而驳回济南诺能公司要求继续履行协议的诉讼请求并无不当,本院依法予以维持。二审法院判决驳回上诉,维持原判。

【裁判】

一审判决:

驳回济南诺能公司的诉讼请求。

二审判决:

驳回上诉,维持原判。

【实务评析】

基于《公司法》规定的同意权与优先购买权制度,本案中济南诺能公司并不能当然取得受让股权。在山东高龙公司其他股东朱文涛行使了优先购买权的情形下,济南诺能公司依法不能取得案涉股权。

38. 受让有限责任公司股权的第三人必须受股东优先购买权规范的约束

——东莞市恒锋实业有限公司与东莞市华源集团有限公司、中山市恒富物业投资实业有限公司等委托收购股权合同赔偿纠纷案

【风险提示】

第三人　优先购买权　约束

【案例要旨】

对于拟受让有限责任公司股权股东之外的第三人而言，其取得该公司股权，必须受《公司法》优先购买权制度强行性规定的约束。

【案件基本信息】

1. 裁判书字号

最高人民法院(2012)民二终字第13号民事判决书

2. 当事人

原告(上诉人):东莞市恒锋实业有限公司(以下简称恒锋公司)

被告(被上诉人):东莞市华源集团有限公司(以下简称华源公司)

被告(被上诉人):中山市恒富物业投资实业有限公司(以下简称恒富公司)

被告(被上诉人):东莞市厚华贸易有限公司(以下简称厚华公司)

被告(被上诉人):东莞市富成石材有限公司(以下简称富成公司)

【基本案情】

2005年9月5日，恒锋公司与华源公司签订一份《关于委托收购广东现代国际展览中心有限公司集体股权协议书》(以下简称《委托协议书》)，恒锋公司委托

华源公司代为收购广东现代国际展览中心有限公司(以下简称展览中心)集体持有的76%的股权。

2005年11月25日,展览中心召开股东会(出席股东共28名,代表100%的股份,华源公司列席会议),会议通过了《股东会决议》,批准展览中心24名原股东向华源公司转让股份,华源公司成为展览中心6个新股东之一,持股69.05%。同日,华源公司分别与东莞市厚街资产经营管理有限公司等24家原股东签订24份《展览中心股权转让合同书》《展览中心债权转让合同书》,东莞市厚街资产经营管理有限公司等24家原股东将其股份转让给华源公司,华源公司共持股69.05%。后华源公司作为新股东,参与了对《广东现代国际展览中心有限公司章程》中变更股东等内容的修改。

2005年11月25日,恒锋公司与华源公司签订一份《关于收购广东现代国际展览中心有限公司股权补充协议》(以下简称《补充协议》)。

此后,恒锋公司分三次汇付华源公司合计7854.6万元。

2006年5月30日,恒锋公司向华源公司发出一份《关于股权转让事宜的函》,催促华源公司尽快办理第一期股权的工商变更登记,并声明在第一期股权工商变更登记手续未办理之前,暂不支付第二期转让款。同日,华源公司向恒锋公司发出一份《解除合同通知书》,以"该公司在与恒锋公司签订股权转让协议前,未获得展览中心全体股东过半数同意,违反《公司法》的相关规定"为由,通知恒锋公司终止协议,并要求恒锋公司在收到通知后3日内提供银行账户以便退回恒锋公司已支付的7854.6万元及同期银行贷款利息。

展览中心《公司章程》第十三条规定:股东之间可以相互转让其全部出资或部分出资。股东向股东以外的人转让其出资时,必须经股东会过半数以上股权同意;不同意转让的股东应当购买该转让的出资,如果不购买该转让的出资,视为同意转让。经股东会同意转让的出资,在同等条件下,其他股东对该出资有优先购买权。

2006年7月17日,恒锋公司将华源公司诉至广东省高级人民法院,请求判决继续履行双方签订的《委托协议书》《补充协议》等。

广东省高级人民法院于2007年11月26日作出(2006)粤高法民二初字第19号民事判决,判决恒锋公司与华源公司签订的《关于委托收购广东现代国际展览中心有限公司集体股协议书》《关于收购广东现代国际展览中心有限公司股权补充协议》等无效。

恒锋公司不服该判决，上诉至最高人民法院，最高人民法院于2009年6月12日作出(2008)民二终字第18号民事判决书，判决："一、维持广东省高级人民法院(2006)粤高法民二初字第19号民事判决书主文第二、第三项；二、变更上述民事判决书主文第一项为：华源公司与恒锋公司签订的《委托协议书》《补充协议》有效。"

2010年5月12日，恒锋公司将华源公司、厚华公司、富成公司、恒富公司诉至广东省高级人民法院，请求判令华源公司向恒锋公司赔偿经济损失215892000元；厚华公司、富成公司、恒富公司对上述恒锋公司第一项诉讼请求承担连带赔偿责任等。

一审法院认为，本案为委托收购股权合同赔偿纠纷。恒锋公司主张厚华公司、富成公司、恒富公司与华源公司承担连带赔偿责任，亦无事实和法律依据。一审法院判决：驳回恒锋公司的诉讼请求。

恒锋公司不服一审法院判决，提起上诉。

二审法院认为，2004年修订的《公司法》第三十五条规定：股东向股东以外的人转让其出资时，必须经全体股东过半数同意；不同意转让的股东应当购买该转让的出资，如果不购买该转让的出资，视为同意转让。经股东同意转让的出资，在同等条件下，其他股东对该出资有优先购买权。恒锋公司拟受让股权的展览中心的《公司章程》第十三条规定：股东向股东以外的人转让其出资时，必须经股东会过半数以上股权同意，且在同等条件下，其他股东对该出资有优先购买权。上述规定系基于维护有限责任公司的人合性的目的，对有限责任股东向股东以外的人转让股权，规定了同意权制度和优先购买权制度予以限制。上述规定为强行性规定，对于拟受让有限责任公司股权的股东之外的第三人而言，其取得该公司股权，必须受上述规定的约束。应予明确的是，2004年《公司法》第三十五条规定的认定有限责任公司同意转让的条件是"全体股东过半数同意"，而展览中心的《公司章程》第十三条规定的是"股东会过半数以上股权同意"，两者内容并不相同。由于《公司法》的该条规定是强行法的规定，不允许公司在其章程中放宽同意的条件，股权的过半数并不一定能够达到其他股东的过半数同意，因此，在公司章程中的规定宽于《公司法》的规定时，应以《公司法》的规定为准。本案中，恒锋公司拟取得的股权是展览中心的股权，展览中心系有限责任公司，依据上述规定，如恒锋公司受让股权,必须经展览中心全体股东过半数以上股东同意,如果其他股东不同意,则应行使优先购买权,在其他股东行使优先购买权的情形下,恒锋公司并不能取得案涉股权。

【裁判】

一审判决:

驳回恒锋公司的诉讼请求。

二审判决:

驳回上诉,维持原判。

【实务评析】

股东人数的过半数和股权的过半数含义是不同的。"股东人数过半数"的规定主要是基于维护有限责任公司的人合性的考虑,强调了对每个股东权利的尊重,而无论其持股比例多少。而股权的过半数,则不利于对中小股东的权利保护。由于《公司法》的该条规定是强行性的规定,故不允许当事人自主约定排除或者作宽于《公司法》规定的规定。因此,在公司章程中的规定宽于《公司法》的规定时,应以《公司法》的规定为准。

（二）转让股东通知义务

39. 转让股东通知其他股东可以采取其他能够确认收悉的合理方式

——林梅丰与唐能祥股权转让纠纷案

【风险提示】

转让股东　通知　确认收悉

【案例要旨】

在认定转让股东是否恰当告知其他股东有关信息方面，除了转让股东直接向其他股东点对点地作出书面形式的通知外，还可以采取其他能够确认收悉的合理方式通知其他股东。

【案件基本信息】

1. 裁判书字号

漳州市中级人民法院（2019）闽06民终1800号民事判决书[1]

2. 当事人

原告（被上诉人）：林梅丰

被告（上诉人）：唐能祥

【基本案情】

唐能祥拥有祥宏公司51%的股权。2018年5月13日唐能祥与林梅丰双方签

〔1〕 本案被《人民司法》2020年第11期收录。

订《股权转让协议》，双方约定：唐能祥将其占股祥宏公司51%股权中的20%股权以116000元转让给林梅丰，林梅丰应于协议签订之日起2日内付50%股金，付清后生效，计60000元。以后每月15日付3000～10000元，付清为止。协议同时约定，协议经双方签字（盖章）并按协议首次付清转让金生效。双方应于协议书生效后依法向工商行政机关办理变更登记手续。林梅丰于2018年5月15日依据唐能祥提供的银行账户，分三次，每次20000元共向唐能祥转账60000元的股权转让金。2018年5月21日林梅丰向唐能祥出具借条，借条载明：林梅丰于2018年5月13日购买唐能祥股金20%，计116000元，已付60000元整，剩余56000元整以后每月15日付3000～10000元，付清为止。

林梅丰向法院起诉，请求：（1）判令自2018年8月28日起，双方于2018年5月13日签订的《股权转让协议》正式解除。（2）判令唐能祥立即返还林梅丰股权转让金60000元及56000元的股权转让金借条，并自2018年8月29日起计付利息。

一审法院认为，《公司法》第七十一条规定：股东向股东以外的人转让股权，应当经其他股东过半数同意。股东应就其转让事项书面通知其他股东征求同意，其他股东自接到书面通知之日起满30日未答复的，视为同意转让。其他股东半数以上不同意转让的，不同意的股东应当购买该转让的股权，不购买的，视为同意转让。本案双方当事人签订《股权转让协议》，根据双方提供的证据，唐能祥向股东以外的林梅丰转让股权，并没有就转让事项书面通知其他股东征求同意，故双方签订的《股权转让协议》违反法律、行政法规的强制性规定，该协议无效。唐能祥应返还林梅丰股权转让金60000元及56000元的股权转让金借条。一审判决：《股权转让协议》无效，唐能祥返还林梅丰股权转让金60000元及股权转让金借条。

唐能祥不服一审判决，提起上诉。

二审法院认为，本案的股权转让协议有效。首先，《公司法》第七十一条有关赋予其他股东优先购买权的规定，是为了维系有限公司的人合性，以避免未经其他股东同意的新股东加入公司后破坏股东之间的信任与合作，但实现该目的，只要股权权利不予变动，阻止股东以外的股权受让人成为新股东即可，而无须否定股东与股东以外的人之间的股权转让合同效力，并且公司法亦无转让股东违反公司法有关转让股权的规定而股权转让合同无效的规定。如果因转让股东违反了公司法有关对外转让股权的规定而被认定无效,那么在其他股东放弃优先购买权后,转让股东还需与受让人重新订立股权转让合同,否则任何一方均可不受已订立的股权转让合同的约定的限制,显然不合理。因此,审查本案的股权转让协议是否有效,仍应根据《合同法》第五十二条的规定来认定,而本案的股权转让协议系双方当事人的真实意思表示,亦不存在《合同法》第五十二条关于"合同无效"规定的情形。其次,根据双方当事人一、二审期间提供的微信聊天记录、声明及庭审陈述,可以证实上诉人唐能祥将其持有的祥宏公司20%的股权作价116000元转让给被上诉人林梅丰,已通过其他股东可以收悉的方式进行了通知,其他股东已知晓,亦不主张优先购买权,被上诉人林梅丰在二审期间提供的证据即《声明》,实际亦已证明了该事实。故双方签订的股权转让协议,符合《公司法》第七十一条第二款的规定,也符合祥宏公司章程的规定,没有损害祥宏公司其他股东的优先购买权。二审判决《股权转让协议》有效。

【裁判】

一审判决:

1. 2018年5月13日唐能祥与林梅丰双方签订的《股权转让协议》无效;

2. 唐能祥应于判决生效之日起10日内返还林梅丰股权转让金60000元;

3. 唐能祥应于判决生效之日起10日内返还林梅丰2018年5月21日林梅丰出具的56000元的股权转让金借条。

二审判决:

1. 维持福建省漳州市芗城区人民法院(2019)闽0602民初758号民事判决第2、3项;

2. 撤销福建省漳州市芗城区人民法院(2019)闽0602民初758号民事判决第1项;

3. 唐能祥与林梅丰于2018年5月13日签订的《股权转让协议》于2018年8月28日解除。

【实务评析】

根据《公司法解释(四)》第十七条第一款和第二款的规定,可以采取其他能够确认收悉的合理方式通知其他股东。实践中,所谓"其他能够确认收悉的合理方式通知其他股东”如下:一是向其他股东发出了公告,并且为其他股东所知晓。二是在诉讼、仲裁等法律程序中转让股东陈述股权对外转让事项或者优先购买权相关事项,并且为其他股东所知晓。三是转让股东虽以口头方式通知其他股东,但有证据证明其他股东已经知晓。这种情况下,因通知的功能是完成信息传递,所以在信息传递已经准确完成的情况下,也应当视为转让股东已尽到通知义务。

40. 股权转让价款远低于征询函载明的价款时征询函不构成有效通知

——甘肃兰驼集团有限责任公司与常柴银川柴油机有限公司股权转让纠纷案

【风险提示】

转让价款过低　征询函　有效通知

【案例要旨】

鉴于股权的转让款远低于询问是否行使优先购买权时《征询函》载明的价格，故《征询函》并不构成有效通知。

【案件基本信息】

1. 裁判书字号

最高人民法院(2016)最高法民终295号民事判决书

2. 当事人

原告(上诉人):甘肃兰驼集团有限责任公司(以下简称兰驼公司)

被告(被上诉人):常柴银川柴油机有限公司(以下简称常柴银川公司)

第三人(被上诉人):兰州常柴西北车辆有限公司(以下简称西北车辆公司)

第三人(被上诉人):兰州万通房地产经营开发有限公司(以下简称万通公司)

【基本案情】

兰驼公司长期与常柴股份公司控股子公司常柴银川公司有业务往来,兰驼公司最终累计欠常柴银川公司货款5700万元。

2000年8月26日，兰驼公司与常柴股份公司签订了关于合资组建西北车辆有限公司的《项目协议书》，载明在兰州设立兰州常柴西北车辆有限责任公司。2000年9月25日，兰驼公司（甲方）与常柴银川公司（乙方）签订《股权转让协议书》一份，约定："一、在西北车辆公司注册登记后。经公司股东会同意，甲方将其持有西北车辆公司的57000000元股权以同价转让给乙方。二、乙方受让上述股权后，凭西北车辆公司签发的出资证明书，同价冲减其对甲方的债权。"同日，兰驼公司、常柴银川公司分别出具《承诺函》，对此事予以确认。

2000年12月28日，西北车辆公司召开第二次股东会议，并作出如下决议："一、股东会同意兰驼公司向常柴银川公司转让在本公司的57000000元出资额，股东的出资额变更为：1. 兰驼公司以实物出资人民币29000000元，占注册资本的29%；2. 常柴银川公司在受让兰驼公司出让的57000000元股权后，占注册资本的57%。"2000年12月30日，西北车辆公司向常柴银川公司核发了出资证明书，并将常柴银川公司记入西北车辆公司股东名册。常柴银川公司取得西北车辆公司股权后，在财务账目上核减了兰驼公司相应债务，至本案诉讼时至今也无向兰驼公司主张债权。

2005年11月1日，宁夏回族自治区高级人民法院作出民事裁定书，裁定冻结被执行人常柴银川柴油机有限公司在兰州常柴西北车辆有限公司持有57%的股权。

2005年11月3日，西北车辆公司向兰州市工商局递交《关于公司变更登记的申请》，申请澄清股东关系，办理变更登记。2005年12月7日，兰州市工商局核准了上述工商变更登记申请。

兰驼公司提交的宁夏回族自治区高级人民法院（2009）宁高法执字第12号民事执行卷宗载明：2010年10月10日双方在执行中达成和解协议，常柴银川公司将持有的西北车辆公司0.5%股权作价50万元转让给万通公司抵偿债务并在工商局办理了股权变更登记手续；常柴银川公司将持有的西北车辆公司56.5%股权作价5650万元抵偿万通公司剩余债务。该院根据和解协议将常柴银川公司持有的西北车辆公司56.5%股权执行给了万通公司。

兰驼公司向一审法院起诉，请求判令：(1)兰驼公司与常柴银川公司签订的《股权转让协议书》无效；(2)常柴银川公司向兰驼公司返还西北车辆公司57%的股权；(3)常柴银川公司与万通公司转让西北车辆公司57%股权的行为无效；

(4)万通公司将持有的西北车辆公司57%的股权变更登记给兰驼公司;(5)西北车辆公司恢复其成立时兰驼公司所持有的股权数量。

一审法院认为,常柴银川公司通过债转股已成为西北车辆公司合法的股东。万通公司以常柴银川公司不能偿还其5700万元借款为由申请宁夏高院强制执行,该院将常柴银川公司持有的西北车辆公司57%股权执行给了万通公司,万通公司通过司法执行程序成为西北车辆公司的股东。首先,因常柴银川公司是西北车辆公司的合法股东,故其与万通公司之间如何处置所拥有西北车辆公司的股权与兰驼公司并无关联。其次,根据查明的事实,万通公司确实支付了常柴银川公司5700万元。最后,根据合同相对性原则,基于常柴银川公司不承担返还股权的责任,万通公司亦不应承担返还股权的责任。一审法院判决:驳回兰驼公司、万通公司的诉讼请求。

兰驼公司不服一审判决,提起上诉。

二审法院认为,常柴银川公司与万通公司转让57%股权的行为属于恶意串通、虚假交易,损害国有权益和股东的优先购买权的行为,应认定无效。案涉该公司57%的股权在执行程序中以拍卖方式进行转让,应保护作为西北车辆公司股东的兰驼公司等股东的优先购买权。在常柴银川公司与万通公司借款质押案执行程序中,法院采取拍卖的方式对57%股权中的0.5%股权进行转让。常柴银川公司向兰驼公司发出《征询函》,告知0.5%股权转让的价款为500万元并询问兰驼公司是否行使优先购买权。但宁夏高院(2009)宁高法执裁字第12-5号《执行裁定书》载明,该裁定书是依据万通公司与常柴银川公司签订的《执行和解协议书》载明的事实认定0.5%的股权是抵偿50万元债务,故该0.5%股权的对价款为应50万元而非500万元。鉴于0.5%的股权的转让款为50万元,远低于询问兰驼公司是否行使优先购买权时《征询函》载明的价格,故载明案涉0.5%的股权的转让款为500万元的《征询函》并不构成有效通知。二审法院判决常柴银川公司与万通公司转让西北车辆公司57%股权的行为无效。

【裁判】

一审判决:

驳回兰驼公司的诉讼请求,驳回万通公司的诉讼请求。

二审判决:

1. 撤销甘肃省高级人民法院(2014)甘民二初字第1号民事判决;

2. 确认兰驼公司与常柴银川公司签订的《股权转让协议书》生效,常柴银川公司享有案涉西北车辆公司57%股权;

3. 确认常柴银川公司与万通公司转让西北车辆公司57%股权的行为无效;

4. 万通公司将其持有的西北车辆公司57%股权变更登记给常柴银川公司;

5. 兰西北车辆公司将案涉57%的股权的股东登记为常柴银川公司。

【实务评析】

转让股东的欺诈,主要是指转让股东告诉其他股东的转让股权的所谓的"同等条件",不是其与第三人交易的同等条件,使其他股东因受欺诈而放弃了行使优先购买权的机会。而恶意串通则是指转让股东与第三人为了达到使其他股东放弃优先购买权的目的,串通抬高转让股权的交易价格,或者其他交易条件的行为。《公司法解释(四)》第二十一条第一款规定,有限责任公司的股东向股东以外的人转让股权,以欺诈、恶意串通等手段,损害其他股东优先购买权,其他股东主张按照同等条件购买该转让股权的,应当予以支持。

（三）同等条件

41. 股东优先购买权的同等条件认定

——郑国庆与章米仁、崇阳弘大房地产开发有限公司股权转让纠纷案

【风险提示】

同等条件　对待给付

【案例要旨】

人民法院在判断同等条件是否符合《公司法》第七十一条第三款及《公司法解释（四）》所称的同等条件时，应当考虑转让股权的数量、价格、支付方式及期限等因素。

【案件基本信息】

1. 裁判书字号

咸宁市中级人民法院（2019）鄂12民终293号民事判决书

2. 当事人

原告（被上诉人）：郑国庆

被告（被上诉人）：章米仁

被告（被上诉人）：崇阳弘大房地产开发有限公司（以下简称弘大公司）

第三人（上诉人）：娄依共

【基本案情】

弘大公司于2006年10月18日经崇阳县工商行政管理局核准登记成立。章米仁、娄依共为该公司的注册股东。

2018年5月9日,章米仁向娄依共发出《崇阳县弘大房地产开发有限公司股权转让告知书》:“第一条 本人决定将所持有的弘大公司的1812.6万元人民币股权(占注册资本的57%)全部转让,转让价格为1526.68万元人民币。股权转让的付款方式为一次性付清……”

娄依共收到告知书后于同年5月28日回复:“大股东章米仁:你意欲全部转让崇阳县弘大房地产开发有限公司57%股权的告知书已收悉,本人有意向优先受让该股权。根据《公司法》及公司章程的有关规定,你应告知拟受让股权人的详细情况,并列清转让的详细清单(债权、债务),以便本股东最后作出决定。”

2018年5月31日,章米仁向娄依共发出《催告函》:“本人没有义务向你告知受让人的基本情况……请务必在收到本回催告函后与本人签订《股权转让合同》,逾期视为你放弃优先受让权。”

娄依共收到《催告函》后于2018年6月5日回复:“股东章米仁……鉴于你所提出的57%股权转让价格为1526.68万元所涵盖的资产不清晰……如本人受让,你无论作为出让方抑或作为公司经营管理者,亦应清晰转让前公司资产状况及转让股权所涉资产状况……”

2018年6月8日,章米仁以手机短信的形式再次催告娄依共。

2018年7月1日,章米仁与郑国庆签订《崇阳县弘大房地产开发有限公司股权转让合同》。郑国庆于2018年8月8日向章米仁支付剩余转让款1026.68万元。郑国庆付清股权转让款后,要求章米仁、弘大公司到崇阳县工商行政管理局办理转让股权的变更登记手续未果,从而引起纠纷。

郑国庆向一审法院起诉请求:(1)确认其与章米仁于2018年7月1日签订的《股权转让合同》(合同编号:20180701)合法有效;(2)判决章米仁、弘大公司、娄依共立即协助其办理《股权转让合同》(合同编号:20180701)中所转让股权的工商登记变更手续;(3)本案诉讼费由被告方承担。

关于章米仁向郑国庆转让其股权的行为是否侵害了娄依共的优先购买权,一审法院认为,本案中:其一,章米仁共三次向娄依共发函,并明确告知股权转让的条件,即转让股权为本人占57%全部转让,转让价为1526.68万元,付款方式为一次性付清,且有对外转让的意思表示。章米仁转让股权已履行了法定的告知义务。其二,娄依共提出章米仁转让股权前清晰57%股权所涵盖的资产,不符合法律规定的优先购买权所享有的权利。尤其从娄依共的第三次回函可以看出,娄依共要求清晰公司资产，而不按章米仁提出的条件受让股权，属于放弃同等条件下的优先购买权。故章米仁向郑国庆转让股权的行为没有侵害娄依共的优先购买权。一审法院据此判决《崇阳弘大房地产开发有限公司股权转让合同》有效；限章米仁、崇阳弘大房地产开发有限公司、娄依共协助郑国庆办理57%的股权的工商登记变更手续。

娄依共不服一审判决，提起上诉。

二审法院认为，对“同等条件”的确认，依据《公司法解释（四）》第十八条的规定，人民法院在判断是否符合《公司法》第七十一条第三款及本规定所称的“同等条件”时，应当考虑转让股权的数量、价格、支付方式及期限等因素。章米仁在已书面告知娄依共对外转让股权的数量（57%股权）、价格、支付方式和期限等条件后，娄依共回函中提出“你应告知拟受让股权人的详细情况，并列清转让的详细清单（债权、债务）……”娄依共提出的上述要求系与公司管理有关的事项，已超出了“同等条件”的范围，证明娄依共在行使优先购买权时，向章米仁提出了更高的要求，不符合“同等条件”的因素。

【裁判】

一审判决：

1. 郑国庆与章米仁于2018年7月1日签订的《崇阳弘大房地产开发有限公司股权转让合同》是有效合同；

2. 限章米仁、弘大公司、娄依共于判决生效后3天内协助郑国庆办理《崇阳弘大房地产开发有限公司股权转让合同》中所转让的57%的股权的工商登记变更手续。

二审判决：

驳回上诉，维持原判。

【实务评析】

对于“同等条件”的具体内容，素来有“绝对同等说”和“相对同等说”之争，在此基础上又有学者提出“折中说”。总体而言，确定股东行使优先购买权时的同等条件标准应采“相对同等说”。在判断是否满足同等条件时，应以第三人的对待给付行为为基本标准，但不完全以此为限，应结合交易的具体情况加以考虑，既保障其他股东可实现优先购买权，又不损害转让股东的利益，也不绝对剥夺第三人购买股权的机会。

42. 股东优先权的同等条件成就需以形成完整对价为前提

——瞿斐建与丁祥明、李晴、冯月琴优先认购权纠纷案

【风险提示】

同等条件　完整对价

【案例要旨】

股权转让人仅作出股权对外转让的意思表示，未形成包含转让价款、付款时间、付款方式等在内的完整对价，且对外转让的受让方也未确定，则其他股东享有优先权的同等条件可视为未成就。

【案件基本信息】

1. 裁判书字号

最高人民法院(2012)民抗字第32号民事判决书

2. 当事人

原告(二审上诉人、被申诉人)：瞿斐建

被告(二审被上诉人、再审申诉人)：丁祥明

被告(二审被上诉人、再审申诉人)：李晴

被告(二审被上诉人、再审申诉人)：冯月琴

抗诉机关：中华人民共和国最高人民检察院

【基本案情】

丁祥明、李晴、冯月琴与瞿斐建为杭州盈源贸易有限公司(以下简称盈源公司)股东。该公司注册资本为人民币300万元，共9个股东。2006年8月27日，

盈源公司股东召开临时股东会，形成了公司可以在效益最大化的前提下将全部股权予以整体转让的一致意见。

2006年9月10日，盈源公司召开股东会，会议专题讨论公司股权转让问题，与会的全体股东一致同意将个人所持股份以全部转让的方式、以1:1的价格转让给第三方，并形成股东会决议。全体股东均在该股东会决议上签字，瞿斐建在该股东会决议上注明：根据《公司法》和公司章程，本人决定优先受让其他股东转让之股权。同日，瞿斐建分别与陈某某、欧某某、王某、马某某、鲁某某签订股权转让合同，以1:1的价格受让该5名股东的全部股权，约定付款方式为合同签订之日起3日内支付首款作为定金，合同生效之日起90日内付清余款。

2006年9月30日，丁祥明将其与曹某某于2006年9月8日签订的股权转让合同寄发给瞿斐建，并限瞿斐建在30日内作出书面答复。该股权转让合同约定的转让价格为1:1，付款方式为在合同生效之日起5日内一次性付清，并约定受让方必须按照转让款为基数，以1:3的比例交纳保证金，如受让方3年内有从事损害出让方利益的行为，保证金无偿归出让方所有；如受让方不全额按期支付转让款和保证金，除不予返还保证金外，还应当向出让方支付全部转让款50%的违约金。2006年9月30日，李晴、冯月琴分别与富某签订股权转让合同，将两人持有的全部股权转让给富某，转让条件及保证金和违约金条款均与丁祥明和曹某某的股权转让合同约定一致。李晴、冯月琴均将股权转让合同寄发给瞿斐建，并通知其在同等条件下可以行使优先购买权。瞿斐建分别复函丁祥明、李晴、冯月琴，主张其优先购买权已于2006年9月10日形成，要求丁祥明等三人按1:1的价格及合同签订之日起3日内支付转让款的50%、合同签订后90日内付清余款的付款方式与其签订股权转让合同，并要求丁祥明办理瞿斐建与陈某某、欧某某、王某、马某某、鲁某某股权转让的工商变更手续。2006年10月10日，丁祥明复函瞿斐建，拒绝按瞿斐建所述条件签订股权转让合同。同日，李晴、冯月琴分别发函给瞿斐建，拒绝按瞿斐建所述条件签订股权转让合同。曹某某、富某已按合同约定数额支付了股权转让款、保证金和补贴款。

瞿斐建向法院提起诉讼，请求确认瞿斐建对丁祥明、李晴、冯月琴股权的优先购买权在2006年9月10日已经形成；判令丁祥明、李晴、冯月琴履行将其股权依法转让给瞿斐建的义务，并办理相关转让手续。

一审法院认为，优先购买权的前提和基础为“同等条件”。“同等条件”不仅包括转让价格，还包括付款期限、违约条款等其他对出让方股东有利的条款。在2006年9月10日盈源公司股东会上，各股东仅就股份以全部转让的方式、以1:1的价格转让给第三方达成了一致意见。虽然丁祥明与曹某某的股权转让合同签订时间在股东会前，但该次股东会上，并未明确受让股权的第三方。李晴、冯月琴与富某的股权转让合同此时尚未签订。就李晴、冯月琴的股权转让而言，在股权转让的交易条件形成之前，瞿斐建的优先购买权尚无实现的基础，在交易条件形成后，优先购买权必须在"同等条件"下行使；就丁祥明与曹某某的股权转让而言，虽然瞿斐建主张的转让价格等同于丁祥明与曹某某约定的转让价格，但付款期限、违约条款等交易条件明显低于丁祥明与曹某某约定的条件，不能视为其在"同等条件"下行使优先购买权。一审法院判决驳回原告瞿斐建的诉讼请求。

瞿斐建不服一审判决，提起上诉。

二审法院认为，2006年9月10日的股东会决议中，瞿斐建已明确表示决定优先受让其他股东之转让股权，故瞿斐建行使优先购买权的条件已经具备。二审法院判决确认瞿斐建对丁祥明、李晴、冯月琴持有的盈源公司的股权享有优先购买权，丁祥明、李晴、冯月琴将持有的股权按照与陈某某等5人签订的股权转让合同约定的条件全部转让给瞿斐建。

最高人民检察院向再审法院提起抗诉。

再审法院认为，股东行使优先购买权的前提是，拟出让股东与股东以外的人已经就股权转让达成合意，该合意不仅包括对外转让的意思表示，还应包括价款数额、付款时间、付款方式等在内的完整对价。在本案中，虽然在股东会前全体股东均被通知，将于下午与股东以外的受让人签约，但在股东会上，受让人并未到场，也没有披露他们的身份或者与他们签订的合同，因此，直至股东会结束签署决议时，对外转让的受让方仍未确定，股东行使优先购买权的前提也未成就。瞿斐建认为其在股东会决议上签署要求行使优先购买权的意见，即为实际行使优先购买权，与法律规定不符。此后，陈某某等5名股东自愿将股权转让给瞿斐建，属于在股东之间互相转让股权的行为，也不是瞿斐建行使优先购买权的结果。再审法院判决撤销二审判决，维持一审判决。

【裁判】

一审判决：

驳回原告瞿斐建的诉讼请求。

二审判决:

1. 撤销一审法院判决;

2. 确认瞿斐建对丁祥明、李晴、冯月琴持有的盈源公司的股权享有优先购买权;

3. 丁祥明、李晴、冯月琴将持有的盈源公司的股权按照瞿斐建与陈某某等5人签订的股权转让合同约定的条件全部转让给瞿斐建。

再审判决:

1. 撤销二审法院判决;

2. 维持一审法院判决。

【实务评析】

优先购买权"同等条件"的确定只能以转让股东与第三人之间的交易条件为参照,只有在转让股东与第三人之间的完整交易条件确定下来之后,其他股东的优先购买权才有行使的依据。此外,"同等条件"不仅仅包括价格条款,还包括付款期限、违约条款等其他交易条件。即使优先购买权人主张的转让价格等同于转让股东与第三人约定的转让价格,但付款期限、违约条款等交易条件明显低于转让股东与第三人约定的条件时,也不能视为其在"同等条件"下行使优先购买权。

（四）优先购买权的行使

43. 股东优先购买权不适用于股东之间的股权转让

——屠秋、孙建伟等与新疆仪尔高新农业开发有限公司、王海波其他合同纠纷案

【风险提示】

股东之间　内部转让

【案例要旨】

案涉股权转让是在有限责任公司股东之间进行，因此，该股权转让无须其他股东同意，其他股东亦无优先购买权。

【案件基本信息】

1. 裁判书字号

最高人民法院（2014）民申字第702号民事裁定书

2. 当事人

原告（二审上诉人、再审申请人）：屠秋

原告（二审上诉人、再审申请人）：孙建伟

原告（二审上诉人）：李强

被告（二审上诉人、再审被申请人）：新疆仪尔高新农业开发有限公司（以下简称仪尔公司）

被告（二审上诉人、再审被申请人）：王海波

【基本案情】

屠秋、孙建伟申请再审称：本案约定的同意权和优先购买权是经全体股东签

字确认的，具有法律约束力。屠秋、孙建伟、李强据此享有优先购买权，王海波与仪尔公司签订的股权转让协议因违反合法的《5·4协议》而无效。

再审法院认为，《5·4协议》不存在无效情形。其第二项内容是对"甲方（中国新疆焉耆仪尔高新农业开发有限公司）、新疆巴音国有资产经营有限公司、香港蓝熊猫发展有限公司于2010年5月4日签订的《新疆乡都酒业有限公司章程》"作出修改，一、二审判决认定新疆乡都酒业有限公司（以下简称乡都公司）已据《5·4协议》起草了新的章程即《5·4章程》，即《5·4协议》的第二项内容已得以履行。由于欠缺王海波的签名，《5·4章程》并未生效，其中"任何一方转让其出资额，不论全部或部分，都须经其他方同意，一方转让时，在同等条件下其他方有优先购买权"的内容亦未生效。二审法院认定屠秋、孙建伟主张其在乡都公司股东转让股权时享有同意权和优先购买权的上诉理由不能成立，其基于上述权利要求确认案涉《股权转让协议》无效的理由不能成立，并无不妥。

如若有限责任公司的章程对股权转让作出了不同于《公司法》规定的有效的特别安排，应遵从公司章程规定。因此，在本案审理过程中，应当对《11·1章程》是否生效、其设立的股权转让规则对股东、公司是否具有约束力进行审查。然而，公司章程必须由全体股东签名、盖章后方能生效，《11·1章程》亦写明"自公司股东签字盖章之日起生效"，而《11·1章程》目前仍仅有仪尔公司、王海波两方股东的盖章签字，故《11·1章程》作为股东之间、股东与公司之间的协议并未生效，其关于股东之间转让股权不需要其他股东同意、其他股东也无优先权的股权转让规则亦不能约束公司股东。尽管《11·1章程》进行了工商登记，然而，工商登记仅使其具有对外公示公司治理规则的效力，且该章程已于2011年年底由乡都公司正式撤回，目前亦无证据显示在《11·1章程》被工商登记期间，公司之外的市场交易主体基于《11·1章程》所确定的股权转让规则产生信赖利益，并因案涉股权转让受到不利影响而需要特别保护其信赖利益，故《11·1章程》关于股东之间转让股权不需要其他股东同意、其他股东也无优先权的股权转让规则亦无须因此而被赋予约束公司股东的效力。

《5·4章程》《11·1章程》的制定，王海波与仪尔公司股权转让协议的签订等行为均发生在2005年之后、2013年之前，故本案应当适用2005年10月27日第十届全国人民代表大会常务委员会第十八次会议修订、自2006年1月1日起施行的《公司法》。根据《公司法》第七十二条第一款、第二款、第三款之规定，有限责任公司的股东之间可以相互转让其全部或者部分股权;股东向股东以外的人转让股权时,应当经其他股东过半数同意;且在同等条件下,其他股东有优先购买权,此时若两个以上股东主张行使优先购买权又无法协商确定各自的购买比例的,需按照转让时各自的出资比例行使优先购买权。案涉股权转让是在有限责任公司股东王海波和仪尔公司之间进行的,因此,该股权转让无须乡都公司其他股东同意,其他股东亦无优先购买权。由于缺乏事实和法律依据,屠秋、孙建伟关于在王海波案涉股权转让过程中按照屠秋、孙建伟、李强的出资比例行使优先购买权的主张不能成立。再审法院裁定驳回屠秋、孙建伟的再审申请。

【裁判】

再审裁定:
驳回屠秋、孙建伟的再审申请。

【实务评析】

在公司章程没有对股东之间的股权流转作特殊规定时,股东之间的股权流转是不涉及其他股东的同意权及优先购买权问题的。同时,《公司法》为公司章程对股东之间的股权转让作出特别安排留有余地,对于公司股东基于特定事由的考虑在公司章程中对股东之间的股权流转作出特定安排和限制的,对不同安排和限制的效力判断存在争议。此时不仅要考虑人合性的问题,也应考虑财产权的流转,以及公司控制权安排的平衡问题。

44. 股东优先购买权不能部分行使

——浙江环益资源利用有限公司与谢建林股权转让纠纷案

【风险提示】

部分行使　同等条件

【案例要旨】

若转让股权的比例是确定、可量化的，原则上其他股东行使优先购买权时应当购买全部转让股权，部分行使视为未达到"同等条件"。

【案件基本信息】

1. 裁判书字号

杭州市中级人民法院(2016)浙01民终5128号民事判决书

2. 当事人

原告(上诉人)：浙江环益资源利用有限公司(以下简称环益公司)

被告(被上诉人)：谢建林

【基本案情】

环益公司、谢建林均系宁波大地化工环保有限公司(以下简称大地公司)的股东。环益公司持有该公司44%的股权，谢建林与章冲华等8位自然人股东持有该公司56%的股权，其中谢建林持有公司5%的股权。

2016年1月12日，大地公司8位自然人股东的共同代表人章冲华函至环益公司，告知："八人合计持股56%，现准备将其中的51%股权进行转让(吴宏斌股东保留5%股权)，经公证与其他公司达成转让协议。"该函告知环益公司在同等条件下具有优先购买权，要求于2016年1月21日前签订股权转让协议并缴纳一期20%转让款,否则视为同意该股权转让行为并放弃优先购买权。

环益公司于2016年1月21日书面告知谢建林及章冲华,要求行使优先权,按同等条件受让谢建林持有的5%的大地公司的股权。

2016年1月25日,八位自然人股东以章冲华为代表,致函环益公司,认为受让方一次性受让大地公司51%的股权是构成本次交易的价格、交割等其他要素的核心条件,无法分割出售。如不按照《股权转让协议》中列明的全部交易条件购买拟出让股权,视作同意转让。

环益公司又于2016年2月2日致函谢建林,要求优先受让5%股权,并尽快签署股权转让协议。转让股东代表章冲华又于2016年2月20日致函环益公司缴款通知,拟将所持大地公司51%的股权以总价人民币9588万元对外出售。该函称:现拟受让方已经将首期保证金1632万元汇付至我们指定的账户,待转让协议签订之日再缴285.6万元以满足协议约定条件,其余转让款的支付按照协议约定的时间履行。现通知环益公司若有意行使优先购买权,请于2016年2月26日前将本次交易的保证金1632万元人民币汇入我们的账户,并且在3日内与全体拟出让股东整体签订《股权转让协议》,并将首期转让款支付至转让总价的20%,即人民币1917.6万元。如未在上述时间内汇入保证金并签订股权转让协议,视为放弃优先购买权。

2016年4月11日大地公司召开股东会,股东吴宏炳同意将3.8%股权转让,保留5%股权,放弃优先购买权,8位自然人股东一致同意将持有的51%股权整体转让给高能公司,环益公司表示不同意,股东以多数意见形成股东会决议。同日,章冲华、吴宏炳、谢建林、信保平、陈华君、蒋斌峰、于新华、邵岚8位股东与高能公司签订《股权转让协议》,8位股东将持有的大地公司51%股权,以9588万元转让给高能公司。

环益公司向一审法院提起诉请,请求确认原告对被告对外转让的大地公司5%股权享有优先购买权;判令被告将持有的大地公司5%股权按照对外转让的条件全部转让给原告,并配合办理相关转让手续。

一审法院认为,本案中,谢建林等拟出让股东多次将整体出让大地公司51%股权书面通知环益公司并告知其可以行使优先购买权,已经尽到告知义务,也保障了环益公司行使优先购买权的时间。股东行使优先购买权的前提是与购买人“在同等条件下”,要求行使优先购买权的股东必须以拟转让给股东以外的第三人相同的条件购买转让的股权。法律未明确规定“同等条件”形成的方式，故环益公司要求购买其中的5%股权，与高能公司购买51%股权不同，提出的是不同等条件。对外出让股权的条件应由出让股权的股东确定，出让股权的股东认为股权整体出让能实现利益最大化，本案中整体转让的是51%股权，对大地公司具有控股权，整体出让的利益明显高于分拆转让的利益，那么整体受让也是同等条件之一。环益公司要求谢建林就大地公司5%股权单独行使优先购买权不符合同等条件的要求，应视其为放弃行使优先购买权。一审法院据此判决驳回环益公司的诉讼请求。

环益公司不服一审判决，提起上诉。

二审法院认为，本案中，谢建林和其他股东就其股权转让和高能公司达成的转让意向为包括谢建林股权在内的合计51%的股权以9588万元的价格一并转让给高能公司，故在该转让条件下，谢建林个人的股权转让和其他股东的股权转让不可分割，其个人的股权转让系以和其他股东的股权一并转让为条件的，该定价也是针对合计的51%股权的整体定价，无法确定每个股东的股权在该整体定价中对应的价格。鉴于谢建林和其他股东也依法将该转让事宜通知给环益公司并征求意见，因此，环益公司的优先购买权是得到保障的，如果其愿意以9588万元的价格受让谢建林等股东的51%的股权，其就优先于高能公司受让上述股权，而环益公司现在仅要求就部分股东的股权行使优先购买权，与谢建林等股东和高能公司商谈的51%的股权转让条件不属同等条件。况且，环益公司就其要求受让的股权至今也无法明确相应对价，比照是否属同等条件的前提亦缺失。同时，如谢建林个人的股权单独转让给环益公司，则导致其他股东股权转让给高能公司的条件不成就，原定的转让目的无法实现，其他股东的正当权益受损，谢建林依约也要承担由此给其他股东造成的损失，其利益也会受损，故环益公司提出的受让条件与高能公司提出的受让条件给出让股东造成的获益结果亦不同等。

【裁判】

一审判决：

驳回环益公司的诉讼请求。

二审判决：

驳回上诉，维持原判。

【实务评析】

对于优先购买权能否部分行使，《公司法解释(四)》采否定态度。股权转让数量作为股权转让合同中的核心条款，自然应当是“同等条件”的最重要因素之一，优先购买权不能部分行使是同等数量条件下的应有之义。从维护转让股东和第三人利益的角度，第三人以特定价格在购买特定比例的股权时，是将该比例的股权视作一个整体标的，转让股东同样是将股权作为整体在出售，如果分割开来，就改变了转让股东与第三人之间约定的条件。作为整体转让的股权比例越高，第三人购买股权后控制公司决策的可能性越大，期待利益也就越高，而一旦购买的股权一部分被其他股东购买，第三人可能不再愿意购买剩余比例的股权或者不愿按照约定的价格购买股权。因此，若允许对其中部分股权行使优先购买权，将严重损害转让股东与第三人的利益。

45. 有限责任公司股东应在合理期限内行使优先购买权

——金某某与上海哲野印刷有限公司股东资格确认纠纷案

【风险提示】

对外转让　合理期限　视为同意

【案例要旨】

虽然章程和法律均未明确规定股东行使优先购买权的期限，但其他股东应当在合理期限内行使优先购买权，而并非可以无限期拖延不办，否则即应当视为不购买而同意对外转让股权。

【案件基本信息】

1. 裁判书字号

上海市第二中级人民法院（2012）沪二中民四（商）终字第585号民事判决书[1]

2. 当事人

原告（上诉）：金某某

被告（被上诉人）：上海哲野印刷有限公司（以下简称哲野公司）

第三人：杨甲

第三人：杨乙

第三人：杨丙

第三人：杨丁

---

〔1〕 本案被最高人民法院民事审判第二庭编的《公司案件审判指导》收录。

【基本案情】

哲野公司成立于2003年9月25日，其类型为有限责任公司，注册资本为800万元。根据工商登记资料记载，公司目前的股东为杨甲、杨乙、杨丙与杨丁，由杨甲担任法定代表人。在公司章程中载明的涉案条款有：股东向股东以外的人转让其出资时，必须经全体股东过半数同意，不同意转让的股东应当购买该转让的出资，如果不购买转让的出资视为同意转让。

2006年2月，杨甲与金某某经协商之后达成口头协议，约定杨甲将其持有的哲野公司12.5%的股权作价190万元转让给金某某。嗣后，金某某支付杨甲股权转让款合计190万元，杨甲收到上述款项后向金某某开具了相应的收据。

2007年2月15日，金某某与杨甲补签了一份股权转让协议，约定杨甲将其拥有的哲野公司12.5%的股权作价190万元，在哲野公司全体股东会议决议同意转让股权的情况下转让给金某某，金某某付清股权转让款后，杨甲签订所有工商变更登记手续移至金某某手中，并积极配合金某某办理股权转让工商变更手续等，同时，对相应的违约责任也作了约定。但上述协议签订之前，杨甲并未就其向金某某转让股权事宜通过书面方式通知过哲野公司的其他股东，哲野公司并未就此召开过股东会会议进行讨论并形成同意的决议，嗣后杨甲亦未配合金某某办理股权变更登记手续。金某某发现此情况后，于2011年7月11日致函杨甲及哲野公司，要求尽快办理相应手续，但因哲野公司的其他股东杨乙、杨丙、杨丁对此不同意而未果。

金某某向法院提起诉讼，要求确认其系哲野公司的股东，持有哲野公司12.5%的股权，由哲野公司办理相应的股权变更登记手续。

一审审理中，杨乙、杨丙、杨丁向法院表示，愿意行使股东优先购买权，以同等条件购买杨甲拟出让的哲野公司12.5%的股权。

一审法院认为，有限责任公司的股东向股东以外的人转让股权不仅是一种要式行为，还应完成法律规定的程序，如果不符合程序上的规范性要求，则虽然不会影响股权转让合同本身的效力，但却会影响到该合同能否实际履行，换言之，将会影响到股权是否能够完成交付，从而发生股权变动的法律效果。本案中，杨甲在欲将其持有的哲野公司股权转让给金某某时，并未以书面方式将此事项通知哲野公司的其他股东征求同意，同时哲野公司也未就此事项事先召开股东会会议进行讨论并形成同意的决议,故金某某与杨甲之间的股权转让行为在程序上存在明显的瑕疵,侵犯了哲野公司其他股东的优先购买权。现其他股东不仅坚持不同意该项转让,而且要求行使优先购买权(我国《公司法》目前对股东优先购买权的行使期间并未作出限制性的规定,所以不存在逾期行使权利或权利消灭的问题),由于股东优先购买权为法定的形成权,故将导致金某某与杨甲签订的股权转让协议履行不能。哲野公司在此过程中并无过错,可拒绝承认金某某的股东资格。一审法院判决驳回金某某的诉讼请求。

金某某不服一审判决,提起上诉。

二审法院认为,杨甲与金某某签订的股权转让协议系合同双方的真实意思表示。哲野公司、杨甲及其他原审第三人均确认在股权转让协议签订后,杨甲已将拟对外转让股权事宜通知了其他股东,其他股东当时表示不同意转让,并于2007年5月1日作出股东会决议,不同意杨甲将股权转让给金某某,如果要转让,其他股东要求行使优先购买权。可见,从形式要件的角度而言,虽没有证据表明杨甲以书面方式通知其他股东,但从结果意义而言,其他股东已经了解到股权转让事宜,并给出了答复。因此,不能仅以杨甲未能完成要式行为来否定股权转让协议的法律效果。杨乙、杨丙、杨丁等其他股东实际并未行使优先购买权,购买杨甲拟转让给金某某的12.5%的股权。根据哲野公司章程约定及《公司法》规定,不同意对外转让股权的股东应当购买该股权,不购买的,视为同意转让。虽然章程和法律均未明确规定股东行使优先购买权的期限,但二审法院认为,其他股东应当在合理期限内行使优先购买权,而并非可以无限期拖延不办,否则即应当视为不购买而同意对外转让股权。除非其他股东购买了股权,杨甲与金某某签订的股权转让协议方具备不再履行的依据。二审法院判决确认上诉人金某某为持有被上诉人哲野公司12.5%股权的股东,被上诉人哲野公司应于本案判决生效之日起10日内向公司登记机关办理变更上诉人金某某为该公司股东的登记手续。

【裁判】

一审判决:

驳回金某某的诉讼请求。

二审判决:

1.撤销上海市宝山区人民法院(2011)宝民二(商)初字第1056号民事判决;

2. 确认上诉人金某某为持有被上诉人哲野公司12.5%股权的股东,被上诉人哲野公司应于本案判决生效之日起10日内向公司登记机关办理变更上诉人金某某为该公司股东的登记手续。

【实务评析】

转让股东与其他股东以外的人签订股权转让协议后,在“书面通知征求同意”程序上存在履行瑕疵的,如出让股东已经向其他股东告知股权转让事宜并征求同意的,应认定其他股东的优先购买权并未受到侵害。本案中,其他股东在明知杨甲已经对外签订股权转让协议的情况下,表态不同意的又未进行购买,法律上可拟制杨甲转让股权已经过半数以上股东同意。这一拟制的法律事实早在2007年即已成立,其他股东在2011年诉讼中提出行使优先购买权,显已不在合理期间。

46. 转让股东撤销对外转让股权不得损害其他股东的优先购买权

——楼国君与方樟荣、毛协财等股权转让纠纷案

【风险提示】

撤销　对外转让　其他股东

【案例要旨】

股东对外转让股权,其他股东在同等条件下享有优先购买权,转让股东撤销对外转让股权时,不得损害享有优先购买权的其他股东的合法权益。

【案件基本信息】

1. 裁判书字号

最高人民法院(2011)民提字第113号民事判决书

2. 当事人

原告(二审被上诉人、再审被申请人):楼国君

被告(二审上诉人、再审申请人):方樟荣、毛协财、王忠明、陈溪强、王芳满、张铨兴、徐玉梅、吴广灯

第三人:伍志红、劳文武、卢正文

【基本案情】

楼国君与方樟荣、毛协财、王忠明、陈溪强、王芳满、张铨兴、徐玉梅、吴广灯(以下合并简称方樟荣等8名股东)均系湖南株洲天山房地产开发有限公司(以下简称天山公司)的股东,其中楼国君出资占天山公司注册资本的6.91%,方樟荣等8名股东出资占注册资本的93.09%。

2009年4月16日，方樟荣等八名股东与伍志红、劳文武、卢正文（以下合并简称伍志红等3人）签订《资产转让协议》，约定："一、方樟荣等八名股东将天山公司所有的资产转让给伍志红等3人；二、转让价格：总价9480万元，价款支付方式：（1）协议签订之日起3个工作日内支付定金1000万元。（2）协议签订之日起30个工作日内支付6000万元。（3）待完成股份转让手续后五个工作日内支付余款2480万元。"

2009年4月29日，方樟荣等八名股东与伍志红等3人签订《资产转让补充协议》一份，约定双方同意以股份转让方式完成资产转让。

2009年5月25日，方樟荣等八名股东与伍志红等3人签订《天山公司股份转让补充协议》一份，约定鉴于股权转让手续因楼国君不同意股份转让，需时间加以完善，双方同意对2009年4月16日签订的《资产转让协议》第二条修改为：转让价格为8824万元，价款支付方式亦进行了相应变更。

2009年6月3日，方樟荣等8名股东以天山公司名义在2009年6月4日的株洲日报上发布《通知》一份，告知公司股东方樟荣等8名股东将在天山公司93.09%的股份全部对外转让，转让价格为8824万元。请于2009年7月6日前对是否受让这八位股东的股权作出书面答复。

2009年6月23日，楼国君向方樟荣等8名股东邮寄了《通知》一份，载明以同等条件购买天山公司93.09%的股权。2009年6月26日，楼国君又在株洲日报上刊登《通知》一则，内容与其邮寄的《通知》基本相同。

2009年7月6日，天山公司召开临时股东会议，方樟荣等8名股东同意上述股权对外转让，转让价格为8824万元，付款方式为一次性付清。楼国君明确表示反对，并要求以方樟荣等8名股东与伍志红等3人签订协议中约定的条件行使优先购买权。

2009年7月20日，方樟荣等8名股东与伍志红等3人签订《解除股权转让协议书》一份，约定解除《资产转让协议》《资产转让补充协议》《天山公司股份转让补充协议》。

2009年9月11日，天山公司召开股东会议，方樟荣等8名股东所持有的公司93.09%的股权不再对外转让。

楼国君向法院提起诉讼，请求撤销方樟荣等8名股东与伍志红等3人签订的股权转让协议；确认楼国君依法行使股东优先权。

一审法院认为，方樟荣等8名股东与伍志红等3人签订股权转让协议，后在株洲日报以天山公司名义刊登通知，楼国君看到该通知后在约定时间内作出答复，表示愿意以《资产转让协议》及补充协议同等条件受让股份，并向方樟荣等8名股东邮寄，还在株洲日报上刊登了其答复的内容。据此，楼国君对方樟荣等8名股东对外转让的股权依法享有优先购买权。方樟荣等8名股东此后在天山公司召开的股东会会议上以其所占股份的绝对优势形成决议对股权转让款的支付方式作出新的约定以及股权不再对外转让的决议，均不能撤销楼国君的优先购买权。一审法院判决楼国君对方樟荣等8名股东所持有的天山公司93.09%的股权享有优先购买权，按方樟荣等8名股东与伍志红等3人签订的协议履行。

方樟荣等8名股东不服一审判决，提起上诉。

二审法院认为，在楼国君已明确表示在同等条件下行使股东优先购买权的情况下，方樟荣等8名股东在楼国君提起本案诉讼后，与伍志红等3人签订解除股权转让协议，重新召开股东会，有违诚信原则，不应得到支持。二审法院判决驳回上诉、维持原判。

方樟荣等8名股东不服二审判决，申请再审。

再审法院认为，方樟荣等8名股东因转让股权，有两次签订合同的行为，第一次是在受理本案之前与伍志红等3人，第二次是在再审程序中与楼国君，又先后选择放弃合同，对其股权是否转让及转让条件作了多次反复的处理。方樟荣等8名股东虽然合法持有天山公司股权，但其不能滥用权利，损害相对人的合法民事权益。作为公司其他股东的楼国君为受让方樟荣等8名股东股权，继续经营公司，两次按照方樟荣等8名股东的合同行为准备价款，主张行使优先购买权，但方樟荣等8名股东均以各种理由予以拒绝。尤其是在再审期间，方樟荣等8名股东已经同意将股权转让给楼国君，并将公司与股东及公司以外的其他债务均一并进行了处理，但方樟荣等8名股东在签订协议后又反悔。在此情形下，本院如果支持了方樟荣等8名股东的再审主张，允许方樟荣等8名股东多次随意变更意思表示，不顾及对交易相对人合理利益的维护，对依法享有优先购买权的公司其他股东明显不公平，同时也纵容了不诚信的行为。再审判决驳回再审申请，维持二审判决。

【裁判】

一审判决：

1. 楼国君对方樟荣等 8 名股东所持有的天山公司 93.09% 的股权享有优先购买权；

2. 就楼国君对上述第一项股权享有的优先购买权，楼国君与方樟荣等 8 名股东应承担的权利义务内容，按方樟荣等 8 名股东签订的《资产转让协议》《资产转让补充协议》《天山公司股份转让补充协议》约定的内容履行。

二审判决：

驳回上诉，维持原判。

再审判决：

驳回再审申请，维持二审判决。

【实务评析】

《公司法》规定，股东对外转让股权时应当书面通知股权转让事项，在同等条件下，其他股东有优先购买权。本案当事人未如实向公司其他股东通报股权转让真实条件，公司其他股东知情后起诉主张以同等条件行使优先购买权时，转让股东对其股权是否转让及转让条件作了多次反复的处理。受让股东为继续经营公司，两次按照转让股东的合同行为准备价款，主张行使优先购买权，但均被转让股东以各种理由予以拒绝。转让股东虽然合法持有股权但其不能滥用权利，损害相对人的合法民事权益。在此情形下，应支持其他股东行使优先购买权。

47. 其他股东行使优先购买权的前提是股东同意转让股权

——周祝勇与张鹰股权转让纠纷案

【风险提示】

前提条件　同意转让

【案例要旨】

其他股东行使优先购买权的前提是股东同意转让股权,如果转让股东解除与第三人的股权转让协议,其他股东行使优先购买权的基础便不存在。

【案件基本信息】

1. 裁判书字号

南京市中级人民法院(2013)宁商申字第7号民事裁定书

2. 当事人

原告(二审上诉人、再审申请人):周祝勇

被告(二审被上诉人、再审被申请人):张鹰

第三人(二审被上诉人、再审被申请人):阎星华

【基本案情】

周祝勇申请再审称:(1)优先购买权作为形成权,只要股东将其股权转让给第三人,公司的其他股东就可以行使优先购买权,因此,被申请人之间的股权转让协议是否解除,对优先购买权并无影响。(2)股东的优先购买权是对所谓"自由处分权"的限制,两审判决以绝对化的思维对待"自由处分权"是判决失据的原因。

再审法院认为,《公司法》第七十二条(现行法第七十一条,2018年修订)第三

款规定:经股东同意转让的股权,在同等条件下,其他股东有优先购买权。本案中,周祝勇在2009年4月21日南京地下工程建筑设计院有限公司股东大会上,不同意张鹰向第三人转让公司股权,并主张在同等条件下的优先购买权,其行为符合法律规定。但此后张鹰与阎星华协商解除了《股权转让协议》,张鹰仍系股权持有人。因南京地下工程建筑设计院有限公司是有限责任公司,根据有限责任公司的人合性特征,以及股东意思自治和股权转让自由的原则,张鹰解除股权转让协议是其作为转让股东的自由意志,故原审判决认定张鹰作为股权持有人享有自由处分其股权的权利并无不当。

根据法律规定,其他股东行使优先购买权的前提是股东同意转让股权,如果转让股东解除与第三人的股权转让协议,其他股东行使优先购买权的基础便不存在。鉴于张鹰明确表示放弃转让股权,周祝勇主张优先购买权的前提已经丧失。再审法院裁定驳回周祝勇的再审申请。

【裁判】

再审裁定:

驳回周祝勇的再审申请。

【实务评析】

对《公司法解释(四)》第二十条的理解,可以从以下几个方面进行:第一,在有限责任公司的其他股东主张优先购买后,转让股东又不同意转让的,对其他股东优先购买的主张,不应支持。换言之,原则上转让股东享有"又不同意转让股权"的权利。第二,如果公司章程规定转让股东不允许反悔,不享有"又不同意转让股权"的权利,那么对其他股东优先购买的主张,应当予以支持。第三,如果全体股东约定转让股东不允许"反悔",不享有"又不同意转让股权"的权利,那么对其他股东优先购买的主张,应当予以支持。第四,在支持转让股东"又不同意转让股权"的情况下,如果转让股东该行为给其他股东造成了损失,其他股东主张转让股东赔偿其损失合理的,应当予以支持。

48. 股权收购方不得以股东行使优先购买权为由主张情势变更

——戴军与山西华晋纺织印染有限公司、上海晋航实业投资有限公司合资、合作开发房地产合同纠纷案

【风险提示】

情势变更　商业风险

【案例要旨】

双方签订合作协议时,收购方对欲收购的目标公司股权结构应是了解的,对目标公司股东行使优先购买权有充分的预判。因此,不存在合同成立后客观情况发生变化的情势变更情形,而应为正常的商业风险。

【案件基本信息】

1. 裁判书字号

最高人民法院(2015)民一终字第72号民事判决书

2. 当事人

原告(被上诉人):戴军

被告(上诉人):山西华晋纺织印染有限公司(以下简称华晋公司)

被告(上诉人):上海晋航实业投资有限公司(以下简称晋航公司)

【基本案情】

2013年8月15日,华晋公司与戴军签订《项目开发合作协议书》。主要内容为:(1)项目名称为"上海市宛平南路88号地块"。现该项目由上海广万置业有限公司(以下简称广万公司)享有房地产开发权及资产所有权。(2)合作内容。以

华晋公司名义或华晋公司指定及认可的第三方名义对广万公司的股权进行收购，继而取得本协议第一条约定项目的开发权及资产所有权。华晋公司负责出资5亿元，戴军负责出资1亿元，作为项目的前期收购股权和资产所有权资金。合作期限暂定为4年，协议所涉及利润分成均按4年核算。

2013年8月15日，华晋公司出具《付款清单》一份。主要内容为：已收到戴军就合作开发“上海市宛平南路88号地块”项目所支付的款项共计1亿元整。

2013年11月4日，上海联交所向上海住总集团产权经纪有限公司出具《受让资格确认通知书》，主要内容为：“贵公司委托人华晋公司拟受让广万公司30%股权及转让方对广万公司9187.248893万元债权，经我所审核，贵公司委托人基本符合受让资格条件。请于2013年11月7日前，将保证金18300万元交付到上海联交所结算账户。贵公司委托人在上述规定时限内交纳保证金后获得资格确认，逾期未交纳保证金，则视为放弃受让资格。”其后，因华晋公司未在规定时间内将保证金足额交付至上海联交所结算账户，上海联交所于2013年11月8日向上海住总集团产权经纪有限公司出具《挂牌项目信息反馈函》，主要内容为：“由于贵公司委托人未在上述规定时间内将保证金足额交付至我所结算账户，故视为其放弃受让资格。”

股权收购事宜失败后，华晋公司于2014年3月14日向戴军出具《还款计划》一份。主要内容为：承诺借天宝典当4315.78万元，分批偿还，2014年4月25日前余额全部还清。逾期罚息按月息千分之二十五计。另与戴军合作投资款一亿元，因资金紧张暂时难以退还，愿意由晋航公司提供担保并自愿承担连带责任。

2014年4月16日，华晋公司向戴军出具内容一致的《承诺函》两份。内容为：“我公司自愿向你支付《项目开发合作协议书》约定的违约金2亿元。因资金紧张，无法按照先前承诺的日期向你退还投资款1亿元并支付违约金2亿元，愿意用我方全资子公司晋航公司为我公司向你提供连带责任保证担保，并自愿承担连带还款责任。”

2014年4月20日，晋航公司向戴军出具内容一致的《担保书》两份。内容为对华晋公司所欠天宝典当及戴军的全部债务提供连带保证责任担保，并承担全部连带责任。

戴军一审起诉称，请求解除《项目开发合作协议书》，由华晋公司返还项目投资款1亿元并支付违约金，赔偿损失，且晋航公司承担连带清偿责任。

一审法院认为,《项目开发合作协议书》系基于双方真实意思表示所签,其合法有效性已予确认。协议书明确约定:华晋公司出资5亿元,戴军出资1亿元,作为合作项目的前期收购股权和资产所有权资金。戴军应履行的1亿元出资义务已由华晋公司出具的《付款清单》确认,其后,华晋公司虽向上海联交所递交收购股权的相关资料,但上海联交所的《挂牌项目信息反馈函》显示,因华晋公司未在规定时间内将保证金足额交付至上海联交所结算账户,最终被视为放弃受让资格。后广万公司30%的股权被其他公司收购。由此可知,因华晋公司未足额履行出资义务,直接导致其受让股权资格丧失。该行为明显违反双方合作协议的约定,违约事实成立。同时,因作为合作协议基础标的的30%股权已被其他公司收购,双方合作目的已根本无法实现,据此,双方所签《项目开发合作协议书》应予解除。一审法院判决解除《项目开发合作协议书》,华晋公司向戴军返还项目投资款1亿元并支付相应利息,违约金6000万元;晋航公司承担连带担保责任。

华晋公司和晋航公司不服一审判决,提起上诉。

华晋公司主张本案应适用情势变更,二审法院认为,在双方签订合作协议时,对欲收购的目标公司股权结构应是了解的,其对此陈述为,华晋公司分期缴纳保证金是收购策略,试探是否有第三方介入,以及兆雪公司是否诚意转让其持有的广万公司的股权,由此也可以看出华晋公司对兆雪公司行使优先购买权有充分的预判,因此,本案不存在合同成立后客观情况发生变化的情势变更情形,而应为正常的商业风险。关于华晋公司应否承担违约责任,二审法院认为,合作协议是双方真实意思表示,不违反法律规定,从合作协议约定内容看,恰恰是华晋公司对案涉项目的预期利润估计过高导致其对戴军许下高额利润的承诺。作为独立的市场主体,华晋公司理应为其商业判断自担风险。华晋公司主张戴军不参与经营,不承担风险,并非真正意义上的合作方,不应按可得利益损失计算违约金,缺乏法律和事实依据。二审法院判决确认戴军与华晋公司于2013年8月15日签订的《项目开发合作协议书》于2014年4月16日解除。

【裁判】

一审判决:

1. 解除《项目开发合作协议书》;

2. 华晋公司向戴军返还项目投资款1亿元,并支付相应利息;

3. 华晋公司支付戴军违约金6000万元；

4. 晋航公司对上述第2、3项中的款项承担连带担保责任；

5. 驳回戴军的其他诉讼请求。

二审判决：

1. 维持一审判决第2、3、4、5项；

2. 变更一审判决第1项为：确认戴军与华晋公司于2013年8月15日签订的《项目开发合作协议书》于2014年4月16日解除。

【实务评析】

情势变更的事由须是当事人所不能预见的，且有不可预见之性质，这是情势变更不同于商业风险的特征之一。在股东对外转让股权的场合，其他股东享有优先购买权，这是《公司法》的规定，股权转让的双方对此均应当明知，对其他股东可能行使优先购买权也是应当预见的，不属于不可预见的情形。

49. 侵害其他股东优先购买权不导致股权转让合同无效

——马深玉与郭龙胜、广东富广联兴经济发展有限公司等确认合同无效纠纷案

【风险提示】

侵害优先购买权　合同效力

【案例要旨】

《公司法》关于股东对外转让股权的限制，并非强制性规定，违反该规定并不导致股东与股东以外的人签订的股权转让合同无效。

【案件基本信息】

1. 裁判书字号

最高人民法院(2015)民申字第1593号民事裁定书

2. 当事人

原告(二审上诉人、再审申请人):马深玉

被告(二审被上诉人、再审被申请人):郭龙胜

被告(二审被上诉人、再审被申请人):广东富广联兴经济发展有限公司(以下简称富广联兴公司)

被告(二审被上诉人、再审被申请人):何国辉

被告(二审被上诉人、再审被申请人):潘镜棠

被告(二审被上诉人、再审被申请人):何海权

被告(二审被上诉人、再审被申请人):何立山

【基本案情】

道县粤龙高岭土工业有限公司(以下简称粤龙公司)成立时法定代表人为郭龙胜。2004 年 1 月 13 日,郭龙胜为转让方,富广联兴公司为受让方,签订一份《参资合股补充合同》,约定郭龙胜前期投入 360 万元作为总股份 60% 投资额,富广联兴公司投入 240 万元,作为总股份 40% 投资额。2004 年 9 月 3 日,企业注册登记资料做了相应变更,载明股东为富广联兴公司与郭龙胜。

2010 年 12 月 15 日,富广联兴公司为转让方,马深玉为受让方,签订一份《道县粤龙高岭土工业有限公司股东股权转让合同》。合同约定,马深玉以 400 万元的价格收购富广联兴公司持有的粤龙公司 400 万元股权,马深玉同意在本合同订立时,现金支付转让款的 50%,余款在完成工商过户手续后一年内付清。2010 年 12 月 15 日,富广联兴公司与林健、马深玉签订了一份《合同补充条款》,由林健、马深玉以 200 万元收购富广联兴公司持有的粤龙公司股权。还约定,双方清楚了解公司法规定,公司原股东有优先购买权,在同等条件下若发生原股东行使优先购买权,则无条件由原股东优先购买,双方免责。当日,马深玉支付股权转让金 200 万元。2010 年 12 月 20 日,富广联兴公司与马深玉发布股权转让声明,并在《永州日报》上公告,称富广联兴公司已将其持有的粤龙公司 400 万元股权转让给马深玉。2012 年 5 月 19 日,粤龙公司另一股东郭龙胜收到富广联兴公司发出的《股权转让通知书》,被告知马深玉拟以 400 万元收购富广联兴公司持有的 40% 股权。郭龙胜于次日复函富广联兴公司,明确表示不同意该股权转让,并愿意以同等价格受让。由于郭龙胜对股权转让持有异议,富广联兴公司与马深玉之间的股权转让没有进行工商变更登记。

2012 年 6 月 8 日,富广联兴公司为转让方,郭龙胜为受让方,签订一份《股东股权转让协议》。约定:转让方将其持有的粤龙公司 40% 的股权,以 400 万元转让给受让方。2012 年 6 月 19 日,企业注册登记资料进行了变更登记,郭龙胜成为粤龙公司唯一的股东。2012 年 6 月 19 日,郭龙胜为转让方(甲方),何海权、潘镜棠、何国辉、何立山为受让方(乙方),签订一份《股东股权转让协议》,甲方将持有的粤龙公司 100% 的股权全部转让乙方。2012 年 6 月 20 日,企业注册登记资料作了相应变更登记。

马深玉向法院提起诉讼,请求确认郭龙胜与富广联兴公司签订的《股东股权转让协议》、郭龙胜与何国辉等签订的《股权转让合同书》均无效。

一审法院认为,富广联兴公司与马深玉签订的《股东股权转让合同》以及《合同补充条款》(该两份合同以下简称第一份合同)属于有效但不能履行的合同。《公司法》第七十二条[1]第二款规定,股东向股东以外的人转让股权,应当经其他股东过半数同意。股东应就其股权转让事项书面通知其他股东征求意见。该项规定,是对股东对外转让股权的限制性规定而非强制性规定。而公司章程是股东意思的体现,是公司自治的文件《公司法》。第七十二条第四款规定,公司章程对股权转让另有规定,从其规定。《公司法》第七十二条关于股东对外转让股权的限制,并非强制性规定,应属任意性规定,违反该规定并不构成《合同法》第五十二条第五项"违反法律、行政法规的强制性规定",并不导致股东与股东以外的人签订的股权转让合同无效。因此,该合同自成立即具法律效力,属有效合同。但富广联兴公司与郭龙胜签订的《股东股权转让协议》是公司的另一股东郭龙胜依法行使优先购买权的结果,具有优先效力,即郭龙胜具有优先取得股权的权利。但在该合同订立后,双方对股东情况在工商部门进行了变更登记,使马深玉无法实现其合同目的,导致第一份合同履行不能。一审法院判决:驳回马深玉的诉讼请求。

马深玉不服一审判决,提起上诉。

二审法院认为,在马深玉与富广联兴公司签订的补充合同中,双方明确约定如果其他股东行使优先购买权则双方免责。可以看出,双方在签订股权转让合同时对郭龙胜可能行使优先购买权已经预见,此后,郭龙胜不同意富广联兴公司将股权转让给马深玉,并同意在同等条件下优先购买富广联兴公司持有的粤龙公司40%的股权。马深玉基于其与富广联兴公司签订的第一份合同,可以向富广联兴公司主张合同权利,但是该份股权转让合同并不具有股权确认效力,不能依据该份合同确认马深玉是粤龙公司的股东。二审法院判决驳回上诉,维持原判。

马深玉不服二审判决,申请再审。

再审法院认为,富广联兴公司与马深玉签订的第一份合同有效。鉴于富广联兴公司已经无法履行上述承诺,马深玉可就其与富广联兴公司签订的上述合同,另行提起诉讼,主张富广联兴公司就马深玉的损失承担相应赔偿责任。裁定驳回马深玉的再审申请。

---

[1] 现为《公司法》第七十一条。

【裁判】

一审判决：

驳回马深玉的诉讼请求。

二审判决：

驳回上诉，维持原判。

再审裁定：

驳回马深玉的再审申请。

【实务评析】

本案涉及享有优先购买权的股东与股权受让人间利益的平衡。一方面，其他股东依法享有优先购买权，在其主张按照股权转让合同约定的同等条件购买股权的情况下，应当支持其诉讼请求；另一方面，为保护股权受让人的合法权益，股权转让合同如无其他影响合同效力的事由，应当认定有效。其他股东行使优先购买权的，股权受让人继续履行股权转让合同的请求得不到支持，但受让人可依约请求转让股东承担相应的违约责任。

50. 优先购买权受到侵害的股东可依据协议主张违约金

——刘春海与季玉珊股权转让纠纷案

【风险提示】

侵害优先购买权　违约金

【案例要旨】

股权转让协议不能继续履行，案涉股权事实上不能交付，其他股东可根据其与转让股东签订的协议主张违约金。

【案件基本信息】

1. 裁判书字号

江苏省高级人民法院(2015)苏商再提字第00042号民事判决书

2. 当事人

原告(二审上诉人、再审申请人):刘春海

被告(二审被上诉人、再审被申请人):季玉珊

第三人:孙有成

【基本案情】

2012年12月17日，季玉珊(甲方)和刘春海(乙方)签订《协议》一份，约定：(1)甲方将所持有的南京源力混凝土有限公司(以下简称源力公司)30%的股权转让给乙方，在法律确认生效时一次性付清350万元价款；(2)如甲方将股权转让给他人，甲方赔偿乙方价款的20%，乙方若延迟付款，赔偿甲方20%。协议签订时，刘春海、季玉珊、王德宝、江苏东恒律师事务所律师在场。同日，王德宝与刘春

海也签订了一份与上述内容类似的协议。刘春海与季玉珊的协议签订后,该协议内容一直未履行。

2013 年 1 月 8 日,季玉珊(甲方)与孙有成(乙方)、担保方源力公司和刘永飞(丙方)签订《股权转让协议》一份,约定:(1)甲方系丙方源力公司股东之一,持有丙方源力公司 30% 的股权,现甲方同意将其所持有的 30% 的股权一次性转让给乙方或乙方指定的第三人,同时乙方向甲方支付对价现金人民币叁佰万元整。(2)付款方式:①2013年付款壹佰万元,即本协议签订时,乙方一次性向甲方支付人民币伍拾万元整(收到此款后至工商局办理股权变更手续),2013 年 6 月 30 日前支付人民币伍拾万元整……协议签订后,孙有成分别于 2013 年 1 月 29 日、2013 年 7 月 15 日向季玉珊支付股权转让款 50 万元和 10 万元。

源力公司系有限责任公司,在 2012 年 12 月 17 日刘春海与季玉珊签订协议时,源力公司的股东为王德宝(认缴出资 300 万元)、季玉珊(认缴出资 300 万元)、阎长柱(认缴出资 300 万元)、孙有成(认缴出资 100 万元)。

2013 年 3 月 7 日,刘春海向法院起诉,请求判令季玉珊继续履行股权转让协议,赔付违约金 70 万元。

一审法院认为,阎长柱和孙有成是当时源力公司四位股东中的两位,在季玉珊将其股权转让相关事项未通知上述两位股东的情况下,也就未能得到季玉珊之外三位股东的过半数同意。故刘春海和季玉珊的股权转让协议因不符合股权转让的前提条件而无效。在协议无效和季玉珊仍为源力公司股东且未将股份转让给源力公司股东以外其他人的情况下,刘春海要求季玉珊履行股权转让协议、赔付违约金的诉讼请求,均无法律依据,一审法院不予支持。一审法院判决:驳回刘春海的诉讼请求。

刘春海不服一审判决,提起上诉。

二审法院认为,对于刘春海要求季玉珊支付 70 万元违约金的诉讼请求,首先,在季玉珊明确要求刘春海前往工商局办理股权转让手续而刘春海未按约前往配合办理的情况下,股权未能转让给刘春海不应归责于季玉珊。其次,双方股权转让协议中关于违约金条款的约定为"如甲方将股权转让给他人,甲方赔偿乙方价款的 20%",对于该条款中的"他人"应指除刘春海之外的所有人还是除股东之外的所有人,双方对此在诉讼过程中存在分歧,但股东拟向股东之外的人转让股权时,同等条件下其他股东具有优先购买权,这是法律赋予股东的权利,源力公司的章程中亦有此规定,且刘春海关于其未去办理股权转让手续的原因是向其他股东发函时间还不满一个月的陈述也表明,在当时刘春海对于股权转让需征得其他股东同意亦是明知,因此,双方在签订股权转让协议时就该条款中的"他人"应确定为除其他股东之外的人更符合双方当事人的真实意思。故在刘春海未应约前往办理股权转让手续的情况下,季玉珊将股权转让给源力公司的股东孙有成的行为,并未违约,刘春海依上述违约条款要求季玉珊支付70万元违约金的上诉请求,无事实依据,二审法院不予支持。二审法院判决驳回上诉,维持原判决。

刘春海不服二审判决,提起再审。

再审法院认为,关于季玉珊应承担的违约责任问题:

1. 虽然刘春海、季玉珊间协议签订在前,但刘春海未支付对价,而孙有成支付了部分对价,季玉珊亦向孙有成作了履行,故应当认定案涉股权归孙有成所有。因季玉珊不再享有案涉股权,季玉珊事实上不能再向刘春海交付案涉股权,故刘春海请求季玉珊继续履行双方间协议不能成立,本院不予支持。

2. 刘春海主张根据其与季玉珊间协议约定季玉珊应支付70万元违约金,刘春海称季玉珊违约给其造成可得利益损失及利息损失,即因源力公司被拆迁以及源力公司2013年销售额近2亿元而使股权大幅升值,其为履行双方间协议向案外人借款而产生的高额利息。本院认为,首先,刘春海对损失的构成作了说明,即主要是可得利益(案涉股权升值)损失。在此情况下,认定双方约定的70万元违约金是否过分高于刘春海的损失细化为认定双方约定的70万元违约金是否过分高于案涉股权的升值。季玉珊作为案涉股权的(原)持有人,相较并非源力公司的股东刘春海而言,证明案涉股权有无升值及升值多少更为便利,因此,季玉珊对案涉股权未升值或升值较小的事实负有举证责任。因季玉珊未举证,故季玉珊主张双方约定的70万元违约金过分高于刘春海的损失缺乏事实依据。其次,刘春海提交的源力公司2013年销售、回款、结算汇总表证明源力公司2013年销售额为190372954元,结合源力公司2013年被拆迁的事实,可以认定案涉股权升值70万元以上。因此,季玉珊关于减少违约金的请求缺乏事实依据,法院不予支持。季玉珊应按协议约定给付刘春海70万元违约金。

再审判决季玉珊于10日内向刘春海支付70万元违约金。

【裁判】

一审判决:

驳回刘春海的诉讼请求。

二审判决：

驳回上诉，维持原判。

再审判决：

1. 撤销南京市栖霞区人民法院(2013)栖商初字第166号民事判决和江苏省南京市中级人民法院(2013)宁商终字第1293号民事判决；

2. 季玉珊于10日内向刘春海支付70万元违约金。

【实务评析】

《公司法解释(四)》第二十一条作出明确规定，如果股东以外的股权受让人因股东行使优先购买权而不能实现合同目的，可以依法请求转让股东承担相应民事责任。对于可得利益损失，要看转让股东与第三人在股权转让合同中如何约定。如果没有约定，则应当按照违约责任中关于可得利益的一般理论进行处理。

第四章
Chapter 04

合同履行

（一）合同履行中的一般问题

51. 约定的签订地与实际签订地不符的以约定签订地为准

——中信资本文化旅游（成都）股份有限公司与谢立新股权转让纠纷案

【风险提示】

约定签订地　实际签订地

【案例要旨】

采用书面形式订立合同，合同约定的签订地与实际签字或者盖章地点不符的，人民法院应当认定约定的签订地为合同签订地。无论涉案协议是否实际签订于双方约定的地点，人民法院均应认定该协议签订地为双方约定的地点。

【案件基本信息】

1. 裁判书字号

北京市高级人民法院（2019）京民辖终297号民事裁定书

2. 当事人

原告（被上诉人）：中信资本文化旅游（成都）股份有限公司（以下简称中信资本公司）

被告（上诉人）：谢立新

【基本案情】

2017年9月，中信资本公司与谢立新及北京凤凰假期国际旅行社有限公司

（以下简称目标公司）、目标公司原股东及其他投资者（共22方）共同签署《北京凤凰假期国际旅行社有限公司之投资协议》（以下简称《投资协议》）。根据《投资协议》约定，中信资本公司应以66666667元的价格受让案外人宁波意顺嘉新企业管理咨询合伙企业（有限合伙）持有的目标公司3.6036%的股权，并应向目标公司支付增资款133333333元。《投资协议》各签署方另行共同签署了《北京凤凰假期国际旅行社有限公司之投资协议之补充协议》（以下简称《补充协议》），约定谢立新作为目标公司实际控制人，对中信资本公司等投资人进行"业绩补偿"、"回购"及"违约责任"事宜。

《投资协议》及《补充协议》签署后，中信资本公司按照约定支付了股权转让款及增资款，成为目标公司股东，并完成了工商变更登记。

2018年8月，中信资本公司了解到目标公司2017年的净利润远未达到《补充协议》中承诺的业绩，于2018年9月3日发函，要求谢立新于收函之日起两周之内以现金补偿方式履行其业绩补偿义务。

中信资本公司于2019年1月1日向谢立新发函，要求其于函件出具之日起两个月内从中信资本公司处受让中信资本公司持有的目标公司全部股权并支付股权转让款。

后中信资本公司向法院提起诉讼，要求谢立新回购目标公司的股权并支付相应的股权收购款及现金补偿款。

谢立新在提交答辩状期间，对管辖权提出异议认为，涉案协议是由谢立新在其住所地实际签署，故合同约定的签订地与实际签订地不一致，不应当依据合同约定确定合同签订地。

一审法院认为，《民事诉讼法》第三十四条规定："合同或者其他财产权益纠纷的当事人可以书面协议选择被告住所地、合同履行地、合同签订地、原告住所地、标的物所在地等与争议有实际联系的地点的人民法院管辖，但不得违反本法对级别管辖和专属管辖的规定。"本案系合同纠纷，《投资协议》第5.5条第（2）款约定："如本协议各方因本协议的签署或执行发生争议的，应通过友好协商解决；协商未能达成一致的，任何一方均可向本协议签订地有管辖权的人民法院提起诉讼。"《补充协议》第4.4条第（2）款约定："如本补充协议各方因本补充协议的签署或执行发生争议的，应通过友好协商解决；协商未能达成一致的，任何一方均可向本补充协议签订地有管辖权的人民法院提起诉讼。"同时，《投资协议》及《补充协议》第一句均明确约定，该协议由各方在北京市朝阳区共同签署。本案的约定管辖条款系双方真实意思表示，且未违反法律、行政法规的强制性规定，应属合法有效，故在确定本案管辖权时应按该管辖条款的约定予以确定，即由合同签订地有管辖权的人民法院管辖。

谢立新另提出其实际签署《投资协议》及《补充协议》的地点在北京市丰台区，并非合同约定的北京市朝阳区，故应以实际签订地确定管辖。但《最高人民法院关于适用〈中华人民共和国合同法〉若干问题的解释（二）》第四条规定："采用书面形式订立合同，合同约定的签订地与实际签字或者盖章地点不符的，人民法院应当认定约定的签订地为合同签订地。"[1]据此，《投资协议》及《补充协议》约定的合同签订地北京市朝阳区应被认定为本案的合同签订地。一审法院据此裁定驳回谢立新对管辖权提出的异议。

谢立新不服一审裁定，提出上诉。

二审法院认为，《民事诉讼法》第三十四条规定，合同或者其他财产权益纠纷的当事人可以书面协议选择被告住所地、合同履行地、合同签订地、原告住所地、标的物所在地等与争议有实际联系的地点的人民法院管辖，但不得违反本法对级别管辖和专属管辖的规定。本案为股权转让纠纷，系中信资本公司依据其与谢立新签订的《投资协议》及《补充协议》，起诉要求谢立新回购目标公司的股权并支付相应的股权收购款及现金补偿款。而双方在《投资协议》第5.5条第(2)款中约定：如本协议各方因本协议的签署或执行发生争议的，应通过友好协商解决；协商未能达成一致的，任何一方均可向本协议签订地有管辖权的人民法院提起诉讼。在《补充协议》第4.4条第(2)款约定：如本补充协议各方因本补充协议的签署或执行发生争议的，应通过友好协商解决；协商未能达成一致的，任何一方均可向本补充协议签订地有管辖权的人民法院提起诉讼。进而《投资协议》及《补充协议》均明确约定，该协议由各方在北京市朝阳区共同签署。《投资协议》及《补充协议》中的管辖条款系双方真实意思表示，且未违反法律强制性规定，故本案管辖权应按合同中管辖条款的约定予以确定。

按照《民事诉讼法》的相关规定，合同纠纷中存在约定管辖条款的，合同约定签订地点与实际签订地点不一致的，以约定签订地确定管辖法院。

---

〔1〕《民法典》相关条文为第四百九十三条，即当事人采用合同书形式订立合同的，最后签名、盖章或者按指印的地点为合同成立的地点，但是当事人另有约定的除外。

【裁判】

一审裁定：

驳回谢立新对本案管辖权提出的异议。

二审裁定：

驳回上诉，维持原裁定。

【实务评析】

实务中，合同签订地条款通常是由双方当事人在同一地点订立的，实际签约地与合同签订地条款的记载基本是一致的，目的在于把合同签订地固定化。合同约定的签订地与实际签字或者盖章地点不符的，以合同约定的签订地为准，体现了约定优先和双方当事人的意思自治，符合合同法的自愿原则。因为合同是当事人协议的民事法律行为，既然双方当事人约定了合同签订地条款，该条款就应当对其有约束力。

52. 公司无权要求认缴期限未届满即转让股权的股东承担出资义务

——孙思科与绿能高科集团有限公司、安徽投资控股股份有限公司企业借贷纠纷案

【风险提示】

认缴期限　未届满　出资义务

【案例要旨】

原股东在出资义务尚未到期的情况下转让股权,不属于出资期限届满而不履行出资义务的情形,不应再对公司承担出资责任。

【案件基本信息】

1. 裁判书字号

最高人民法院(2016)最高法民再 301 号民事判决书

2. 当事人

原告(被上诉人、再审申请人):孙思科

被告(上诉人、再审申请人):绿能高科集团有限公司(原河南绿能控股集团有限公司,以下简称绿能集团)

被告(上诉人、被申请人):安徽投资控股股份有限公司(以下简称安徽控股)

被告(上诉人、被申请人):濮阳濮范高速公路有限公司(以下简称濮范高速)

被告:北京中经远通高速公路投资有限公司(以下简称北京远通)

被告:安投资本控股有限公司(以下简称安投资本)

【基本案情】

2010 年 7 月 21 日,孙思科与北京远通签订编号为(2010)第 0716 号的《借款

合同》一份，主要内容是：借款金额2100万元。合同签订后，孙思科通过中国工商银行网上银行汇入北京远通账户2100万元。

2010年7月21日，河南绿能控股集团有限公司（以下简称河南绿能）与孙思科签订《保证合同》一份，主要内容为：保证人河南绿能，债权人孙思科；保证人河南绿能愿意向贷款人提供保证；保证方式为连带责任保证。

2010年8月21日，北京远通（甲方）与孙思科（乙方）以及居间人姚传立（丙方）签订《借款补充合同》，将借款期限展期1个月。

2011年3月15日，孙思科向河南绿能出具《催收贷款担保单位通知书》。

工商登记记载，安投资本在成立时，两个股东分别是安徽控股和北京远通，其中安徽控股认缴出资9900万元，北京远通认缴出资100万元。但是，安徽控股有6930万元出资未到位，其展期至2015年2月1日出资完毕。2013年5月28日，安徽控股与中能控股（该公司法定代表人李乃华）签订《股权转让协议》，其中第二条约定：安徽控股同意将其持有的安投资本99%的股权转让给中能控股，中能控股同意受让安投控股99%股权，股权转让款折合人民币2970万元。

2012年7月13日，安投资本和濮范高速作为新增担保人，同意为北京远通向孙思科的借款提供连带还款担保。

孙思科向一审法院起诉请求：北京远通承担还款责任；河南绿能、濮范高速、安投资本对上述债务互负连带责任；安徽控股在未出资6930万元本息范围内，对安投资本不能清偿的债务，向孙思科承担补充赔偿责任；由北京远通承担孙思科律师代理费147800元。

一审法院经审理认为，孙思科在庭审中提供的2013年4月27日北京市工商行政管理局出具的安投资本的注册登记信息证明，安徽控股系其控股股东，安投资本注册资本共计1亿元，在设立时，安徽控股认缴出资额9900万元，实缴出资2970万元（出资时间2010年2月24日），未出资额为6930万元。2012年1月18日，安投资本召开股东会，决议通过变更公司下期出资时间为2015年2月1日，并同时修改章程，且在北京市工商局办理了工商变更登记。以上事实说明，安徽控股作为安投资本的股东，至今未全面履行出资义务，应在未出资6930万元本息范围内，对安投资本不能清偿的债务承担补充赔偿责任。

一审法院作出（2013）濮中法民一初字第29号民事判决，北京远通支付孙思科借款本金2100万元及利息，濮范高速、安投资本、河南绿能对上述债务互付连带清偿责任；安徽控股在其对安投资本成立时未出资到位的6930万元内对安投资本不能清偿的2100万元及利息债务承担补充赔偿责任。

绿能集团（原河南绿能）、安徽控股、濮范高速不服上述一审判决，上诉请求二审法院查明事实，驳回孙思科的诉讼请求。

二审法院认为，本案共涉及3个担保人：绿能集团、安投资本、濮范高速。安投资本虽未上诉，但其二审庭审陈述意见时也提出了担保无效的主张；作为其原控股股东的安徽控股对该担保合同的效力提出了上诉。故，二审法院对涉案的3个担保合同一并作出评价，认为借款人北京远通是3个担保人绿能集团、安投资本、濮范高速的股东，孙思科作为出借人无从知晓绿能集团、安投资本、濮范高速在为涉案借款提供担保时程序是否正当、是否完善；绿能集团、安投资本、濮范高速也无证据证明涉案的担保行为损害国家利益和社会利益。另外，当时李乃华是北京远通的法定代表人，同时也是绿能集团、安投资本的法定代表人，其对外提供担保的行为能够代表公司，3个公司为涉案借款提供担保的意思表示真实。绿能集团、濮范高速、安徽控股关于该问题的上诉理由部分成立，二审法院予以支持。

绿能集团、孙思科不服二审判决，向最高人民法院申请再审。

再审法院认为，2013年5月28日，安徽控股与中能控股签订《股权转让协议》，将其持有的安投资本99%的股权转让给中能控股，并将股东的权利义务一并转让。故安徽控股在出资义务尚未到期的情况下转让股权，不属于出资期限届满而不履行出资义务的情形，安徽控股不应再对公司承担出资责任。

【裁判】

一审判决：

1. 北京远通支付孙思科借款本金2100万元及利息（利息自2012年10月21日起，按照中国人民银行同期贷款利率的4倍计算至执行完毕之日止），于本判决生效后10日内履行完毕。濮范高速、安投资本、河南绿能对上述债务互负连带清偿责任。濮范高速、安投资本、河南绿能承担保证责任后，有权向北京远通追偿。

2. 安徽控股在其对安投资本成立时未出资到位的6930万元内对安投资本不能清偿的2100万元及利息债务承担补充赔偿责任。

3. 驳回孙思科的其他诉讼请求。

二审判决：

1.维持濮阳市中级人民法院作出(2013)濮中法民一初字第29号民事判决书第3项。

2.变更濮阳市中级人民法院作出(2013)濮中法民一初字第29号民事判决书第1项为:北京远通支付孙思科借款本金1426.615万元及利息、违约金(利息及违约金之和的利率按中国人民银行同期贷款利率的4倍计算,从2014年1月起至本判决确定的还款之日止),于本判决生效后10日内履行完毕。绿能集团、濮范高速、安投资本对上述本息及违约金承担连带清偿责任;绿能集团、濮范高速、安投资本承担保证责任后,有权向北京远通追偿。

3.撤销濮阳市中级人民法院(2013)濮中法民一初字第29号民事判决第2项。

再审判决:

维持河南省高级人民法院(2015)豫法民一终字第00120号民事判决。

【实务评析】

在股权转让过程中,受让股东务必要核查转让方是否已经按照公司章程的规定完成了实缴出资的义务,核查公司的财务账簿和银行流水记录,确保出资实缴到位。一旦发现出资未实缴到位的情况,先看实缴期限是否已届满,若已届满则可要求出让股东实缴到位后再转让。若未届满则需要与转让方协商确定该部分出资义务由谁完成,并明确约定在股权转让协议中。对于股东认缴期限已届满但仍未完成出资义务的情况,债权人不但可以要求新股东对公司承担出资义务,还可以要求原股东对公司的债务不能清偿部分承担补充赔偿责任。

53.未办理工商变更登记不影响股东权利的行使

——西安新世纪通信有限公司与西安高新技术产业风险投资有限责任公司股权转让纠纷案

【风险提示】

工商变更登记　股东权利行使

【案例要旨】

相关法律及公司章程并没有规定未办理工商变更登记的股份有限公司股权转让行为无效,也没有规定办理股份有限公司股权变更登记需要提交股东大会决议,因此是否办理工商变更登记不影响股东权利的行使。

【案件基本信息】

1.裁判书字号

最高人民法院(2014)民申字第1918号民事裁定书

2.当事人

原告(反诉被告、二审被上诉人、再审申请人):西安新世纪通信有限公司(以下简称新世纪公司)

被告(反诉原告、二审上诉人、再审被申请人):西安高新技术产业风险投资有限责任公司(以下简称风投公司)

第三人:西安翔宇航空科技股份有限公司(以下简称翔宇公司)

【基本案情】

2008年1月15日,风投公司与新世纪公司签订《股权转让协议》,约定风投公司以1109.5万元将其在翔宇公司拥有的22.28%股权转让给新世纪公司,新世纪公司同意以此价格受让该股权。风投公司收到股权转让款后20个工作日内，须协助翔宇公司完成转让方和受让方的工商登记变更。2008年7月1日新世纪公司通过转账方式支付风投公司股权转让款共计1109.5万元，风投公司向新世纪公司出具了收据。

2013年1月24日，风投公司向新世纪公司回函中认可新世纪公司足额支付了股权对价，风投公司在翔宇公司原享有的股东权利和义务，由新世纪公司承担，并称办理股权转让相关变更手续的主体是翔宇公司。2012年10月翔宇公司工商登记的公司基本情况显示风投公司仍为翔宇公司股东，持有22.28%股权。

2000年12月17日，翔宇公司召开创立大会，被告风投公司授权梁毅以风投公司的代表身份签署了创立大会决议。2008年8月25日，风投公司指派梁毅以翔宇公司董事的身份签署了翔宇公司章程修正案。被告风投公司出具一份2004年1月15日关于梁毅辞去风投公司总经理的议案和社会保险转移的相关文件，证明梁毅已于2003年12月15日调离风投公司，对此新世纪公司认为梁毅目前仍为风投公司指定的董事。

翔宇公司章程第13条规定，公司的股份采取股票的形式。章程第16条规定，公司的股票均为记名股票，经股东大会批准，公司可以发行无记名股票。章程第28条规定，公司股东为依法持有公司股份的人。章程第29条规定，股东名册是证明股东持有公司股份的充分证据。章程第38条规定，公司股东大会每年召开一次，并于上一个会计年度完结之后的6个月之内举行等规定。新世纪公司于2012年8月8日、2012年8月22日、2013年1月17日三次致函风投公司，督促风投公司履行配合义务。2013年1月24日风投公司回函建议新世纪公司向翔宇公司主张相关权利。

新世纪公司于2013年2月2日通过特快邮递以书面形式向风投公司送达了解除《股权转让协议》通知，通知载明："1.解除贵司与我司于2008年1月15日所签署的《股权转让协议》；2.贵司收到本通知后应立即向我司退还已收取的股权转让款1109.5万元；3.贵司收到本通知后应立即赔偿我司经济损失（自2008年7月1日足额退还股权转让之日的人民银行同期贷款利息）。"风投公司签收了该快递。

新世纪公司向法院提起本案诉讼，请求风投公司退还股权转让款及利息。

一审法院认为，风投公司经新世纪公司多次催要一直没有出具翔宇公司股东会决议，导致新世纪公司无法办理股权变更的工商登记。风投公司未背书转让翔宇公司股票也未出具翔宇公司股东会决议，导致新世纪公司股权至今没有在工商部门予以登记，风投公司属于严重违约。新世纪公司要求解除股权转让协议，于法有据。一审判决风投公司退还新世纪公司股权转让款1109.5万元并支付利息。

风投公司不服一审判决，提起上诉。

二审法院认为，虽然双方协议约定，风投公司收到股权转让款后20个工作日内，须协助翔宇公司完成转让方和受让方的工商登记变更。但对于股份有限公司是否需要进行工商登记变更，我国《公司法》以及《公司登记管理条例》没有明确要求。审理中，风投公司提供其向西安市高新工商分局咨询答复函："根据《公司法》的相关规定，股份有限公司股东转让股份不需要在工商行政管理部门办理变更登记手续。"因此，不进行工商变更登记，并不影响受让方股东权利的行使。《股权转让协议》中新世纪公司的主要合同目的是取得翔宇公司的股东身份，是否办理工商变更登记不影响新世纪公司合同目的的实现。审理中新世纪公司并未提供翔宇公司否认其为翔宇公司股东和拒绝为其登记到股东名册的证据以及风投公司仍然为翔宇公司的股东的证据。二审法院判决撤销一审判决，驳回新世纪公司的诉讼请求。

新世纪公司不服二审判决，提起再审。

再审法院认为，本案为股权转让合同纠纷，依据《公司法》及双方签订的《股权转让协议》，可认定新世纪公司的合同目的是取得翔宇公司22.28%的股权。翔宇公司章程第29条规定，股东名册是证明股东持有股份的有效凭证。从本案情况看，2013年1月，新世纪公司已经被记载于翔宇公司的股东名册，且翔宇公司也明确认可这一事实。新世纪公司可以向翔宇公司主张股东权利，其合同目的已经能够实现。此外，相关法律及公司章程并没有规定未办理工商变更登记的，股份有限公司股权转让行为无效，也没有规定办理股份有限公司股权变更登记需要提交股东大会决议，因此，是否办理工商变更登记不影响股东权利的行使。再审法院裁定驳回新世纪公司的再审申请。

【裁判】

一审判决：

1. 风投公司退还新世纪公司股权转让款 1109.5 万元；

2. 风投公司支付新世纪公司自 2008 年 7 月 1 日至退还股权转让款之日的利息。

二审判决：

撤销一审判决，驳回新世纪公司的诉讼请求。

再审裁定：

驳回新世纪公司的再审申请。

【实务评析】

股权转让合同不以工商变更登记为生效要件。就股权转让行为的外部效果而言，股权的工商变更登记仅为行政管理行为，这种变更登记并非设权性登记，而是宣示性登记，旨在使公司有关登记事项具有公示效力，是否办理工商变更登记不影响股东权利的行使。股权转让后，出让人和受让人之间发生股权确认纠纷，如无其他无效情形，当事人仅以没有变更工商登记予以抗辩的，人民法院不予支持。

54. 公司经营情况发生变化或被宣告破产不影响股权转让合同的继续履行

——胡晓琳与杨长志、洛阳市泰益德房地产开发有限公司股权确认纠纷案

【风险提示】

经营情况　宣告破产　继续履行

【案例要旨】

当事人订立股权转让合同后，公司经营范围发生变化或者被宣告破产，不影响合同的继续履行。股权因公司经营范围发生变化或被宣告破产的贬值损失属于正常商业风险，当事人应根据合同约定承担。

【案件基本信息】

1. 裁判书字号

最高人民法院(2012)民二终字第7号民事判决书

2. 当事人

原告(上诉人)：胡晓琳

被告(被上诉人)：杨长志

被告(被上诉人)：洛阳市泰益德房地产开发有限公司(以下简称泰益德公司)

【基本案情】

2007年4月18日，河南钢城房地产开发有限责任公司(以下简称河南钢城)与杨长志、胡晓琳签订《合作协议》(以下简称"4·18协议")，约定：河南钢城已经

合法取得了洛阳市洛阳新区200余亩土地的使用权。为了方便对该土地进行更好的开发，河南钢城正申请在洛阳市设立一个专门的项目开发公司作为该土地的开发主体，并将该土地使用权作为新设立公司注册资本的一部分，其余注册资本采用现金方式出资。经洛阳市工商行政主管部门核准，新设立公司名称为：洛阳钢城房地产开发有限责任公司（以下简称洛阳钢城）。

同日，胡晓琳与杨长志签订《股权转让协议》作为合同附件2，约定在以上所述合作手续不能完善的情况下，为了双方能顺利合作，双方就胡晓琳向杨长志转让胡晓琳合法持有的河南钢城51%的股权事宜达成如下协议：(1)胡晓琳同意将其持有的河南钢城的51%的股权转让给杨长志（以上所述河南钢城51%的股权转让只限于洛阳项目200亩土地的股权）；(2)本次股权转让款为该土地市场评估价的51%。

后洛阳钢城没有成立。2007年11月19日，泰益德公司成立，注册资金为800万元，股东为胡晓琳、王志强、胡艳春，3人股权比例分别为57.2%、41.4%、1.4%。2007年11月22日，河南钢城将上述土地的使用权变更至泰益德公司名下。

胡晓琳与杨长志代理人张玉东相继于2009年5月13日、5月18日在一份《协议书》（以下简称"5·13协议"）上签字，该《协议书》主要内容为，经双方慎重协商，就继续合作等事宜达成如下协议：胡晓琳同意将自己合法持有的泰益德公司51%的股权转让给杨长志，使杨长志拥有泰益德公司51%的股权。

2009年5月16日，胡晓琳与杨长志签订《洛阳泰益德公司股权转让协议》（以下简称"5·16协议"），主要内容是：胡晓琳同意将持有泰益德公司51%的股权共408万元出资额以408万元转让给杨长志，杨长志同意按此价格及金额购买上述股权。

2010年5月11日，胡晓琳诉至洛阳市中级人民法院（以下简称洛阳中院），请求判令：(1)撤销胡晓琳与杨长志签订的"5·13协议"；(2)确认"5·16协议"为无效协议，并将杨长志实际控制的泰益德公司名下的土地返还给泰益德公司所有股东名下。

一审法院认为，"5·13协议"是在合作土地的使用权人发生变化的情况下，为实现继续合作的目的重新作出的约定，而且和2007年4月18日两份合同内容相比，"5·13协议"对杨长志取得的土地权益份额并没有变更，没有额外加重胡晓琳的负担，虽然该协议中没有显示转让价款，但杨长志认可转让价款是"4·18

协议”约定的5406万元,不存在杨长志乘人之危谋取不正当利益的情形,也不违背2007年4月18日胡晓琳签订协议时通过转让土地51%的权益对土地进行合作开发的意思表示。一审法院判决驳回胡晓琳的诉讼请求。

胡晓琳不服上述民事判决,提起上诉。

二审法院认为,依据“4·18协议”及《股权转让协议》的约定,在河南钢城未设立洛阳钢城及退还杨长志预付款的情况下,胡晓琳应对杨长志承担担保责任,其担保落实为河南钢城51%的股权所对应的涉案200余亩土地。胡晓琳作为河南钢城的大股东,在明知存在上述约定的情形下,和他人一起新设泰益德公司,并将涉案200余亩土地的使用权变更到泰益德公司名下,其直接后果是导致“4·18协议”与《股权转让协议》约定的杨长志投资目的及胡晓琳提供的以股权担保所针对的财产均告落空。双方签订本案“5·13协议”,约定将胡晓琳持有的泰益德公司51%的股权转让给杨长志。“5·13协议”是本案当事人在“4·18协议”的基础上根据其间发生的新情况所作的安排。在杨长志支付预付款及缴纳土地出让金后,胡晓琳将涉案200余亩土地的使用权从其控股的河南钢城转移到其控股的泰益德公司名下,在其因此被提起公诉后为摆脱困境胡晓琳又与杨长志签订“5·13协议”,使杨长志以通过获得泰益德公司股权的方式重新参与开发涉案200余亩土地。

“5·13协议”约定,胡晓琳将其持有的泰益德公司51%的股权转让给杨长志,杨长志因此取得涉案200余亩土地使用权开发的合同利益。该约定的内容表明,“5·13协议”是双方根据当时涉案土地已经过户至泰益德公司的实际情况,针对胡晓琳违反合同义务而采取的补救措施,其内容与“4·18协议”相吻合,应认定其符合双方的真实意思。

关于“5·13协议”是否显失公平的问题。根据2007年当事人签订“4·18协议”的约定,杨长志获得洛阳钢城51%的股权及投资开发涉案200余亩土地支付的对价是5406万元,且设立洛阳钢城的唯一目的是开发该宗土地。一般情况下,公司股权的定价,应当以公司资产价值为标准,2007年签订“4·18协议”对股权的定价应当是以当时涉案200余亩土地的价值为标准的,胡晓琳作为河南钢城的大股东及“4·18协议”的担保人对此应当是明知的。在“5·13协议”中双方当事人明确协商的是继续合作事宜,故双方的合作是2007年“4·18协议”的延续,“4·18协议”约定的内容仍然是双方合作的基础,胡晓琳主张按2009年的标准确定股权价值进而认为“5·13 协议”显失公平的理由不成立,应不予支持。

【裁判】

一审判决:

驳回胡晓琳的诉讼请求。

二审判决:

1. 驳回胡晓琳关于杨长志将涉案 200 余亩土地使用权返还给泰益德公司全体股东的起诉;

2. 维持河南省高级人民法院(2011)豫法民一初字第 1 号民事判决中驳回胡晓琳其他诉讼请求的内容。

【实务评析】

股权转让也是一种买卖,但它不同于一般的货物或商品买卖。一般买卖中的风险负担规则不能概括适用于股权转让。股权的最大特点是价值具有不确定性,股权价值因标的公司经营情况变化而导致的贬值损失属于正常的商业风险,当事人应根据合同的约定承担。当事人订立股权转让合同后,标的公司经营情况的变化不影响合同的继续履行。

55.重大利益的放弃应采取明示的方式

——陶向群、孙苹与许建明、吴平等股权转让纠纷案

【风险提示】

重大利益　放弃　明示

【案例要旨】

对于一方决定放弃重大利益的约定变更,应当采用明示的方式。在双方对此发生争议时,法院只能依据现有的书面证据来审查认定,不能推导出默示放弃重大利益的结论。

【案件基本信息】

1.裁判书字号

最高人民法院(2016)最高法民终264号民事判决书

2.当事人

原告(上诉人):陶向群

原告(上诉人):孙苹

被告(被上诉人):许建明

被告(被上诉人):吴平

被告(被上诉人):安徽奥泰克置业投资有限公司(以下简称奥泰克公司)

【基本案情】

2010年2月9日,欧普康视科技(合肥)有限公司(乙方,以下简称欧普康视公司)与安徽省灵璧县人民政府(甲方,以下简称灵璧县政府)签订《灵璧县钟灵文化广场、文化活动中心、灵璧大剧院和五纵三横道路市政工程投资建设项目协

议书》(以下简称《投资协议》),约定钟灵文化广场等市政工程投资建设项目由欧普康视公司全额垫资建设。欧普康视公司必须参加商住地挂牌的竞价,土地成交价超过起始价时,超出部分的土地收益由甲乙双方按4:6比例分配。

2011年1月5日,陶向群、孙苹与许建明、吴平签订《奥泰克公司股权转让合同》(以下简称《股权转让合同》)。合同约定:(1)欧普康视公司授权陶向群、孙苹投资成立奥泰克公司全权负责《投资协议》中的项目。奥泰克公司通过公开拍卖竞得灵璧县2010-3地块(为《投资协议》中"二号地块"103.6亩,以下简称"二号地块")。(2)陶向群、孙苹将其所持有的奥泰克公司100%股权以4446万元的价格转让给许建明、吴平。由于股权收购款尚缺3446万元,由许建明、吴平先向奥泰克公司借款3446万元,奥泰克公司再向陶向群、孙苹借款4446万元,以完成转让手续。根据《投资协议》相关条款,灵璧县政府应返还奥泰克公司"二号地块"土地出让金溢价分成8640.24万元,许建明、吴平同意奥泰克公司将其中的40%返还给陶向群、孙苹。(3)陶向群、孙苹借给奥泰克公司款项事宜。

2012年5月9日,陶向群、孙苹与许建明、吴平和奥泰克公司签订一份《协议书》,约定:(1)陶向群、孙苹同意2011年1月18日至2012年5月8日借给许建明、吴平的4446万元税后利息按542万元结算。(2)陶向群、孙苹同意将4446万元继续出借给奥泰克公司1年,自2012年5月9日起至2013年5月8日止。借款利息按年息15%计。奥泰克公司、许建明、吴平承诺在2012年11月7日前先归还不少于2500万元,剩余借款及利息在2013年5月8日前全额付清。逾期归还,每天需额外支付1‰的滞纳金,同时追究许建明、吴平、奥泰克公司双方的违约责任。

上述协议签订后,许建明及奥泰克公司向陶向群、孙苹支付的款项合计5619.5586万元。

2014年2月7日,陶悦群(陶向群之兄)向许建明发送一封电子邮件,该份邮件反映,截至2014年2月8日,所欠陶向群、孙苹的本金4446万元全部归还,所欠利息、复息及复息的复息合计为123.13万元(40.34万元+82.79万元)。陶向群与吴平对于该份邮件予以认可。

2014年4月30日,受陶向群、孙苹委托,安徽协力律师事务所向奥泰克公司、许建明及吴平寄送《律师函》一份,要求奥泰克公司、许建明及吴平依法承担违约责任,并赔偿损失。

2014 年 10 月 14 日，安徽省灵璧县人民政府财政局出具《关于拨付奥泰克公司土地意见返还拨付时间的证明》，载明该局向奥泰克公司返还土地溢价款合计 8205.12 万元。

陶向群、孙苹向法院提起诉讼，请求许建明、吴平支付土地出让金税后溢价分成款及滞纳金损失，奥泰克公司承担连带清偿责任；许建明、吴平归还陶向群、孙苹借款本金 1416.7313 万元及利息损失，奥泰克公司承担连带清偿责任。

一审法院认为，在许建明、吴平履行 2012 年 5 月 29 日《协议书》过程中不存在违约的情形下，依约陶向群、孙苹应放弃灵璧县人民政府返还给奥泰克公司的“二号地块”土地出让金溢价分成的分配，故陶向群、孙苹关于依据《股权转让合同》，许建明、吴平应将灵璧县人民政府返还给奥泰克公司的土地出让金税后溢价款及滞纳金的诉请，没有事实依据；同时，关于各方在《股权转让合同》及《协议书》中将灵璧县人民政府返还给奥泰克公司的“二号地块”土地出让金溢款，有条件分配给陶向群、孙苹的约定，该项约定实质是股东通过股权转让的方式处置公司资产，应为无效，陶向群、孙苹此项诉请亦无法律依据。一审判决驳回陶向群、孙苹的诉讼请求。

陶向群、孙苹不服一审判决，提起上诉。

二审法院认为，2014 年 2 月 7 日的电子邮件及其附件《支付陶向群、孙苹本金及利息一览表》，仅是陶向群、孙苹为催收利息债权而对许建明、吴平已支付本金及利息的计算，不是对许建明、吴平逾期支付履行的认可，也不是有关支付期限及利息计算的重新约定。截至邮件要求的 2014 年 2 月 8 日，许建明、吴平仍然未能足额向陶向群、孙苹付清所有欠付利息。故陶向群、孙苹关于并未发生附期限放弃土地出让金分成款这一法律事实的上诉理由成立。原审判决认定许建明、吴平与陶向群、孙苹对于《协议书》约定案涉款项的支付时间、利息进行了协商并变更，因案涉分成款涉及数千万元，属于重大经济利益，对于附期限放弃重大利益约定的变更，应当采用明示的方式将其内心意思表示于外；否则双方发生争议后，在陶向群、孙苹拒绝认可电子邮件中存在变更支付时间、利息的意思表示的情形下，人民法院只能依据现有的书面合同，即《协议书》约定的期限来审查认定，而无法通过一份意思表示存在争议的催收利息的邮件推导出“默示放弃”重大利益的结论。二审判决许建明、吴平向陶向群、孙苹支付土地出让金溢价款 8205.12 万元的 40% 计 3282.048 万元。

【裁判】

一审判决：

驳回陶向群、孙苹的诉讼请求。

二审判决：

1. 撤销安徽省高级人民法院(2015)皖民二初字第00017号民事判决；

2. 判令许建明、吴平向陶向群、孙苹支付土地出让金溢价款8205.12万元的40%计3282.048万元，按照陶向群、孙苹的股权比例66.68∶33.32分别予以支付；许建明、吴平同时支付上述应付款项的滞纳金。

【实务评析】

在股权转让中当事人对重大利益放弃，会导致当事人之间合同利益格局发生重大的调整。每一商事主体的表达逻辑、表达习惯及表达方式均有所不同，默示根本无法准确无误地对当事人意思表示作出排他性判断，由此引起争议是必然的。因此，在股权转让合同履行过程中，应当坚持重大利益放弃必须明示的规则。明示的具体表现包括：双方当事人以书面形式签订补充合同；放弃利益一方当事人出具书面的告知、声明或承诺，明示放弃相应利益；放弃利益一方当事人以数据电文方式出具放弃重大利益的告知、声明或承诺。

56. 先履行部分义务不构成对先履行抗辩权的放弃

——百科投资管理有限公司与浙江宋都控股有限公司、宋都基业投资股份有限公司股权转让纠纷案

【风险提示】

履行部分义务　先履行抗辩权

【案例要旨】

股权转让过程中,受让方虽因一定原因支付部分股权转让款,但庭审中主张先履行抗辩权,在没有其他证据的情况下,推定其放弃了该部分的先履行抗辩权,并进而推定其亦放弃了尚未支付价款的先履行抗辩权,该推定不成立。

【案件基本信息】

1. 裁判书字号

最高人民法院(2013)民二终字第26号民事判决书

2. 当事人

原告(被上诉人):百科投资管理有限公司(原名称为百科投资管理集团有限公司,2010年3月10日变更为现名称,以下均简称百科投资)

被告(上诉人):浙江宋都控股有限公司(以下简称宋都控股)

被告:宋都基业投资股份有限公司[原名称为辽宁百科集团(控股)股份有限公司,2011年12月22日变更为现名称,以下均简称宋都基业]

【基本案情】

2009年,为实现案外人宋都集团借壳上市、宋都基业扭亏为盈,百科投资与宋都集团签订了一份《关于重组辽宁百科集团(控股)股份有限公司之框架协议》。

主要内容如下:(1)宋都集团同意拟将价值30亿元左右的优质资产通过资产置换和资产注入的方式置入宋都基业。(2)宋都集团承诺将借给宋都基业人民币1亿元用于宋都基业解除相关债务,并形成宋都基业对宋都集团的欠款,上述宋都基业对宋都集团的欠款不属于本次拟置出资产范围;百科投资同意将使用价值1亿元左右的土地或者现金作为对价,作为宋都集团借给宋都基业人民币1亿元借款偿还宋都基业债务之对价。(3)宋都集团承诺将宋都基业置换出来的资产、负债(或有负债),扣除作为对宋都基业借款补偿的相关价值1亿元左右土地资产(该资产将留给宋都集团)后,无偿交付给百科投资,确保宋都基业成为一家扣除1亿元对宋都集团的欠款外无资产、无其他负债、无人员的净壳上市公司。

2009年12月15日,百科投资与宋都控股签订《股权转让协议》约定:百科投资同意将其持有的27896521股宋都基业的股权转让给宋都控股。百科投资于2010年1月18日将其持有的27896521股宋都基业的股权过户给宋都控股,但百科投资未将相关土地抵押给宋都基业;宋都控股尚有5000万元股权转让款未支付给百科投资。

2009年12月15日,宋都基业与宋都控股(乙方)、案外人平安置业(丙方)、案外人郭轶娟(丁方)签署《资产置换及发行股份购买资产协议》(以下简称《资产置换协议》)。

百科投资于2011年11月3日向一审法院提起诉讼,请求判令宋都控股向百科投资支付购买股票欠款人民币5000万元及违约金。

一审法院认为,宋都控股不享有先履行抗辩权。因双方在《股权转让协议》中约定:3亿元股权转让款分3次给付,每次给付1亿元,宋都控股给付百科投资第二个1亿元直接用于对3块土地的解押,百科投资将解押后的土地立即抵押给宋都基业。但宋都控股在给付百科投资2亿元后,百科投资也未将解押后的土地抵押给宋都基业,宋都控股在此情况下仍继续履行了第三步,给付百科投资最后1亿元中的5000万元。这足以说明宋都控股对百科投资未将解押后的土地抵押给宋都基业的事实是接受并认可的,所以,百科投资未有在先义务未履行,宋都控股也不具有先履行抗辩权。故宋都控股应履行给付百科投资剩余的5000万元股权转让款。一审法院判决宋都控股于该判决生效之日起15日内给付百科投资股权转让款人民币5000万元。

二审法院认为,关于宋都控股是否享有先履行抗辩权:

1. 先履行抗辩权的合同及法律依据。根据《股权转让协议》第3条的约定，(1)在《股权转让协议》生效之日起14个工作日内，即2010年1月6日前，宋都控股向百科投资支付股权转让款1亿元，百科投资将标的股权登记过户至宋都控股的证券账户内。(2)百科投资将标的股权登记过户至宋都控股的证券账户之日起7日内，宋都控股再向百科投资支付1亿元股权转让款，该款用于解除沈南国用(2003)字第0016号等3块土地的抵押。该3块土地解押后，应立即抵押给宋都基业。(3)余款1亿元作为百科投资与宋都基业签订的《保证合同》中的履约保证款，支付至共管账户。根据《股权转让协议》约定的履行顺序，宋都控股应在百科投资将沈南国用(2003)字第0016号等3块土地抵押给宋都基业之后，支付余款即第三笔1亿元股权转让款。《合同法》第六十七条规定，当事人互负债务，有先后履行顺序，先履行一方未履行的，后履行一方有权拒绝其履行要求。先履行一方履行债务不符合约定的，后履行一方有权拒绝其相应的履行要求。[1] 据此，在百科投资将沈南国用(2003)字第0016号等3块土地抵押给宋都基业之前，宋都控股有权拒绝支付第三笔1亿元股权转让款。

2. 宋都控股是否放弃了先履行抗辩权。一审法院认为，宋都控股在百科投资未将解押后的土地抵押给宋都基业的情况下，支付了第三笔股权转让款1亿元中的5000万元，属于宋都控股对未抵押土地的认可。该认定实际上是推定宋都控股完全放弃了先履行抗辩权。宋都控股主张其系被迫支付了第三笔转让款中的5000万元，百科投资则认为是双方协商的结果，但无论宋都控股因何支付该5000万元，在没有其他证据的情况下，推定其放弃了该5000万元部分的先履行抗辩权，并进而推定其亦放弃了尚未支付5000万元的先履行抗辩权显属不当。宋都控股在本案中主张先履行抗辩权，表明宋都控股并未放弃其尚未支付的5000万元股权转让款的先履行抗辩权。

【裁判】

一审判决：

1. 宋都控股于该判决生效之日起15日内给付百科投资股权转让款人民币

---

[1] 《民法典》相关条文为第五百二十六条："当事人互负债务，有先后履行顺序，应当先履行债务一方未履行的，后履行一方有权拒绝其履行请求。先履行一方履行债务不符合约定的，后履行一方有权拒绝其相应的履行请求。"

5000万元；

2. 驳回百科投资的其他诉讼请求。

二审判决：

1. 撤销辽宁省高级人民法院(2011)辽民二初字第34号民事判决；

2. 驳回百科投资的诉讼请求。

【实务评析】

民事权利是民事主体依据民事法律取得的可以实施一定行为或获取一定利益的法律资格,简单来说就是权利主体对实施还是不实施一定行为的选择权。我国法律对于民事权利的放弃方式没有明确具体的规定。民事权利是与公民日常生活联系最为密切的一项权利,也是公民在社会上存在和生活最基本的权利,民法理论和实务界通说认为,民事权利的放弃如无事先的约定应当从严把握,即应当明示。先履行抗辩权是我国合同法规定的有关当事人享有的重要民事权利之一,其放弃亦应以明示为必须。

57. 债权人可以对恶意转让股权的行为行使撤销权

——国家开发银行与沈阳高压开关有限责任公司、新东北电气（沈阳）高压开关有限公司等借款合同、撤销权纠纷案

【风险提示】

恶意转让　撤销权

【案例要旨】

根据《合同法》第七十四条[1]的规定，债务人以明显不合理的低价转让财产，对债权人造成损害，并且受让人知道该情形的，债权人可以请求人民法院撤销债务人转让财产的行为。

【案件基本信息】

1. 裁判书字号

最高人民法院(2008)民二终字第23号民事判决书[2]

2. 当事人

原告（上诉人）：国家开发银行股份有限公司（以下简称国开行）

被告（被上诉人）：沈阳高压开关有限责任公司（以下简称沈阳高开）

被告（被上诉人）：新东北电气（沈阳）高压开关有限公司（以下简称新东北电）

被告（被上诉人）：新东北电气（沈阳）高压隔离开关有限公司（原沈阳新泰高

[1] 《民法典》相关条文为第五百三十九条："债务人以明显不合理的低价转让财产、以明显不合理的高价受让他人财产或者为他人的债务提供担保，影响债权人的债权实现，债务人的相对人知道或者应当知道该情形的，债权人可以请求人民法院撤销债务人的行为。"

[2] 本案被《最高人民法院公报》2008年第12期收录。

压电气有限公司,以下简称新泰高压)

被告(被上诉人):沈阳北富机械制造有限公司(原沈阳诚泰能源动力有限公司,以下简称诚泰能源)

被告(被上诉人):沈阳东利物流有限公司(原沈阳新泰仓储物流有限公司,以下简称新泰仓储)

被告(被上诉人):东北电气发展股份有限公司(以下简称东北电气)

被告:沈阳变压器有限责任公司(以下简称沈阳变压)

被告:东北建筑安装工程总公司(以下简称东北建安)

【基本案情】

1998年8月21日,国开行与沈阳高开签订一份《基本建设借款合同》,约定:沈阳高开向国开行借款人民币15300万元用于土建工程及购买设备等,借款期限为9年,即从1998年7月1日起至2007年7月1日止,利率为年息8.01%,沈阳高开应自2001年11月至2007年11月分7次偿还国开行的上述款项的本金及利息。同日,国开行、沈阳高开、沈阳变压签订了一份《保证合同》,沈阳变压同意对沈阳高开在该合同项下全部贷款本息承担连带清偿责任。合同签订后,国开行陆续向沈阳高开发放贷款。

沈阳高开在偿还了国开行2001年到期的人民币500万元和2002年到期的人民币800万元贷款后,其余贷款本息未还。

2003年5月13日,国开行与沈阳高开签订一份《短期借款合同》,约定:沈阳高开向国开行借款人民币1000万元,借款期限为1年,利率为年息5.31%,沈阳高开应于2004年5月12日偿还国开行的上述款项的本金及利息。同日,国开行、东北建安签订了一份《保证合同》,东北建安同意对沈阳高开在该合同项下全部贷款本息承担连带清偿责任。合同签订后,国开行向沈阳高开支付了人民币1000万元。合同到期后,沈阳高开未能偿还该笔贷款本息。

2003年5月15日,沈阳高开以实物资产出资125万美元与他人合资成立了新东北电;2004年2月26日,沈阳高开以实物资产出资1600万美元与他人合资成立了新泰高压,沈阳高开取得了新泰高压74.4%的股权;2004年3月15日,沈阳高开以实物资产出资人民币8551.06万元与他人合资成立了诚泰能源,沈阳高开取得了诚泰能源95%的股权;2004年3月24日,沈阳高开以实物资产及土地出资人民币 16160.59 万元与他人合资成立了新泰仓储，沈阳高开取得了新泰仓储 95% 的股权。

2004 年 3 月 19 日，沈阳高开与东北电气签订股权转让协议，将其持有的新泰高压 74.4% 的股权转让给东北电气。2004 年 3 月 24 日，沈阳高开与东北电气签订股权转让协议，将其持有的诚泰能源 95% 的股权转让给东北电气。2004 年 3 月 25 日，沈阳高开与东北电气签订股权转让协议，将其持有的新泰仓储 95% 的股权转让给东北电气。2004 年 4 月 7 日，东北电气将其持有的沈阳添升通讯设备有限公司（以下简称沈阳添升）98.5% 的股权转让给沈阳高开作为收购沈阳高开持有的新泰高压 74.4% 的股权的对价。2004 年 4 月 14 日，东北电气将其拥有的对东北输变电设备集团公司（以下简称东北输变电）人民币 7666 万元的债权及利息作为收购沈阳高开持有的诚泰能源 95% 的股权和新泰仓储 95% 的股权的对价。

国开行向法院提起诉讼。

一审法院认为，关于沈阳高开以其在新泰高压 74.4% 的股权置换东北电气持有的沈阳添升 98.5% 的股权的问题，因沈阳高开当时是以出资 1600 万美元取得的新泰高压 74.4% 的股权，而东北电气在庭审中举证证明 2006 年 8 月 13 日沈阳高开已将沈阳添升 98.5% 的股权以人民币 13000 万元的价格转让给沈阳德佳经贸有限公司，故国开行主张该笔股权置换对价严重不对等的证据不足，该院不予采信。一审法院判决沈阳高开偿还国开行借款本金人民币 15000 万元及利息、罚息，沈阳变压对借款本金人民币 14000 万元、利息及罚息承担连带保证责任，东北建安对借款本金人民币 1000 万元、利息及罚息承担连带保证责任，撤销东北电气以其持有的对东北输变电人民币 7666 万元的债权及利息与沈阳高开持有的在诚泰能源 95% 的股权和在新泰仓储 95% 的股权进行股权置换的合同，东北电气将其在诚泰能源 95% 的股权和在新泰仓储 95% 的股权返还给沈阳高开，沈阳高开将其持有的东北输变电人民币 7666 万元的债权及利息返还给东北电气。

国开行不服一审判决，提起上诉。

二审法院认为，沈阳高开将其 13000 万元的资产与东北电气价值约 2787.88 万元的资产相置换，且据东北电气公开的《东北电气发展股份有限公司 2004 年年度会计报表及审计报告》，东北电气明知自己与沈阳高开交易支付的 10 台汽轮发电机组价值仅为 2787.88 万元，还仍然与沈阳高开进行股权置换，该交易行为严重损害了沈阳高开债权人国开行的利益，根据《合同法》第七十四条[1]关于"债务人以明显不合理的低价转让财产，对债权人造成损害，并且受让人知道该情形的，债权人也可以请求人民法院撤销债务人的行为"之规定，国开行关于沈阳高开与东北电气有关新泰高压的股权交易合同应当依法撤销的上诉请求本院予以支持。二审法院判决撤销沈阳高开以其在新泰高压74.4%的股权与东北电气持有的沈阳添升98.5%的股权进行股权置换的合同。

【裁判】

一审判决：

1. 沈阳高开偿还国开行借款本金人民币15000万元及利息、罚息；

2. 沈阳变压对沈阳高开上述债务中的借款本金人民币14000万元、利息及罚息承担连带保证责任，并在履行保证责任范围内有权向沈阳高开追偿；

3. 东北建安对沈阳高开上述债务中的借款本金人民币1000万元、利息及罚息承担连带保证责任，并在履行保证责任范围内有权向沈阳高开追偿；

4. 撤销东北电气以其持有的对东北输变电人民币7666万元的债权及利息与沈阳高开持有的在诚泰能源95%的股权和在新泰仓储95%的股权进行股权置换的合同；

5. 东北电气将其在诚泰能源95%的股权和在新泰仓储95%的股权返还给沈阳高开，如果东北电气不能返还，东北电气应在人民币24711.65万元的范围内赔偿沈阳高开的损失；沈阳高开将其持有的东北输变电人民币7666万元的债权及利息返还给东北电气，如果沈阳高开不能返还，沈阳高开应在人民币7666万元的范围内赔偿东北电气的损失；

6. 驳回国家开发银行的其他诉讼请求。

二审判决：

1. 维持一审判决主文第1、2、3、4、5项；

2. 撤销该民事判决主文第6项；

3. 撤销沈阳高开以其在新泰高压74.4%的股权与东北电气持有的沈阳添升

[1] 《民法典》相关条文为第五百三十九条："债务人以明显不合理的低价转让财产、以明显不合理的高价受让他人财产或者为他人的债务提供担保，影响债权人的债权实现，债务人的相对人知道或者应当知道该情形的，债权人可以请求人民法院撤销债务人的行为。"

98.5%的股权进行股权置换的合同；

4. 沈阳高开将其在沈阳添升98.5%的股权返还给东北电气，东北电气将其在新泰高压74.4%的股权返还给沈阳高开，如果沈阳高开与东北电气之间不能相互返还，东北电气应在13000万元扣除2787.88万元的范围内赔偿沈阳高开的损失。

【实务评析】

撤销权，是指当债务人放弃对第三人的债权、实施无偿或低价处分财产等有害于债权人的行为时，债权人可以依法请求法院撤销债务人所实施的行为。债务人积极减少财产或消极地增加债务，使自己陷入资力不足，不能清偿所有债务或者发生清偿困难，且此种状态持续到撤销权行使时仍然存在的，即可认定为害及债权。根据《民法典》第五百三十九条的规定，债务人以明显不合理的低价转让财产的，对债权人造成损害时，必须同时具备受让人知道该情形的这一要件，债权人才有权行使撤销权。

58. 公司股东可对转受让双方恶意串通、损害其利益的行为提起诉讼

——王桂生与陈瑞仁、香港中成集团有限公司等股权转让纠纷案

【风险提示】

公司股东　恶意串通　起诉条件

【案例要旨】

公司股东以其他股东与合同对方恶意串通,损害公司利益从而损害自己利益而提起诉讼的,因公司股东作为公司权益的最终受益者,其收益权亦将因此而受到损害,可认定其符合《民事诉讼法》第一百一十九条"原告与本案有直接利害关系"的起诉条件。

【案件基本信息】

1. 裁判书字号

最高人民法院(2016)最高法民终136号民事判决书

2. 当事人

原告(上诉人):王桂生

被告(被上诉人):陈瑞仁

被告(被上诉人):香港中成集团有限公司(以下简称香港中成公司)

被告(被上诉人):浙江中成实业有限公司(以下简称浙江中成公司)

第三人:盈兆控股有限公司(以下简称香港盈兆公司)

【基本案情】

香港盈兆公司于2001年2月28日在香港注册成立,王桂生和陈瑞仁为该公

司股东、董事，各占股份1股。2003年8月19日，香港盈兆公司在浙江省嘉兴市独资设立浙江盈兆公司。

2007年2月14日，陈瑞仁以香港盈兆公司法定代表人身份与香港中成公司签订《股权转让协议》并加盖了香港盈兆公司的公章，协议约定：香港盈兆公司同意将其所持有的浙江盈兆公司的100%股权以4000万元人民币的价格转让给香港中成公司；股权转让协议生效之日，股权即交割完毕，香港中成公司应自工商变更登记之日起3个月内，支付上述转股款到香港盈兆公司指定的银行账户。双方同时签订一份内容完全相同的《股权转让协议》，落款日期倒签为2006年7月6日。同日，陈瑞仁以香港盈兆公司股东身份与香港中成公司签订3份补充协议书，对《股权转让协议》的履行方式、双方权利义务、债务负担、违约责任作出约定。《补充协议书一》确定陈瑞仁系香港盈兆公司股东，持有100%的股权，第5.11条还约定，该转让成立的前提为“本协议项下股权转让事宜，业经出让方（香港盈兆公司）董事会决议通过”。《补充协议书二》约定在《股权转让协议》有效的前提下，香港中成公司应当向香港盈兆公司股东支付欠款4140万元。《补充协议三》约定了4140万元款项的支付时间。《股权转让协议》及3份补充协议书均加盖了香港盈兆公司公章。

同日，浙江盈兆公司申请办理了股权转让审批及变更登记手续。2007年3月8日，浙江盈兆公司变更为“浙江中成实业有限公司”。在审批机关和工商部门中备案材料中留存了香港盈兆公司的《股东会决议》和浙江盈兆公司的《董事会决议》。《股东会决议》载明：王桂生放弃公司股份，公司股东为陈瑞仁先生一人。落款有王桂生和陈瑞仁的签名以及香港盈兆公司的公章，时间为2006年6月18日。《董事会决议》载明：经全体董事充分讨论，同意香港盈兆公司将其持有的本公司的100%股权以4000万元人民币的价格转让给香港中成公司，时间为2007年2月14日。

2010年2月12日，香港中成公司将债务标的股权转让款3590万元提交嘉兴市誉天公证处，以提存方式履行债务。2012年1月20日，陈瑞仁代表香港盈兆公司至公证处领取了股权转让提存款3590万元及利息；陈瑞仁在领取该款项时，提供了由香港盈兆公司董事王桂生及陈瑞仁共同签署的董事会决议，该决议称，陈瑞仁有权代表公司全面负责处理与该公司有关的中国内地业务，在签署相关文件时，可加盖公司印章。

王桂生向法院提起诉讼，请求判令：(1)陈瑞仁与香港中成公司于2007年2月14日签订的《股权转让协议》及相应股权转让无效；(2)《补充协议书一》《补充协议书二》《补充协议书三》均无效；(3)浙江中成公司的股权恢复原状至股权转让前的状态；(4)香港中成公司赔偿王桂生损失暂计2亿元。

一审法院认为，王桂生享有本案诉权。香港中成公司和浙江中成公司提出，王桂生并非股权转让合同相对人，其并无主张本案合同无效的诉权；本案股权转让合同系陈瑞仁代表香港盈兆公司签订，如王桂生认为陈瑞仁无权代理或者无权处分，该诉讼应由香港盈兆公司提起。首先，《合同法》第五十二条规定："有下列情形之一的，合同无效：……(二)恶意串通，损害国家、集体或者第三人利益；……"依据上述法律规定，合同之外的第三人有权对合同效力提出异议，可突破合同相对性原则。其次，王桂生认为其提起诉讼的理由是陈瑞仁和香港中成公司恶意串通，损害其财产利益。虽然陈瑞仁侵害的是香港盈兆公司的利益，但公司股东作为公司权益的最终受益者，其收益权亦将因此而受到损害，故王桂生符合《民事诉讼法》第一百一十九条"原告与本案有直接利害关系"的起诉条件。最后，一审法院已追加了香港盈兆公司作为第三人参加诉讼，香港盈兆公司在本案中亦支持王桂生的诉讼请求，且未申请以原告身份加入诉讼。综上，王桂生符合《民事诉讼法》第一百一十九条规定的起诉条件，是本案适格原告。香港中成公司和浙江中成公司认为王桂生没有相应诉权的主张不能成立。一审判决驳回原告王桂生的诉讼请求。

王桂生不服一审判决，提起上诉。

二审法院认为，王桂生上诉认为陈瑞仁与香港中成公司在签署案涉股权转让协议及三份补充协议时恶意串通，但未提供证据证明。尽管陈瑞仁在庭审陈述时强调其在签约时受到威胁，放任了对王桂生利益的损害结果，但其本人没有提供充分证据证实案涉股权转让过程中存在足以达到胁迫程度的事实，也没有提供证据证明其与香港中成公司有共同损害王桂生利益的意思共谋。一审法院以证据不足为由不予支持王桂生关于陈瑞仁与香港中成公司恶意串通的主张，并无不当。二审法院判决驳回上诉，维持原判。

【裁判】

一审判决：

驳回原告王桂生的诉讼请求。

二审判决：

驳回上诉，维持原判。

【实务评析】

如果合同的双方当事人通过签订合同的方式故意或者过失损害了合同之外第三人的利益，合同之外的第三人有权对合同的效力提出异议，此即合同相对性的例外。公司其他股东与他方以签订合同的方式损害公司利益的，一般而言，应由公司自行提起诉讼更为适宜。但是，现实中存在的问题是公司可能被其他股东控制，不愿提起诉讼或者本来就是与他方串通的，不会也不可能提起诉讼。此时，公司股东可以自己的名义起诉，要求确认其他股东签订的合同无效。这样的诉讼不同于股东代表诉讼，股东代表诉讼的利益归属是公司，而本条规则确立的仅是股东请求确认其他股东签订的合同无效。

59. 股东转让股权不得处分公司资产

——罗绍远与广州市富华工贸发展有限公司专利权权属纠纷案

【风险提示】

非法处分　公司资产　无效

【案例要旨】

股权转让合同的标的是股权，个别股东与受让人在股权转让合同中约定标的为公司资产归属的，该约定因违反的是法律的强制性规定，故不是无权处分行为，而是非法处分行为，这种约定只能是无效而非效力待定。

【案件基本信息】

1. 裁判书字号

广东省高级人民法院(2005)粤高法民三终字第251号民事判决书

2. 当事人

原告(上诉人)：罗绍远

被告(被上诉人)：广州市富华工贸发展有限公司(以下简称富华公司)

【基本案情】

富华公司是由陈德炽和罗绍远等出资于1996年5月17日设立的，注册资本共100万元。其中，陈德炽和罗绍远各出资49万元，各占公司注册资本的49%；广州市越秀区永盛贸易商行出资2万元，占公司注册资本的2%。罗绍远曾担任富华公司的总经理。在此期间，富华公司于2002年1月23日向中华人民共和国国家知识产权局申请名称为豆奶机(赛珍珠Ⅱ号)的外观设计专利，2002年12月25日获得授权公告，专利号为ZL02321468.6，名称为豆奶机(赛珍珠Ⅱ号)，设计人为罗绍远，专利权人为富华公司。

2003 年 2 月 28 日，富华公司的原股东广州市越秀区永盛贸易商行和罗绍远与陈德炽、陈德源、黄伟荣签订了《股东转让出资合同书》，约定广州市越秀区永盛贸易商行将原出资 2 万元（占公司注册资本的 2%）全部转让给陈德源；罗绍远将原出资 49 万元（占公司注册资本的 49%）全部转让给陈德炽和黄伟荣；从 2003 年 3 月 18 日起，陈德炽、黄伟荣和陈德源成为公司的股东。各新股东的投资比例分别为陈德炽 88 万元，占公司注册资本的 88%；黄伟荣 10 万元，占公司注册资本的 10%；陈德源 2 万元，占公司注册资本的 2%。

2003 年 1 月 20 日，罗绍远与陈德炽签订《股权转让合同》，主要内容为：罗绍远将其持有富华公司、南海市平洲平西富华厨房设备厂、南天门市部、南泰门市部的全部股份以 185.25 万元转让给陈德炽。该合同第 4 条还约定了此股权转让不包括公司现有的应收款部分等项内容以及罗绍远在收到股权转让款后负有积极配合陈德炽变更富华公司等的股东出资股权条款等项义务。合同签订后，陈德炽共计支付给罗绍远 185.25 万元。

当事人双方就罗绍远对上述 4 个企业共占有 47.5% 的股权，富华公司占有 49% 的股权以及罗绍远已收到上述转让款的事实没有争议。双方争议焦点在于上述约定的“全部股份”的价款 185.25 元是否包括富华公司拥有的专利权等无形资产。

2004 年 7 月 15 日，罗绍远向原审法院提起诉讼，请求确认其对 ZL02321468.6 号专利权拥有 50% 的份额。

一审法院认为，本案属专利权权属纠纷。根据法律规定，执行本单位的任务或者主要是利用本单位的物质技术条件所完成的发明创造为职务发明创造。职务发明创造申请专利的权利属于该单位；申请被批准后，该单位为权利人。本案争议的 ZL02321468.6 号专利主要是利用富华公司的物质技术条件完成的，罗绍远作为富华公司当时的总经理，在工作期间组织单位有关部门开发本案所争议的专利，是执行本单位的任务，罗绍远作为涉案专利的设计人，只能依法享有法律规定的权利，并不能改变涉案专利属职务发明的性质。因此，涉案外观设计专利的专利权人是富华公司。罗绍远以自己是本案专利的设计人，在富华公司取得专利权后，富华公司没有对其奖励或经济补偿为由对本案专利主张拥有部分专利权缺乏法律依据。

关于股权转让是否包括涉案专利权以及罗绍远能否对涉案专利权另行主张份额的问题，一审法院看法如下：根据罗绍远与陈德炽签订的《股权转让合同》第1条第1项的约定，罗绍远将持有富华公司的全部股份转让给陈德炽，全部股份按照通常的理解当然包括公司的专利权等无形资产在内。罗绍远认为股权转让不包括涉案专利权，但没有提供相应证据予以证明。根据公司法的相关规定，公司股东作为出资者按照投入公司的资本额享有所有者的资产受益、重大决策权和选择管理者等权利，公司享有由股东投资形成的全部法人财产权，依法享有民事权利，承担民事责任。依照罗绍远与陈德炽于2003年1月20日签订的《股权转让合同》的约定，罗绍远已将其在富华公司所拥有的股份全部转让给了陈德炽，且罗绍远负有协助办理股东变更事项的义务，罗绍远已不再是富华公司的股东。富华公司于2003年2月28日申请变更工商登记，股东已经变更为陈德炽、陈德源、黄伟荣。罗绍远认为全部股份转让并不包括专利权等无形资产的主张，缺乏依据，法院不予认定。况且，即使罗绍远与陈德炽签订股权转让合同时，没有包括本案争议的专利权，罗绍远也无权向富华公司主张权利，因为罗绍远和陈德炽是股权转让合同的当事人，罗绍远与陈德炽之间的法律关系属于另一法律关系，与富华公司无关。因此，罗绍远对本案所涉专利权主张50%的份额缺乏事实依据和法律依据。一审法院判决驳回罗绍远的诉讼请求。

罗绍远不服一审判决，提出上诉。

二审法院认为，ZL02321468.6号专利权属于富华公司，罗绍远对此并无异议。根据《公司法》的有关规定，公司享有的法人财产权包括资金、实物和无形资产等，股东按照享有公司股份多少行使资产受益、重大决策等股东权益。罗绍远与陈德炽等人签订的《股权转让合同》和《股东转让出资合同书》等协议已经实际履行，并经工商机关变更登记，此后罗绍远已不再具有富华公司股东的身份，无权再依据股东身份主张公司权益。同时还应予指出，在罗绍远将其持有的富华公司股份转让给陈德炽的股权转让关系中，双方均无权也不应当作出任何“约定”对富华公司的资产进行处分。因此，不论罗绍远所述股权转让时双方是否约定转让涉案专利权，由于公司股权的转让是一种概括转让，是股东出让处分自己股份（股权）的行为，不涉及对于公司的债权债务以及所有的资金、实物和无形资产的处分，故罗绍远在其丧失公司股东身份资格的情况下主张享有公司无形资产的权利没有事实和法律依据。

【裁判】

一审判决:

驳回罗绍远的诉讼请求。

二审判决:

驳回上诉,维持原判。

【实务评析】

根据公司法的规定,股权是独立于公司财产的一种综合性权利。从公司成立之日起,公司即成为有独立的权利能力和行为能力的民事主体,公司对法人财产拥有占有、使用、收益、支配和处分的权利,股东则对自己的股权拥有使用、收益、支配、处分的权利,股东与公司财产互相独立。

60. 股东内部转让股权优先适用公司章程的特别规定

——朱麒麟、徐嘉栋等与陈荣福、吴惠明等股权转让纠纷案

【风险提示】

内部转让　公司章程　优先适用

【案例要旨】

公司章程规定股东在内部转让股权时应当通知全体股东并经过半数同意，转让股东对内转让股权时并未通知其他股东的，该股权转让行为因违反公司章程中关于股权转让的规定而无效。

【案件基本信息】

1. 裁判书字号

江苏省无锡市中级人民法院(2016)苏02民终1522号民事判决书

2. 当事人

原告(被上诉人)：朱麒麟、徐嘉栋、严华、彭君、刘桂英、陆新农、林瑜明、陈玉高

被告(上诉人)：陈荣福、吴惠明、谢进良、胡建阴、武杰、尹建华、钟长军、徐林林、陈熊、程小弟、李达进、朱昭明

【基本案情】

2012年3月9日无锡市联众出租汽车有限公司(以下简称联众公司)章程规定，联众公司注册资本为20万元，有自然人股东20人(朱麒麟、徐嘉栋、严华、彭君、刘桂英、陆新农、林瑜明、陈玉高、陈荣福、吴惠明、谢进良、胡建阴、武杰、尹建

华、钟长军、徐林林、陈熊、程小弟、李达进、朱昭明),每名股东出资额均为1万元,参股比例均为5%,章程第12条规定,股东之间可以相互转让其全部或部分出资。股东可以内部转让其出资,股东向股东转让其出资时,必须经全体股东过半数同意。经股东同意转让的出资,在同等条件下,其他股东对该出资有优先购买权。股东转让不得违背有限公司的设立条件。章程第19条规定,股东会对股东向股东以外的人转让出资作出决议,按本章程第12条第2款规定办理。

2015年9月15日,尹建华、徐林林、李达进、朱昭明与陈荣福签订《股权转让协议》一份,约定尹建华、徐林林、李达进将各自持有联众公司4.5%的股权均以0.9万元的价格转让给陈荣福,朱昭明将持有联众公司5%的股权以1万元的价格全部转让给陈荣福。同日,陈熊、谢进良、程小弟、钟长军、吴惠明、武杰、胡建阴与陈荣福签订《股权转让协议》一份,约定陈熊、谢进良、程小弟、钟长军、吴惠明、武杰、胡建阴将各自持有联众公司4.5%的股权均以0.9万元的价格转让给陈荣福。根据无锡市北塘区市场监督管理局的资料显示,上述12名股东于2015年9月15日形成《股东决议》,载明:联众公司于2015年9月15日由李达进召集召开股东会议,确认了上述股权转让事宜。上述12名股东在落款处签字,原审原告朱麒麟等8名股东签字处空白。原审中,双方确认上述股权转让未通知该8名股东。2015年9月25日,无锡市北塘区市场监督管理局出具公司准予变更登记通知书。

朱麒麟、徐嘉栋、严华、彭君、刘桂英、陆新农、林瑜明、陈玉高向法院一起诉讼,请求判令2015年9月15日原审被告之间签订的2份《股权转让协议》无效。

一审法院认为,法律赋予了公司自治权,充分体现了公司自治的原则。具体到本案中,联众公司章程对股权内部转让作了特别约定。公司章程中第12条对股东内部转让股权作了明确规定,而公司章程第19条规定股东对外转让其股权时参照第12条的规定来处理,这些条款表明公司章程在制定时,各位股东已注意到股权对内、对外转让的问题,并且在公司法对内部转让没有规定的情况下,对股权内部转让作了特别约定。如果其他股东均主张购买的,参照《公司法》第七十一条股东对外转让时的规定,协商确定购买比例,协商不成可按转让时各自的出资比例购买。有限公司具有很强的人合性和自治性,公司章程中可对股东成员的组成、股东各自的股权比例、股东之间转让股权等作出特别约定,实际上,该条款是公司章程在对股东自由处分自己股份时作出的限制性的约定,该限制系所有股东自愿协商形成的、对股东之间转让股权所作的特别性约定，符合公司自治的原则，且不违反法律规定，对全体股东均具有约束力。本案所诉的本次股权转让，违反公司章程第12条的约定而无效。一审判决2份《股权转让协议》均无效。

陈荣福、吴惠明、谢进良、胡建阴、武杰、尹建华、钟长军、徐林林、陈熊、程小弟、李达进、朱昭明均不服一审判决，提起上诉。

二审法院认为，根据《公司法》第七十一条的规定，对于有限责任公司的股权转让，法律赋予了公司相应的自治权，即公司股东可以通过协商对股权转让作出进一步的约定，只要该约定不存在违反法律、行政法规的强制性规定等无效情形的，应为有效。本案中，联众公司的章程经全体股东即本案双方当事人于2012年3月9日依法制定并生效，故该章程对全体股东具有约束力，各股东理应严格遵照章程的规定行使其权力及履行其义务。在该章程中对股东内部转让股权约定为：第12条第2款"股东可以内部转让其出资，股东向股东转让其出资时，必须经全体股东过半数同意"，第15条第3款"在公司登记后不得抽回出资；对股份实施记名。严禁私自转让。凡私自转让股金，公司可将该股金收回，经股东大会讨论，由其他股东平均受让。"根据上述约定，联众公司的股东在内部转让股权时应当通知全体股东并经过半数同意，但上诉人尹建华等11名股东在对内转让自己股权时并未通知被上诉人朱麒麟等8名股东，因此该股权转让行为违反了公司章程中关于股权转让的规定而无效。二审法院判决驳回上诉，维持原判。

【裁判】

一审判决：

2015年9月15日尹建华、徐林林、李达进、朱昭明与陈荣福签订的《股权转让协议》，陈熊、谢进良、程小弟、钟长军、吴惠明、武杰、胡建阴与陈荣福签订的《股权转让协议》无效。

二审判决：

驳回上诉，维持原判。

【实务评析】

由于有限公司具有很强的人合性和自治性，公司章程中对股东成员的组成、股东各自的股权比例、股东之间转让股权等作出的特别规定，不违反法律法规强行性规定的,理应受到尊重并执行。因此,对于股东内部转让股权效力的认定,在存在章程特别规定的情况下,应根据公司章程的规定来判定。公司章程中对股东自由处分自己股份时作出的限制性规定,该限制系所有股东自愿协商形成的、对股东之间转让股权所作的特别规定,符合公司自治的原则,且不违反法律规定,对全体股东均具有约束力,涉案的股权转让因违反章程约定而无效。

(二)股权转让价款的支付

61. 不能直接依据公司资产确定股权转让价格

——左阿华与青岛天丰造纸有限公司、安郁滋股权转让纠纷案

【风险提示】

公司资产　经营活动　转让价格

【案例要旨】

公司经营活动受市场因素影响较大,公司资产情况随着市场的变化而不断变化,当转让双方未在股权转让合同中对股权转让价格进行明确约定时,法院不宜比照公司资产对该股权转让价格予以确定。

【案件基本信息】

1. 裁判书字号

青岛市中级人民法院(2016)鲁02民终7510号民事判决书

2. 当事人

原告(上诉人):左阿华

被告(被上诉人):青岛天丰造纸有限公司(以下简称天丰公司)

被告(被上诉人):安郁滋

【基本案情】

左阿华原系天丰公司职工,并于2001年1月天丰公司改制时成为公司股东,入股2万元,占公司注册资本350万元的0.57%。安郁滋原系天丰公司职工,并于2001年天丰公司改制时成为公司股东。2005年5月18日,左阿华与安郁滋签订《股权转让、受让协议》,约定:左阿华将在天丰公司占注册资本0.57%的股权,

全部一次性转让给安郁滋。上述股权转让已在工商机关办理变更登记。

2010 年 3 月 27 日，天丰公司做出《关于补充规定的决议》，该决议包括：股东提前转让所持股份，每股按 1 元价格转让。

天丰公司章程第一章第 3 条规定：本公司经上级有关部门批准，由天丰公司职工集体购买公司整体产权；第三章第 1 条规定：本公司职工股份总额 350 万股，每股面值 1 元，共计人民币 350 万元，按实收资本注册，第 4 条规定：股权转让由董事会提出股份转让指导价格，由公司股本管理部门予以公示，按股权管理规定进行转让。

左阿华向一审法院起诉，请求判令：天丰公司、安郁滋连带支付左阿华股权转让费 60 万元。两被告不同意，并称应按 1 股 1 元计算，被告安郁滋同意支付左阿华股权转让费 2 万元。

一审法院认为，有限责任公司的股东之间可以相互转让其全部或者部分股权，公司章程对股权转让另有规定的，从其规定。根据天丰公司章程：股权转让由董事会提出股份转让指导价格，由公司股本管理部门予以公示，按股权管理规定进行转让；股权转让必须是由股权管理部门审核后，进行变更、登记，职工股东间个人转让行为无效。本案中，左阿华和安郁滋均是天丰公司股东，左阿华将其股权全部转让给安郁滋符合法律规定和公司章程约定，且该股权转让已经天丰公司股东会决议通过并在工商机关办理变更登记。因股权转让是公司股东依法将自己的股东权益有偿转让给买受人，买受人支付对价并取得股权的民事行为，股权转让的对价是该类合同的重要条款，该对价需转让方和受让方协商确定，所以，在双方未在合同中对股权转让对价进行明确约定时，法院不宜对该股权转让对价予以确定，一审法院不能对左阿华与安郁滋股权转让的对价进行确定。一审法院判决安郁滋于本判决生效之日起 10 日内支付左阿华股权转让款人民币 2 万元。

左阿华不服一审判决，提出上诉。

二审法院认为，左阿华与安郁滋签订的股权转让合同是当事人的真实意思表示，且不违反法律禁止性规定，合法有效。虽然双方没有约定股权转让价格，但结合公司章程规定及同时期其他股东转让股权的情形来看，可以确定其他股东股权转让时，均以 1 元 1 股的价格完成转让。左阿华与安郁滋签订的《股权转让、受让协议》和《关于转让股权的股东会决议》与其他股东转让时的合同形式一致，且内容相同，一审法院按照其他股东转让的价格判令安郁滋支付股权转让款并无不当。

【裁判】

一审判决：

1. 安郁滋于本判决生效之日起10日内支付左阿华股权转让款人民币2万元；

2. 驳回左阿华的其他诉讼请求。

二审判决：

驳回上诉，维持原判。

【实务评析】

价格是股权转让合同的重要条款，该转让价格需转让方和受让方协商确定。双方确定的股权转让价格因人而异，转让价格可能脱离股权的真实价值，存在高于或低于股权真实价值的情形，甚至会出现股权无偿转让即零元转让的情形。本案中，原告主张按照被告天丰公司现资产确定股权转让的价格，一、二审法院均未采纳该主张，因为公司经营活动受市场因素影响较大，公司资产情况并非处于固定不变状态，而是随着现行市场的变化而不断变化的，依照公司现资产评估作价缺乏合理性。

62. 不能以股东低价转让股权为由要求其对公司债务承担连带清偿责任

——亿达信煤焦化能源有限公司与四平现代钢铁有限公司、四平红嘴集团总公司等买卖合同纠纷案

【风险提示】

低价转让　连带清偿责任

【案例要旨】

股东转让股权是股东对自有权利的处分,影响的是股东自身权益,对公司财产并不产生直接影响,且股权转让价格的高低在一定程度上反映的是公司经营状况,故股东不因低价转让公司股权而对公司债务承担连带清偿责任。

【案件基本信息】

1. 裁判书字号

最高人民法院(2017)最高法民终 87 号民事判决书

2. 当事人

原告(上诉人):亿达信煤焦化能源有限公司(以下简称亿达信公司)

被告(被上诉人):四平现代钢铁有限公司(以下简称现代钢铁公司)

被告(被上诉人):四平红嘴集团总公司(以下简称红嘴集团)

被告(被上诉人):李鹏飞

【基本案情】

2012 年 3 月 21 日至 2015 年 1 月 18 日,亿达信公司(供方)与现代钢铁公司(需方)多次签订《焦炭购销合同》,亿达信公司根据前述合同持续向现代钢铁公

司供货，现代钢铁公司向亿达信公司以汇票、汇款等方式给付货款。其间，双方多次对账，签订多份《债务确认函》《抹账协议》《结算单》，现代钢铁公司亦多次出具《说明》。双方均认可自2012年2月至2015年8月14日，现代钢铁公司共计拖欠亿达信公司货款67091002.59元。

2014年3月18日，红嘴集团将其持有的现代钢铁公司99.815%股权以零元对价转让给李鹏飞。2015年6月17日，红嘴集团将其持有的现代钢铁公司0.037%股权以1元对价转让给李鹏飞。2015年6月17日，李鹏飞将其持有的现代钢铁公司29.916%股权以1元对价转让给刘强，将其持有的现代钢铁公司19%股权以1元对价转让给高秀华。

吉林省四平市中级人民法院于2016年6月30日作出(2016)吉03民破1号民事裁定书，裁定受理四平红嘴重型装备有限公司对现代钢铁公司的破产清算申请，并于2016年7月14日作出(2016)吉03民破1号决定书，指定四平浩天会计师事务所有限公司担任该破产清算中现代钢铁公司的管理人。

亿达信公司向法院提起诉讼，请求现代钢铁公司立即给付拖欠亿达信公司的货款67091002.59元并承担违约责任，红嘴集团、李鹏飞承担连带清偿责任。

一审法院认为，红嘴集团、李鹏飞不应对现代钢铁公司前述给付义务承担连带清偿责任。红嘴集团、李鹏飞转让股份的行为仅处置了其作为公司股东的自身股份，其影响仅限于自身的股份权益，现代钢铁公司未能证明二者对现代钢铁公司资产作出了实际处分，以及因转让股份导致公司资产减少乃至产生损害公司债权人的后果。亿达信公司本案提供的现代钢铁公司工商档案复印件、红嘴集团的工商档案复印件，记载的主要是两公司设立以及公司股东、股权变动情况，并不能证明红嘴集团和现代钢铁公司之间存在关联交易行为及二者资产混同、业务混同的情况。现代钢铁公司已提交了其记账凭证证明其足额出资及不存在抽逃出资的情况，亿达信公司本案提供的现代钢铁公司工商档案复印件、红嘴集团的工商档案复印件亦不能证明红嘴集团存在虚假出资、出资不到位、抽逃出资的情形。故对亿达信公司主张不予支持。一审法院判决现代钢铁公司在判决生效后立即给付亿达信公司所欠货款67091002.59元及相应利息。

亿达信公司不服一审判决，提起上诉。

二审法院认为，红嘴集团、李鹏飞低价转让现代钢铁公司股权不属于滥用法人人格逃避债务，损害债权人利益的情形。本案中股权转让行为是否属于滥用公司人格、损害债权人利益的行为，应从公司人格与股东人格是否混同、股权转让行为是否造成公司责任财产的不当减少从而降低公司对外偿债能力等方面进行分析判断。首先，公司法人人格独立是建立在财产独立的基础之上，是否贯彻财产、利益、业务、组织机构等方面的分离，是判断是否构成人格混同的标准。本案中，现代钢铁公司的工商登记资料载明，现代钢铁公司增资后实收资本为 80743 万元，其中红嘴集团以货币和实物出资方式实缴出资 80594 万元。工商登记资料具有推定效力，在无相反证据推翻的情况下，依据该证据能够认定红嘴集团履行了出资义务。股东出资后其出资即与股东相分离成为公司财产，故现代钢铁公司具有独立于控股股东红嘴集团的独立财产。再结合两公司的企业法人营业执照、现代钢铁公司章程等证据来看，两公司的住所地、法定代表人及组织机构等并不相同，亦无证据证明二者存在业务和利益分配上的混同，故不能认定现代钢铁公司与其控股股东红嘴集团之间存在人格混同的情形。其次，股权与公司财产相分离，股东转让股权是股东对自有权利的处分，影响的是股东自身权益，对公司财产并不产生直接影响。股权转让价格的高低在一定程度上反映公司的经营状况，对此红嘴集团在本案二审庭审中也陈述低价转让股权的原因是现代钢铁公司存在巨额负债，经营状况严重恶化。从之后不久现代钢铁公司即被债权人申请破产的事实来看，红嘴集团所陈述的低价转让股权的原因具有一定的可信度。本案并无证据证明红嘴集团、李鹏飞通过低价转让股权的方式处分了现代钢铁公司的财产，导致该公司偿债能力降低，损害了亿达信公司的利益。亿达信公司上诉主张红嘴集团、李鹏飞应对现代钢铁公司的欠债承担连带责任，理据不足，不予支持。二审法院判决驳回上诉，维持原判。

【裁判】

一审判决：

现代钢铁公司在判决生效后立即给付亿达信公司所欠货款 67091002.59 元及相应利息。

二审判决：

驳回上诉，维持原判。

【实务评析】

股东以极低价格转让公司股权是否属于《公司法》第二十条第三款规定的滥

用公司法人独立人格和股东有限责任、损害债权人利益的行为，应从公司人格与股东人格是否混同、股权转让行为是否造成公司责任财产的不当减少从而降低公司对外偿债能力、损害债权人利益等方面进行分析判断。公司法人人格独立建立在财产独立的基础之上，是否贯彻财产、利益、业务、组织机构等方面的分离，是判断是否构成人格混同的标准。股东转让股权是股东对自有权利的处分，影响的是股东自身的财产权益，对公司财产和其对外偿债能力并不产生直接影响，且股权转让价格的高低在一定程度上反映的是公司经营状况，故股东不因低价转让公司股权而对公司债务承担连带清偿责任。

63. 赠与条款作为有偿股权转让合同的组成部分属于股权转让的对价条款之一

——吴善媚、李耀生与梁新业、宋汉之等股权转让纠纷案

【风险提示】

赠与条款　有偿转让　股权对价

【案例要旨】

股权转让合同中虽然有关于“赠送”的文字表述，但“赠与”条款作为有偿合同性质的股权转让合同的组成部分，属于股权转让的对价条款之一，不应孤立地根据该条款的文字表述，而得出该条款系赠与条款的结论。

【案件基本信息】

1. 裁判书字号

最高人民法院(2016)最高法民终51号民事判决书

2. 当事人

原告(反诉被告、上诉人)：吴善媚

原告(反诉被告、上诉人)：李耀生

被告(反诉原告、上诉人)：梁新业

被告(反诉原告、上诉人)：宋汉之

被告(反诉原告、上诉人)：王兆远

【基本案情】

2009年8月11日，吴善媚、李耀生为甲方，广西龙云房地产投资有限公司(以下简称龙云公司)、王兆远为乙方签订一份《股权转让合同》，合同约定：甲方吴善

媚、李耀生同意将两人享有的南宁市金讯有限责任公司(以下简称金讯公司)全部股权转让给乙方;股权(仅对应土地资产)转让总价款为5500万元。

2009年8月14日,吴善媚、李耀生(甲方)与王兆远、龙云公司(乙方)签订一份《补充协议》,协议约定,变更《股权转让合同》第9条为:乙方支付首期款800万元后,甲方即向乙方转让20%的股权;乙方承诺土地开发完成交房后,赠送一套不少于150平方米的住宅给甲方,楼层由甲方选定。

2009年8月17日,吴善媚、李耀生(甲方)与宋汉之、梁新业、王兆远(乙方)签订一份《补充协议》,约定:将《股权转让合同》的原股权受让人王兆远、龙云公司变更为宋汉之、梁新业、王兆远,由宋汉之、梁新业、王兆远享有和承担《股权转让合同》中的所有权利和义务,并对付款方式和时间进行了调整。

2009年8月27日,李耀生将金汛公司的《企业法人营业执照》(副本)、《组织机构代码证》(正、副本)等移交给王兆远、姜岩接收。

2010年5月6日,金汛公司召开由吴善媚、宋汉之、梁新业、王兆远参加的股东会决议,决议同意吴善媚转让16%的股份给梁新业、转让27%的股份给宋汉之、转让27%的股份给王兆远。

2010年5月14日,上述当事人到南宁市工商行政管理局办理了上述股权变更登记。

2013年6月13日,金汛公司在南宁市工商行政管理局办理了法定代表人和股东变更登记,法定代表人由吴善媚变更为宋汉之,股东由梁新业占36%、宋汉之占27%、王兆远占27%、吴善媚占10%变更为宋汉之占63%、王兆远占27%、吴善媚占10%。

2014年,王兆远将其所持金汛公司27%的股权转让给梁新业。

2014年12月29日,金汛公司召开股东会,宋汉之拟将其61%股权对外转让给南宁市艺林文化有限公司,梁新业拟将其27%股权对外转让给白红,吴善媚持反对意见。

吴善媚、李耀生向广西高院起诉,请求法院判令:梁新业、宋汉之、王兆远在涉案股权对应的土地开发建成住宅后,赠送一套150平方米以上的住宅给吴善媚、李耀生,房屋作价150万元等。

一审法院认为,关于吴善媚、李耀生诉请赠送一套150平方米住宅的问题。根据2009年8月14日《补充协议》第6条"乙方(王兆远、龙云公司)承诺,上述土地开发完成交房后，赠送一套不少于150平方米的住宅给甲方，楼层由甲方选定”的约定，该条款属于乙方单方作出的赠送承诺，属赠与条款，梁新业、宋汉之、王兆远作为该《补充协议》的权利义务承受人，在庭审中提出撤销该赠与条款，符合《合同法》第一百八十六条[1]关于赠与合同的任意撤销与限制的规定，即“赠与人在赠与财产的权利转移之前可以撤销赠与。具有救灾、扶贫等社会公益、道德义务性质的赠与合同或者经过公证的赠与合同，不适用前款规定”。故吴善娟、李耀生诉请梁新业、宋汉之、王兆远在房产开发后赠送一套150平方米的住宅，依法不予支持。

广西高院一审判决后，转、受让双方均不服一审判决，提起上诉。

二审法院认为，关于“赠送”房屋条款的性质问题：8月14日《补充协议》明确约定，乙方（受让方）承诺，上述土地开发完成交房后，赠送一套不少于150平方米的住宅给甲方（转让方），楼层由甲方选定。尽管该补充协议采取了“赠送”的文字表述，但该“赠与”条款作为有偿合同性质的股权转让合同的组成部分，属于股权转让的对价条款之一，不应孤立地根据该条款的文字表述，而得出该条款系赠与条款的结论。故一审判决认定该条款为赠与条款，并根据《合同法》第一百八十六条的规定撤销该“赠与”，适用法律错误，应予纠正。然而，合同明确约定受让方交付的标的物是房屋，而非支付与该房屋等值的金钱，转让方要求受让方支付等值货币依据不足。在作为标的物的房屋尚未建成的情况下，交付的条件尚不具备，只能在房屋建成后再另行主张。一审判决驳回转让方要求受让方交付房屋或等值金钱的该项诉讼请求，尽管理由欠妥，但在结果上并无不当，本院予以维持。

【裁判】

一审判决：

1. 梁新业、宋汉之、王兆远向吴善娟、李耀生支付股权转让余款人民币1900万元；

2. 梁新业、宋汉之、王兆远向吴善娟、李耀生支付补偿款利息人民币1340万元；

---

〔1〕《民法典》相关条文为第六百五十八条：“赠与人在赠与财产的权利转移之前可以撤销赠与。经过公证的赠与合同或者依法不得撤销的具有救灾、扶贫、助残等公益、道德义务性质的赠与合同，不适用前款规定。”下同。

3. 梁新业、宋汉之、王兆远向吴善媚、李耀生支付违约金人民币1650万元；

4. 吴善媚、李耀生向梁新业、宋汉之、王兆远交付南宁市金汛有限责任公司原经备案的公司公章、原《企业法人营业执照》（正、副本）、原《组织机构代码证》（正、副本）、原《税务登记证（国税）》（正、副本）、原《税务登记证（地税）》（正、副本）及公司财务账册和相关财务资料；

5. 驳回吴善媚、李耀生的其他诉讼请求；

6. 驳回梁新业、宋汉之、王兆远的其他反诉请求。

二审判决：

1. 维持广西壮族自治区高级人民法院（2014）桂民二初字第3号民事判决第1、2、4、6项；

2. 撤销广西壮族自治区高级人民法院（2014）桂民二初字第3号民事判决第5项；

3. 变更广西壮族自治区高级人民法院（2014）桂民二初字第3号民事判决第3项为：王兆远、梁新业、宋汉之于本判决生效之日起10日内向吴善媚、李耀生支付违约金570万元；

4. 王兆远、梁新业、宋汉之于本判决生效之日起10日内向吴善媚、李耀生支付1.3亿元；

5. 驳回吴善媚、李耀生的其他诉讼请求。

【实务评析】

在股权转让中附带“赠送”条款的合同不在少数，尤其在涉及房地产开发或其他项目的法人的股权转让中，股权受让方以未来形成的房屋等实物资产“赠送”给转让方的安排更具代表性，也更具争议性。实践中，如果确实需要以“赠送”方式在股权转让合同中进行安排的，也应尽可能地进行周全的设计与安排。

64. 转让方移交公章及相关证照资料与否并不当然影响股权转让款的支付

——吴善娟、李耀生与梁新业、宋汉之等股权转让纠纷案

【风险提示】

公章证照　价款支付

【案例要旨】

股权转让合同中，受让方的目的是通过受让目标公司股权的方式实现对该公司的控制，转让方移交公章及相关证照资料的义务并非受让方给付全部转让价款相对应的义务。

【案件基本信息】

1. 裁判书字号

最高人民法院(2016)最高法民终51号民事判决书

2. 当事人

原告(反诉被告、二审上诉人)：吴善娟

原告(反诉被告、二审上诉人)：李耀生

被告(反诉原告、二审上诉人)：梁新业

被告(反诉原告、二审上诉人)：宋汉之

被告(反诉原告、二审上诉人)：王兆远

【基本案情】

2009年8月11日，吴善娟、李耀生为甲方，广西龙云房地产投资有限公司(以下简称龙云公司)、王兆远为乙方签订一份《股权转让合同》，合同约定：甲方吴善

媚、李耀生同意将两人享有的南宁市金汛有限责任公司(以下简称金汛公司)全部股权转让给乙方;股权转让总价款5500万元;甲、乙双方同意采取分期付款的方式;乙方向甲方支付股权转让总价款的70%后,甲方需与乙方办理变更股权登记等有关法律手续。

2009年8月17日,吴善媚、李耀生(甲方)与宋汉之、梁新业、王兆远(乙方)签订一份《补充协议》,约定:将《股权转让合同》的原股权受让人王兆远、龙云公司变更为宋汉之、梁新业、王兆远。

上述协议签订后,2009年8月27日,李耀生将金汛公司的《企业法人营业执照》、《组织机构代码证》、《税务登记证(国税)》、《税务登记证(地税)》、《土地他项权利证明书》、国有土地使用证附图纸、金汛公司公章等移交给王兆远、姜岩接收。但金汛公司有2枚公章,李耀生移交的是没有备案的公章,吴善媚、李耀生于2009年年底拿回了原移交给宋汉之、梁新业、王兆远的金汛公司的《企业法人营业执照》《组织机构代码证》《税务登记证(国税)》《税务登记证(地税)》。

2009年9月1日,金汛公司召开股东会决议,决议将吴善媚、李耀生20%的股份转让给梁新业,并办理了股权变更登记。

2010年5月6日,吴善媚、李耀生与宋汉之、梁新业、王兆远共同签署一份《承诺书》,约定甲方吴善媚将其持有的金汛公司80%股权中的16%转给梁新业、27%转给王兆远、27%转给宋汉之;乙方将4200万元转给甲方。2010年5月6日,金汛公司召开股东会决议,同意吴善媚转让16%的股份给梁新业、转让27%的股份给宋汉之、转让27%的股份给王兆远,并办理了变更登记。

2013年6月26日,南宁市工商行政管理局在《广西法治日报》上刊登公告,内容为:金汛公司向我局递交法定代表人及股东变更登记申请,经审查,我局依法作出准予变更登记的决定。金汛公司的营业执照正、副本自公告见报之日起作废。

自2009年8月21日起至2010年5月17日止,梁新业、宋汉之、王兆远分别向吴善媚、李耀生支付股权转让款共计3600万元。

吴善媚、李耀生向法院提起诉讼,请求梁新业、宋汉之、王兆远共同向吴善媚、李耀生支付股权转让余款1900万元及补偿款1.3亿元、补偿款利息、违约金。梁新业、宋汉之、王兆远提起反诉,请求吴善媚、李耀生赔偿经济损失及可得利益损失1000万元并交付金汛公司原经备案的公司公章等全部公司证照资料。

一审法院认为,吴善媚、李耀生在履行《股权转让合同》时虽然没有交付金汛公司的备案公章及相关公司证照，但是，梁新业、宋汉之、王兆远在取得金汛公司的股权后，已召开股东会会议并在报纸上刊登公告，另行申请刻制了金汛公司公章，并由南宁市工商行政管理局重新核发了新的公司营业执照正副本，金汛公司原营业执照正副本也已登报作废，梁新业、宋汉之、王兆远已实际控制并经营管理金汛公司，其主张吴善媚、李耀生未交付公司备案公章和相关证照导致其无法开展合法有效的经营，理由不能成立。一审法院判决梁新业、宋汉之、王兆远向吴善媚、李耀生支付股权转让余款人民币1900万元及补偿款利息、违约金；吴善媚、李耀生向梁新业、宋汉之、王兆远交付金汛公司原经备案的公司证照资料及相关财务资料。

五人均不服一审判决，提起上诉。

二审法院认为，受让方辩称转让方未移交备案公章及相关证照资料，其依法享有履行抗辩权，有权在转让方移交公章和相关证照资料前拒绝支付剩余的股权转让款。首先，从双方当事人的约定看，并未将转让方移交公章及相关证照资料的义务作为与受让方能否给付全部转让价款相对应的义务。其次，从案涉一系列的协议性质和内容看，受让方的目的是通过受让金汛公司股权的方式实现控制该公司。但从案涉协议的履行过程来看，在受让方取得金汛公司的股权后，通过召开股东会、刊登公告、申请刻制金汛公司公章以及申请核发新的公司《企业法人营业执照》以及原《企业法人营业执照》登报作废等程序，实现了对金汛公司的经营管理和控制。这也说明，转让方是否移交公章及相应证照资料并不影响受让方能否成为金汛公司股东并对该公司进行经营管理的这一交易目的的实现，该义务与受让方支付股权转让款的义务并非处于对待给付地位。所以，受让方以转让方尚未履行该义务作为拒绝履行股权转让款的抗辩理由不成立。二审法院改判王兆远、梁新业、宋汉之吴善媚、李耀生支付违约金570万元及补偿款1.3亿元。

【裁判】

一审判决：

1. 梁新业、宋汉之、王兆远向吴善媚、李耀生支付股权转让余款人民币1900万元；

2. 梁新业、宋汉之、王兆远支付补偿款利息人民币1340万元；

3. 梁新业、宋汉之、王兆远支付违约金人民币1650万元；

4. 吴善媚、李耀生向梁新业、宋汉之、王兆远交付金汛公司移交备案公章及相关证照资料；

5. 驳回吴善媚、李耀生的其他诉讼请求；

6. 驳回梁新业、宋汉之、王兆远的其他反诉请求。

二审判决：

1. 维持一审判决第1、2、4、6项；

2. 撤销一审判决第5项；

3. 变更一审判决第3项为：王兆远、梁新业、宋汉之向吴善媚、李耀生支付违约金570万元；

4. 王兆远、梁新业、宋汉之向吴善媚、李耀生支付1.3亿元；

5. 驳回吴善媚、李耀生的其他诉讼请求。

【实务评析】

转让方怠于履行目标公司公章、证照及财务资料的交付义务时依据法律作出的判断在实务中未必是统一和不变的。为了规避相应的争议及由此产生的法律风险，将转让方交付目标公司公章、证照及财务资料的随附义务在股权转让合同中明示，进而明确该义务所对应的受让方的权利与义务，并直接确定相应的违约责任以及必要的救济途径，应当是股权转让法律文件应当作出的必要安排。

65. 受让方对份额约定不明需共同承担付款责任

——吴善媚、李耀生与梁新业、宋汉之等股权转让纠纷案

【风险提示】

份额　约定不明　付款责任

【案例要旨】

股权转让合同有数个受让方且未约定各受让方按何种比例支付股权转让款，受让方所谓的给付，亦未明确系为本人份额履行付款义务的，可以认定受让方系共同的股权受让方。

【案件基本信息】

1. 裁判书字号

最高人民法院(2016)最高法民终51号民事判决书

2. 当事人

原告(反诉被告、二审上诉人):吴善媚

原告(反诉被告、二审上诉人):李耀生

被告(反诉原告、二审上诉人):梁新业

被告(反诉原告、二审上诉人):宋汉之

被告(反诉原告、二审上诉人):王兆远

【基本案情】

2009年8月11日，吴善媚、李耀生为甲方，广西龙云房地产投资有限公司(以下简称龙云公司)、王兆远为乙方签订一份《股权转让合同》，合同约定:甲方吴善媚、李耀生同意将两人享有的南宁市金汛有限责任公司(以下简称金汛公司)全部

股权转让给乙方龙云公司和王兆远;股权转让总价款5500万元;甲、乙双方同意采取分期付款的方式,即合同签订之日起7个工作日内,乙方支付1000万元,2009年12月25日再支付200万元,余款在2010年12月31日前付清等。

2009年8月14日,吴善媚、李耀生(甲方)与王兆远、龙云公司(乙方)签订一份《补充协议》,协议约定:变更《股权转让合同》第3条约定的付款时间及金额为:合同签订后3个工作日内,乙方支付800万元;2009年12月25日再支付200万元;余款在2010年12月31日付清等。

2009年8月17日,吴善媚、李耀生(甲方)与王兆远、龙云公司(乙方)签订一份《补充协议(之二)》,就《股权转让合同》和《补充协议》作如下调整:股权受让方由龙云公司变更为梁新业、宋汉之两人,付款方式亦进行变更。关于股权转让款的支付问题,王兆远要求并不按以上形成的补充协议执行,而按照同年8月14日签署的《补充协议》执行。

2009年8月17日,吴善媚、李耀生(甲方)与宋汉之、梁新业、王兆远(乙方)签订一份《补充协议》,约定:将《股权转让合同》的原股权受让人王兆远、龙云公司变更为宋汉之、梁新业、王兆远;分期付款方式修改方案为2009年8月18日付300万元,8月21日付700万元,12月25日付200万元,余款在2010年12月31日前付清。

2009年9月1日,金汛公司召开由股东吴善媚、李耀生、梁新业参加的股东会决议,决议将吴善媚、李耀生享有金汛公司共20%股份转让给梁新业,并办理了股权变更登记,将上述股权变更至梁新业名下。

2010年5月5日,吴善媚、李耀生(甲方)与宋汉之、梁新业、王兆远(乙方)签订《补充协议》,约定由乙方一次性共补偿甲方1.3亿元人民币,即每亩约486.84万元。在本补充协议签署后,乙方向甲方支付补偿款的利息,年利率为2.5%。

2010年5月6日,吴善媚、李耀生与宋汉之、梁新业、王兆远共同签署一份《承诺书》,约定:甲乙双方在5月5日补充协议的基础上在此郑重承诺,甲方吴善媚将其持有的金汛公司80%股权中的16%转给梁新业、27%转给王兆远、27%转给宋汉之;乙方将4200万元转给甲方,上述事宜同时进行。2010年5月6日,金汛公司召开股东会决议,同意吴善媚转让股权,并办理了股权变更登记。

2014年,王兆远将其所持金汛公司27%的股权转让给梁新业。

自2009年8月21日起至2010年5月17日止,梁新业、宋汉之、王兆远分别向吴善娟、李耀生支付股权转让款共计3600万元。

吴善娟、李耀生向法院提起诉讼，请求梁新业、宋汉之、王兆远共同向吴善娟、李耀生支付股权转让余款1900万元、补偿款1.3亿元、补偿款利息及违约金等。梁新业、宋汉之、王兆远提起反诉，请求吴善娟、李耀生赔偿经济损失及可得利益损失1000万元并交付金汛公司全部公司证照资料。

一审法院认为，梁新业、宋汉之、王兆远未按合同约定在2010年12月31日前付清全部股权转让价款5500万元，至今尚欠1900万元没有支付，构成违约，按照《股权转让合同》关于违约责任的约定，应向吴善娟、李耀生支付违约金1650万元。一审判决梁新业、宋汉之、王兆远向吴善娟、李耀生支付股权转让余款1900万元、补偿款利息1340万元、违约金1650万元；吴善娟、李耀生向梁新业、宋汉之、王兆远交付公司证照等资料。

五人均不服一审判决，提起上诉。

二审法院认为，本案当事人签订的6份协议中，仅"8月17日补充协议"以及"5月6日承诺书"中有受让方占股比例的约定，其余4份均无约定。其中，"8月17日协议"约定的是梁新业40%、王兆远30%、宋汉之30%，而"5月6日承诺书"仅对受让的70%股权约定了比例，分别是梁新业16%、王兆远27%、宋汉之27%，与前一协议约定的占股比例并不一致。且所有的6份协议均无受让方按何种比例支付股权转让款的约定，相反，都是将受让方作为一个整体来约定的。从实际付款的情况看，受让人所为的给付，亦作为受让人所应履行的整体付款义务的一部分而存在，并非履行各自份额内的责任。再结合王兆远、梁新业、宋汉之作为共同的受让人与另一方签订系列股权转让合同等事实，应认为该三人系共同的股权受让人。根据《民法通则》第八十七条[1]有关连带之债的规定，彼此享有连带债权，相应地，对案涉合同债务亦应承担连带责任。二审法院改判王兆远、梁新业、宋汉之吴善娟、李耀生支付违约金570万元。

【裁判】

一审判决：

---

[1] 《民法典》相关条文为第一百七十八条："二人以上依法承担连带责任的，权利人有权请求部分或者全部连带责任人承担责任。连带责任人的责任份额根据各自责任大小确定；难以确定责任大小的，平均承担责任。实际承担责任超过自己责任份额的连带责任人，有权向其他连带责任人追偿。连带责任，由法律规定或者当事人约定。"

1. 梁新业、宋汉之、王兆远向吴善媚、李耀生支付股权转让余款1900万元;

2. 梁新业、宋汉之、王兆远支付补偿款利息1340万元;

3. 梁新业、宋汉之、王兆远支付违约金1650万元;

4. 吴善媚、李耀生向梁新业、宋汉之、王兆远交付金汛公司移交备案公章及相关证照资料;

5. 驳回吴善媚、李耀生的其他诉讼请求;

6. 驳回梁新业、宋汉之、王兆远的其他反诉请求。

二审判决:

1. 维持一审判决第1、2、4、6项;

2. 撤销一审判决第6项;

3. 变更一审判决第3项为:王兆远、梁新业、宋汉之向吴善媚、李耀生支付违约金570万元;

4. 王兆远、梁新业、宋汉之向吴善媚、李耀生支付1.3亿元;

5. 驳回吴善媚、李耀生的其他诉讼请求。

【实务评析】

股权转让实务中,经常会发生转让方是多方、受让方也是多方的情形。此类型的股权转让合同通常是由多个转让方与多个受让方共同签订的,合同中转让方与受让方的权利义务往往是概括性的,尤其是转让价款的支付往往并未确定具体的支付方及具体的支付对象。在此种场合,作出认定多个受让方是共同的受让方的实质判断,进而认定多个受让方就股权转让价款支付等义务承担连带责任符合通常交易逻辑也符合相关法律规定。此外,也可考虑安排签订具体的股权转让执行合同以明确特定当事人的权利与义务。

（三）股权的善意取得

66. 未办理股东变更登记不得对抗善意第三人

——符瀚文、海口同山商贸有限公司与王官耀、海南欣达实业有限公司等股权转让纠纷案

【风险提示】

工商变更登记　善意第三人

【案例要旨】

签订股权转让合同后未依法到公司登记机关办理变更登记手续不得对抗善意第三人。

【案件基本信息】

1. 裁判书字号

最高人民法院（2016）最高法民终 455 号民事判决书

2. 当事人

原告（上诉人）：符瀚文

原告（上诉人）：海口同山商贸有限公司（以下简称同山公司）

被告（被上诉人）：王官耀

被告（被上诉人）：海南欣达实业有限公司（以下简称欣达公司）

被告（被上诉人）：海南美瑞实业发展有限公司（以下简称美瑞公司）

被告（被上诉人）：重庆宝庄商贸有限公司（以下简称宝庄公司）

【基本案情】

海南金川房地产开发公司（以下简称金川公司）原持股比例为符瀚文占股

79.5%,同山公司占股20.5%。2010年2月10日,符瀚文、同山公司作为甲方(转让方)与海南源集实业投资有限公司、美瑞公司作为乙方(受让方)签订《股权转让协议书》,约定甲方将金川公司80%股权以4800万元的价格转让给乙方。该协议签订后王官耀向符瀚文支付了350万元,但该《股权转让协议书》签订后,双方未到工商部门办理股权变更登记手续。

2010年4月8日,金川公司的法定代表人由符瀚文变更为王官耀。2010年6月3日,海南源集实业投资有限公司企业名称变更为欣达公司。

2011年3月15日同山公司作为甲方(转让方)与欣达公司作为乙方(受让方)、符瀚文作为丙方,美瑞公司作为丁方签订《股权转让协议书》,约定同山公司将其持有的金川公司20.5%的股权以512万元的价格转让给欣达公司。该《股权转让协议书》签订后,双方未到工商部门办理股权变更登记手续。

2011年3月24日,符瀚文、同山公司作为甲方与王官耀作为乙方签订《有偿委托代理合同书》,该合同约定:甲方同为金川公司股东,其中符瀚文持有79.5%的股权,同山公司持有20.5%的股权;甲方同意委托乙方将其持有的金川公司100%的股权进行转让;《股权转让协议》签订后,当工商部门受理将90%股权变更登记到宝庄公司名下之手续后,由乙方当场直接将预付股权款1000万元支付给甲方。

2011年3月24日,符瀚文、同山公司作为甲方(转让方)与宝庄公司作为乙方(受让方)签订《股权转让合同》,约定股权转让价格及支付方式:(1)甲方将其在金川公司所占的全部股权暂作价3亿元转让给乙方,最终的转让价格须经审计后双方确定;(2)本协议签订之日起3日内,乙方将1亿元的股权转让款转入共管账户内,作为履约保证金;(3)乙方将1亿元的股权转让款转入共管账户之日起3日内,到工商管理机关办理甲方将金川公司90%股权变更到乙方名下之手续,同时乙方支付2000万元定金(包含已预付的1000万元)给甲方。

2011年3月25日,符瀚文、同山公司作为甲方(转让方)与宝庄公司作为乙方(受让方)签订《股权转让协议》,约定符瀚文将其持有的金川公司79.5%股权中的69.5%作价1390万元转让给宝庄公司,同山公司将其持有的20.5%股权作价410万元转让给宝庄公司。2011年3月25日,符瀚文作为甲方与王官耀作为乙方签订《股权转让协议》,约定甲方将金川公司10%的股权以200万元的价格转让给王官耀。

合同签订后，王官耀于2011年3月24日向符瀚文支付650万元，于2011年3月29日向符瀚文支付了350万元，共计1000万元。

2011年4月1日，金川公司股东由符瀚文和同山公司变更登记为宝庄公司占股90%，王官耀占股10%。

符瀚文、同山公司向法院提起诉讼，请求判决王官耀、欣达公司、美瑞公司及宝庄公司向符瀚文、同山公司支付股权转让价款3650万元并赔偿损失，王官耀、欣达公司、美瑞公司及宝庄公司承担连带清偿责任。

一审法院认为，符瀚文、同山公司与欣达公司、美瑞公司2010年2月10日签订的《股权转让协议书》约定，符瀚文、同山公司将金川公司80%股权转让给欣达公司、美瑞公司。该份合同签订后，王官耀向符瀚文支付了350万元股权转让款。2011年3月15日四方又签订了一份《股权转让协议书》，约定同山公司将其持有的金川公司20.5%股权转让给欣达公司。上述两份合同签订后，除了王官耀向符瀚文支付了350万元股权转让款外，合同所约定的其他条款均未履行。2011年3月24日，符瀚文、同山公司与宝庄公司签订了一份《股权转让合同》，而后，符瀚文、同山公司将金川公司100%股权办理工商变更登记至宝庄公司和王官耀名下，宝庄公司持有金川公司90%的股权，王官耀持有金川公司10%的股权。从上述合同的履行情况看，金川公司100%股权的转让实际上履行的是3月24日《股权转让合同》。一审判决驳回符瀚文、同山公司的诉讼请求。

符瀚文、同山公司不服一审判决，提起上诉。

二审法院认为，关于符瀚文、同山公司与宝庄公司之间是否存在直接的股权转让合同关系问题：根据《公司法》第三十二条关于"有限责任公司应当置备股东名册，记载下列事项：（一）股东的姓名或者名称及住所；（二）股东的出资额；（三）出资证明书编号。记载于股东名册的股东，可以依股东名册主张行使股东权利。公司应当将股东的姓名或者名称向公司登记机关登记；登记事项发生变更的，应当办理变更登记。未经登记或者变更登记的，不得对抗第三人"的规定，符瀚文、同山公司虽与欣达公司、美瑞公司就金川公司80%股权签订转让合同，同山公司亦与欣达公司就金川公司20.5%股权签订转让合同，但均未依法到公司登记机关办理变更登记手续，直至2011年3月24日与宝庄公司签订《股权转让合同》时，金川公司企业机读档案备案登记资料仍然显示符瀚文、同山公司持有金川公司100%股权，因此宝庄公司有充分理由相信其交易对象应为符瀚文与同山公司，符瀚文、同山公司关于已与欣达公司、美瑞公司另行签订股权转让合同、金川公司股权已经转移的主张并不能对抗宝庄公司。故符瀚文、同山公司关于与欣达公司、美瑞公司另行签订股权转让合同、金川公司股权已经转移的主张不能对抗王官耀。二审法院判决驳回上诉,维持原判。

【裁判】

一审判决:

驳回符瀚文、海口同山商贸有限公司的诉讼请求。

二审判决:

驳回上诉,维持原判。

【实务评析】

工商登记机关对股权的登记只是一种宣示性登记,只要投资人认购出资或股份后,股东名册对投资人的情况进行了记载,那么投资人就可以向公司主张其股权。《全国法院民商事审判工作会议纪要》第八条明确规定,当事人之间转让有限责任公司股权,受让人以其姓名或者名称已记载于股东名册为由主张其已经取得股权的,人民法院依法予以支持,但法律、行政法规规定应当办理批准手续生效的股权转让除外。未向公司登记机关办理股权变更登记的,不得对抗善意相对人。

67. 受让方对受让股权是否存在权利负担未尽审查义务不适用善意取得

——沈阳亿丰商业管理有限公司与李乔、明达意航企业集团有限公司案外人执行异议纠纷案

【风险提示】

权利负担　审查义务　善意取得

【案例要旨】

法院对股权作出的查封、冻结的裁定及协助执行通知被工商局接收，即具有了对外公示效力，股东也就无权处分该股权。任何拟受让股权的受让方均有义务对拟受让的股权是否存在权利负担进行审查，否则受让有权利瑕疵的股权不适用善意取得。

【案件基本信息】

1. 裁判书字号

最高人民法院(2017)最高法民申3150号民事裁定书

2. 当事人

原告(上诉人、再审申请人)：沈阳亿丰商业管理有限公司(以下简称亿丰公司)

被告(被上诉人、被申请人)：李乔

被告(被上诉人、被申请人)：明达意航企业集团有限公司(以下简称明达公司)

第三人：抚顺银行股份有限公司(以下简称抚顺银行)

【基本案情】

明达公司持有抚顺银行15000万股股份。2012年，李达因1.05亿元的借贷

纠纷向大连中院申请对明达公司实行财产保全措施,2012年1月13日,法院依法冻结了明达公司持有抚顺银行的全部股权,并向股权登记的工商局下达了民事裁定书和协助执行书,2份文书均留存在抚顺银行的工商档案中。

2012年5月,明达公司与亿丰公司签订《股权转让协议》,约定明达公司将其持有抚顺银行股份中的7000万股份,转让给亿丰公司。此后,亿丰公司依约支付了1.05亿元的股权转让款。但是,亿丰公司并未查阅抚顺银行的工商档案,对涉案股权已被冻结的事实并不知情。而且,截至2015年,该部分股权在工商部门仍登记在明达公司名下。

后李达胜诉并依法向法院申请强制执行明达公司名下的股权。亿丰公司以其为真正的股权所有人为由,向法院提起执行异议,反对法院执行相关股权。

本案历经大连中院一审、辽宁高院二审、最高院再审,最终以亿丰公司未尽到最基本的审慎注意义务即受让已冻结的股权不适用善意取得为由,驳回了亿丰公司的异议请求。

亿丰公司向最高人民法院申请再审的主要事实和理由如下:

根据最高人民法院《关于人民法院民事执行中查封、扣押、冻结财产的规定》第二十六条第三款"人民法院的查封、扣押、冻结没有公示的,其效力不得对抗善意第三人"的规定,亿丰公司对案涉股权属善意取得,原审判决认定事实不清,适用法律错误。

1.抚顺市工商行政管理局(以下简称抚顺市工商局)不是股份有限公司的股权变更登记机构,也从未对法院的股权查封予以对外公示。

(1)本案争议的抚顺银行7000万股股权属于非上市股份有限公司股权,其变更管理目前尚无法定登记机构。工商行政管理机关并非股份有限公司股权变更的登记机关,不具有协助股权查封的权限。

(2)目前已有一些经济发达省份和地区,针对工商部门不受理非上市股份有限公司股权变更和查封登记的问题作出生效判决或处理意见,本案应予参考。

(3)抚顺市工商局虽然接收了法院的查封裁定和协助执行通知书,但是并未对股权查封裁定进行公示,原审判决认定抚顺市工商局接收裁定即已完成查封公示错误。

(4)对于非上市股份有限公司股权变更及查封,其法定查封协助执行机构应当是抚顺银行,但法院并未依法向抚顺银行送达查封裁定和协助执行通知书,故查封裁定无法发生公示效力。

2. 亿丰公司在不知道股权被查封的情况下，通过抚顺银行介绍购买案涉股权。亿丰公司与明达公司的股权转让报经银监会审批后已经支付了全部合理对价，并将股东变更后的抚顺银行章程办理了工商备案，亿丰公司对案涉股权属于第三人善意取得，应予以保护。

最高人民法院认为，一审法院于 2012 年 1 月 13 日作出(2012)辽民二初字第 4 号民事裁定，并于同日向抚顺市工商局送达了该民事裁定书及协助执行通知书。协助执行通知书中明确载明查封明达公司持有的抚顺银行案涉争议股权。同日抚顺市工商局向一审法院出具了协助执行的回执。之后该院又于 2013 年 12 月 30 日、2014 年 12 月 26 日裁定继续冻结案涉股权，并均向抚顺市工商局送达了协助执行通知书。在抚顺银行的工商企业档案中有一审法院向抚顺市工商局送达的民事裁定书及协助执行通知书。

对于亿丰公司主张的抚顺市工商局不是案涉股权变更登记机构及股权查封没有进行公示的问题，《公司登记管理条例》(2005 年修订)第二条第一款"有限责任公司和股份有限公司(以下统称公司)设立、变更、终止，应当依照本条例办理公司登记"，第四条第一款"工商行政管理机关是公司登记机关"，第三十五条第三款"有限责任公司的股东或者股份有限公司的发起人改变姓名或者名称的，应当自改变姓名或者名称之日起 30 日内申请变更登记"等相关规定，均明确工商行政管理机关是公司登记机构，并未明确将非上市股份有限公司的股权登记事宜排除在工商行政管理机关职权范畴之外。现行法律法规对非上市股份有限公司股权登记机构也并未另行作出其他规定。在一审法院于 2012 年 1 月、2013 年 12 月两次裁定查封冻结案涉股权时，抚顺市工商局并未对其负有协助履行查封冻结案涉股权义务提出异议。另外，明达公司与亿丰公司签订的《股权转让协议》第三条交割中"本协议生效后，亿丰公司支付完毕股权转让价款后即可办理本次股权转让的工商过户手续，明达公司应积极配合"的约定内容表明，亿丰公司在受让案涉股权时亦认为受让案涉股权后应到工商行政管理机关办理变更登记。

《民事诉讼法》第二百四十二条第二款规定："人民法院决定扣押、冻结、划拨、变价财产，应当作出裁定，并发出协助执行通知书，有关单位必须办理。"一审法院对案涉股权作出的查封、冻结裁定及协助执行通知经抚顺市工商局接收后，即具有了对外公示效力。亿丰公司主张案涉股权查封没有进行公示，与事实不符。至于抚顺市工商局采取什么方式履行司法协助义务,则属于另一法律关系,并不影响人民法院对案涉股权查封已经依法公示的事实认定。亿丰公司系在案涉股权依法被查封期间受让股权,作为商事主体,亿丰公司在受让案涉股权时应明知需对受让的股权是否存在权利负担尽审慎注意义务,但在原审及申请再审期间,亿丰公司均未能举证证明其在受让股权时曾向明达公司或抚顺市工商局了解案涉股权情况。原审判决认定亿丰公司在案涉股权交易中并没有尽到最基本的审慎注意义务,本案不适用善意取得制度,并无不当。最高人民法院《关于人民法院民事执行中查封、扣押、冻结财产的规定》第二十六条第一款规定:“被执行人就已经查封、扣押、冻结的财产所作的移转、设定权利负担或者其他有碍执行的行为,不得对抗申请执行人。”明达公司转让的是已经人民法院依法查封、冻结的财产,且亿丰公司并非善意第三人。因此,亿丰公司主张其依据善意取得制度已经取得案涉股权,能够阻却人民法院执行的再审申请理由不能成立。

【裁判】

驳回亿丰公司的再审申请。

【实务评析】

股权不属于动产或不动产,而是属于具有特殊性质的财产。在股权被无权处分人转让的情形下,受让人能否取得该股权,需要结合我国公司法相关规定分析认定。最高人民法院的意见是股权是具有特殊性质的财产形式,为维护交易安全,可适用善意取得制度,准用《民法典》第三百一十一条。

实务中应具体问题具体分析,不能简单地一概适用。股权转让适用善意取得制度,并不能仅以登记的公信力为要件,而应当符合善意取得的全部构成要件,即根据受让人受让股权时为善意、转让的股权为有偿且价格合理、转让的股权依照法律规定已经登记等要件进行综合认定。

68. 不应以无处分权为由认定股权转让合同无效

——广东达宝物业管理有限公司与广东中岱企业集团有限公司、广东中岱电讯产业有限公司等股权转让合作纠纷案

【风险提示】

无权处分 合同效力

【案例要旨】

股权转让合同中,即使双方约定转让的股权系合同外的第三人所有,但没有实际导致股权所有人的权利发生变化,不能以出让人对股权无处分权为由认定股权转让合同而无效。

【案件基本信息】

1. 裁判书字号

最高人民法院(2010)民提字第153号民事判决书[1]

2. 当事人

原告(二审被上诉人、再审被申诉人):广东达宝物业管理有限公司(以下简称达宝公司)

被告(二审上诉人、再审申诉人):广东中岱企业集团有限公司(以下简称中岱集团公司)

被告(再审申诉人):广东中岱电讯产业有限公司(以下简称中岱电讯公司)

被告(再审申诉人):广州市中珊实业有限公司(以下简称中珊公司)

---

〔1〕 本案被《最高人民法院公报》2012年第5期收录。

【基本案情】

2005年12月12日，达宝公司与中岱电讯公司、中珊公司签订《广州市中珊实业有限公司股权转让合作协议书》（以下简称《合作协议书》），约定：三方以重组后的中珊公司作为经营平台，共同对目标地块进行房地产开发；合作的前提和基础为中岱电讯公司承诺，中岱电讯公司有权处置中珊公司100%的股权。股东夏乘风、苏雄无条件将《广州市国有土地使用权出让合同》项下琶洲PZB1301地块（目标地块）使用权转至中珊公司名下。中岱电讯公司将其持有的中珊公司100%股权中的10%股权转让给达宝公司。中珊公司为中岱电讯公司在该协议中的责任和义务提供全面担保。

同日，中岱集团公司向达宝公司出具一份《承诺书》，希望达宝公司先行准备资金3000万元，以保证按时向政府交纳土地出让金，达宝公司在准备该资金过程中的损失由中岱集团公司承担。2005年12月13日，达宝公司支付给中珊公司3000万元，中珊公司随即将该款用于支付夏乘风、苏雄交纳给政府的土地出让金。之后，由于夏乘风、苏雄没有按期支付土地出让金，广州国土局解除了与其签订的合同，收回目标地块，并重新公开挂牌转让。

2006年2月23日，达宝公司向中岱电讯公司、中珊公司发函要求尽快退还达宝公司款项。2006年6月9日，中岱集团公司向达宝公司出具一份《承诺函》，内容为达宝公司原已交付国有土地出让金3000万元，由中岱集团公司负责偿还。经多次交涉，中岱电讯公司、中岱集团公司、中珊公司未返还达宝公司款项。

达宝公司向法院提起诉讼，请求解除《合作协议书》，判令中岱电讯公司、中珊公司、中岱集团公司返还3000万元，并支付资金费用2285万元及逾期付款利息。

一审法院认为，达宝公司与中岱电讯公司及中珊公司签订的《合作协议书》未违反法律规定，系合法有效，各方当事人应依约履行。达宝公司已依约履行了给付股权首期受让款的义务，用于支付涉案地块的土地出让金，而中岱电讯公司却未能依约提供目标地块，致使合作目的不能实现，实属违约，故达宝公司基于这一事实要求解除合作协议及请求退还3000万元的转让款应予以支持。一审法院判决解除《合作协议书》，中岱电讯公司向达宝公司返还股权转让款3000万元、赔偿预期利益损失并支付逾期付款违约金，中珊公司和中岱集团公司承担连带清偿责任。

中岱集团公司不服一审判决，提起上诉。

二审法院认为，《合作协议书》的实质是以股权转让的形式，达到合作开发房地产项目之目的。各方合作的基础是中珊公司取得该地块的土地使用权。夏乘风、苏雄在与广州国土局签订《广州市国有土地使用权出让合同》后，出资设立了中珊公司，并以中珊公司名义向广州市土地出让金财政专户支付了部分款项。夏乘风、苏雄为中珊公司的股东、董事，中珊公司法定代表人张伟山亦系夏乘风、苏雄直接聘用，该案所涉 3000 万元亦是由中珊公司作为土地出让金支付。因此，中珊公司与达宝公司签订《合作协议书》，应认定为是受夏乘风、苏雄委托所为，合法有效。由于夏乘风、苏雄未按期缴纳土地出让金，广州国土局已收回地块，并重新公开挂牌出让。中岱电讯公司、中珊公司、达宝公司合作开发该房地产项目已无基础，合同目的不能实现，其签订的《合作协议书》应予解除。二审法院判决驳回上诉，维持原判。

二审判决后，中岱集团公司不服，向最高人民法院申请再审，最高人民法院批转广东省高级人民法院审查，广东省高级人民法院裁定驳回中岱集团公司的再审申请。

中岱集团公司、中岱电讯公司、中珊公司不服，提起申诉。最高人民法院再审认为：达宝公司与中岱电讯公司、中珊公司签订的《合作协议书》约定三方共同对目标地块进行房地产开发，中岱电讯公司将其持有的中珊公司 100% 股权中的 10% 股权转让给达宝公司。虽然在该协议签订时中珊公司的股东是夏乘风、苏雄，中岱电讯公司不持有中珊公司的股权，但该协议只是使中岱电讯公司负有向达宝公司转让股权的义务，而没有使达宝公司实际获得股权从而导致中珊公司股权发生变化，该协议也没有为中珊公司的股东夏乘风、苏雄设定义务，没有侵害夏乘风、苏雄对中珊公司享有的股权，故《合作协议书》不因中岱电讯公司不是中珊公司股东这一事实而无效。再审法院判决广东中岱电讯产业有限公司向广东达宝物业管理有限公司返还 3000 万元股权转让款，并支付利息。

【裁判】

一审判决：

1. 解除《合作协议书》；

2. 中岱电讯公司向达宝公司返还股权转让款 3000 万元、赔偿预期利益损失并支付逾期付款违约金；

3. 中珊公司和中岱集团公司负连带清偿责任。

二审判决：

驳回上诉，维持原判。

广东省高级人民法院再审裁定：

驳回中岱集团公司的再审申请。

最高人民法院再审判决：

1. 撤销二审判决；

2. 变更一审判决第2项为：中岱电讯公司向达宝公司返还股权转让款3000万元，并支付该3000万元产生的利息；

3. 维持一审判决第1、3项。

【实务评析】

《民法典》第三百一十一条第一款、第二款规定，无处分权人将不动产或者动产转让给受让人的，所有权人有权追回；除法律另有规定外，符合下列情形的，受让人取得该不动产或者动产的所有权：(1)受让人受让该不动产或者动产时是善意；(2)以合理的价格转让；(3)转让的不动产或者动产依照法律规定应当登记的已经登记，不需要登记的已经交付给受让人。受让人依据前款规定取得不动产或者动产的所有权的，原所有权人有权向无处分权人请求损害赔偿。关于无处分权人与他人签订的股权转让合同的效力认定，可以参照上述规定。

69. 股东对外转让股权无须征得配偶同意

——艾梅、张新田与刘小平、王鲜等股权转让纠纷案

【风险提示】

对外转让　有权处分　配偶

【案例要旨】

婚姻关系存续期间所得股权或者以夫妻共同财产出资所形成的股权，并不必然为夫妻共有股权。股权的归属自有依照公司特殊运行要求而设计的规则予以判断，基于成员权与成员资格分离之禁止的考虑，股权是属于股东名册所载之股东的权利。股东对外转让所持有股权的行为为有权处分，无须其配偶的同意。

【案件基本信息】

1. 裁判书字号

最高人民法院（2014）民二终字第48号民事判决书

2. 当事人

原告（上诉人）：艾梅

原告（上诉人）：张新田

被告（被上诉人）：刘小平

第三人：王鲜

第三人：武丕雄

第三人：张宏珍

第三人：折奋刚

【基本案情】

艾梅、张新田系夫妻关系。2011年10月26日，张新田与刘小平签订一份《协

议》，约定：张新田自愿将其在榆林市榆阳区常乐工贸有限责任公司（以下简称工贸公司）的原始股份额660万元以13200万元转让给刘小平。

同年12月16日，双方签订一份《股权转让协议》，约定：张新田自愿将其在工贸公司的500万元原始股份转让给刘小平，转让价款为18960万元。

上述两份股权转让协议签订后，刘小平共向张新田付款7600万元。张新田按刘小平的要求，将其在工贸公司的股权分别变更为：刘小平占14.28%，王鲜占10.99%，武丕雄占5.49%，张宏珍占10.99%，折奋刚占13.18%，总计变更在刘小平及四位第三人名下的股权为54.93%。同时，刘小平以20277万元收购了工贸公司85位隐名股东的全部股权。

2011年12月19日，张新田按照协议约定，在榆林市工商行政管理局榆阳分局办理了股东变更登记。工贸公司的法定代表人张新田变更为刘小平，股东变更为刘小平、折奋刚、张宏珍、王鲜、武丕雄。

2011年12月26日，张新田将7600万元付款全部退还给刘小平。

2012年5月23日，艾梅、张新田向陕西省高级人民法院提起诉讼，请求判令：(1)确认张新田与刘小平签订的股权转让协议无效；(2)刘小平返还张新田在工贸公司持有的54.93%的股权。

一审法院认为，本案争议的焦点是：是否股东张新田转让股权应当经其妻艾梅同意，否则，股权转让行为无效。

首先，股东转让股权必须征得过半数股东的同意，并非必须征得其配偶的同意，我国现行法律和行政法规没有关于配偶一方转让其在公司的股权须经另一方配偶同意的规定。

其次，虽然涉案股权系张新田与其妻艾梅的共有财产，最高人民法院《关于贯彻执行〈中华人民共和国民法通则〉若干问题的意见（试行）》[1]（以下简称《贯彻民法通则意见》）第八十九条规定了在共同共有关系存续期间，部分共有人擅自处分共有财产的，一般认定无效。但该条"但书"又规定："第三人善意、有偿取得该财产的，应当维护第三人的合法权益；对其他共有人的损失，由擅自处分共有财产的人赔偿。"

最后，最高人民法院《关于适用〈中华人民共和国婚姻法〉若干问题的解释

〔1〕 该规定已在最高人民法院《关于废止2007年底以前发布的有关司法解释（第七批）的决定》中被废止。

(一)》(以下简称《婚姻法解释(一)》第十七条第二项规定:“夫或妻非因日常生活需要对夫妻共同财产做重要处理决定,夫妻应当平等协商,取得一致意见。他人有理由相信其为夫妻双方共同意思表示的,另一方不得以不同意或不知道为由对抗善意第三人。”根据该条的立法本意,因夫妻之间存在特殊的身份关系,故夫妻之间相互享有家事代理权。一审法院判决驳回艾梅、张新田的诉讼请求。

艾梅、张新田不服一审,提起上诉。

二审法院认为,本案二审的争议焦点是关于张新田与刘小平签订的股权转让协议的效力认定问题。

关于法律适用:艾梅、张新田提起本案诉讼,所依据的是张新田与刘小平签订的两份股权转让协议,并提出确认协议无效、返还股权的诉讼请求。因此,在双方当事人之间形成的是股权转让合同法律关系,本案案由亦确定为股权转让纠纷。故对本案的处理应当适用我国《合同法》《公司法》的相关调整股权转让交易的法律规范,而不应适用调整婚姻及其财产关系的法律规定。

关于艾梅、张新田提出的股权转让未经艾梅同意,股权转让协议无效的上诉理由:股权作为一项特殊的财产权,除其具有的财产权益内容外,还具有与股东个人的社会属性及其特质、品格密不可分的人格权、身份权等内容。如无特别约定,对于自然人股东而言,股权仍属于商法规范内的私权范畴,其各项具体权能应由股东本人独立行使,不受他人干涉。在股权流转方面,我国《公司法》确认的合法转让主体也是股东本人,而不是其所在的家庭。

关于艾梅、张新田提出的本案所涉合同“名为股权转让实为矿权转让”,应当认定无效的上诉理由:根据本案查明的事实,协议中虽有刘小平进入榆林市常乐堡煤矿、刘小平变更为常乐堡矿业公司董事等相关约定,但该约定属双方为履行股权转让协议而设定的条件,并不改变刘小平受让工贸公司股权的交易性质及事实。工贸公司系常乐堡矿业公司的股东,采矿权也始终登记在常乐堡矿业公司的名下,因此,本案的股权转让协议不存在转让采矿权的内容,实际履行中亦没有实施转让采矿权的行为。

【裁判】

一审法院判决:

驳回艾梅、张新田的诉讼请求。

二审判决：

驳回上诉，维持原判。

【实务评析】

在股权流转方面，我国《公司法》确认的合法转让主体是股东本人，而不是其所在的家庭，这实际上明确转让配偶一方名下的股权并不需要向第三人提供配偶已经同意的证据，第三人也无须要求转让人提供配偶同意转让的证据。

事实上，当股权仅登记在夫或妻一方名下时，第三人对股权登记的合理信赖，可以认定为第三人相信夫或妻一方有权处分股权的正当理由，在这种情况下，如果没有其他影响股权转让效力的因素，则应当认定股权转让有效。

（四）股权置换、代持及回购

70. 股权置换协议部分条款不生效不影响其他条款的效力

——青海省创业（集团）有限公司与桂林旅游股份有限公司股权置换合同纠纷案

【风险提示】

股权置换 部分条款不生效 其他条款效力

【案例要旨】

股份置换合同是由两个相关联但相互可分的股权转让行为构成，两个部分的约定虽然在同一合同下，但相互具有可分性，各自价款约定明确，任何一部分不生效或无效，不影响另一部分的效力。

【案件基本信息】

1. 裁判书字号

最高人民法院（2013）民二终字第53号民事判决书

2. 当事人

原告（反诉被告、被上诉人）：青海省创业（集团）有限公司（以下简称青海创业）

被告（反诉原告、上诉人）：桂林旅游股份有限公司（以下简称桂林旅游）

【基本案情】

2004年11月5日，桂林旅游与青海创业签订《股份置换合同》。双方约定：

(1)双方一致同意,桂林旅游以其在庆泰信托投资有限责任公司(以下简称庆泰信托)持有的全部股份与青海创业在井冈山旅游发展股份有限公司(以下简称井冈山旅游)取得的全部股份置换。(2)青海创业同意按4000万元人民币的价格受让桂林旅游在庆泰信托的4000万元股份;桂林旅游同意青海创业在井冈山旅游的1320万股股份除相抵桂林旅游在庆泰信托的全部股份4000万元外,差额部分,由桂林旅游以现金补足。(3)双方一致同意,青海创业所持有的井冈山旅游40%股权溢价后的价格为6600万元,桂林旅游应以现金方式向青海创业支付股份置换的差额款为2600万元,其中,含同德投资控股有限公司(以下简称同德公司)应付井冈山旅游的562.08万元。

2004年11月5日,桂林旅游与青海创业签订关于《股份置换合同》的补充协议,双方约定:双方一致同意,井冈山旅游的2004年及历年可分配利润,在2004年10月31日以前的部分按1320万股对应的分配权归青海创业所有,在此时间之后的部分归桂林旅游所有。

2004年11月22日,庆泰信托作出临时股东会决议,表决同意股权转让。2004年12月1日,同德公司经股东审议同意青海创业将从同德公司取得的1320万股股份转让给桂林旅游。2004年12月3日,桂林旅游审议通过了与青海创业进行股权置换的议案。2004年12月10日,井冈山旅游同意青海创业把从同德公司取得的1320万股股份转让给桂林旅游。此后,井冈山旅游就上述股份变更事项获得江西省企业上市工作领导小组办公室的批准,并获得江西省工商行政管理局的核准。同日,井冈山旅游1320万股股份变更到桂林旅游名下。

2007年1月18日,青海创业与庆泰信托签订《债权转让协议》约定:鉴于原青海创业持有的井冈山旅游的股权已经过户给桂林旅游,但由于庆泰信托股权变更事宜未获青海银监局的同意,未能转让过户给青海创业,青海创业由此对桂林旅游享有相应的债权;将《股份置换合同》项下青海创业对桂林旅游享有的返还股权折价款4000万元的债权转让给庆泰信托。同年1月25日,青海创业通过公证机关向桂林旅游邮寄送达了债权转让通知。桂林旅游认可收到该通知。

桂林旅游向法院提起诉讼,请求确认《股份置换合同》已履行完毕,判令青海创业赔偿桂林旅游被冻结资金利息损失74.110355万元及其他实际损失、商誉损失。青海创业起诉请求确认《股份置换合同》及补充协议无效,桂林旅游返还井冈山旅游股份1320万股。陕西省高级人民法院对两案合并审理。

一审法院认为,《股份置换合同》及补充协议虽系双方当事人真实意思表示,但该合同须经政府相关主管部门批准后方能生效。2004 年 12 月 9 日,青海银监局向桂林旅游发函,对庆泰信托先后两次呈报的《关于青海省创业集团有限公司置换庆泰信托股权的报告》和《关于股东置换庆泰公司股权的报告》予以退回。该局认为,桂林旅游目前不宜在庆泰信托关联企业之间进行庆泰信托公司股权转让。2008 年 6 月 19 日,中国银监会向青海省人民政府发出复函,明确庆泰信托自该日以后,需改变资产形态如资产转让、转移等,必须事前报备青海银监局并获得同意后方能具体实施。《股份置换合同》及补充协议在未经政府相关主管部门批准前,应属已成立但未生效。现该《股份置换合同》及补充协议已经无法获得批准,双方应恢复到交易开始前的状态,各自返还因该合同取得的财产。一审法院判决《股份置换合同》及补充协议未生效,青海创业向桂林旅游返还人民币 2600 万元,桂林旅游向青海创业返还本案涉诉的井冈山旅游 1320 万股股份。

桂林旅游不服一审判决,提起上诉。

二审法院认为,《股份置换合同》是两个相关联但相互可分的股权转让行为构成,两个部分的约定虽然在同一合同下,但相互具有可分性,各自价款约定明确,任何一部分不生效或无效,不影响另一部分的效力。其中,青海创业向桂林旅游转让井冈山旅游股份的约定没有违反法律、行政法规的强制性或禁止性规定,应当认定有效且已经实际过户完毕,应当继续履行。而桂林旅游向青海创业转让庆泰信托股份的约定因无法办理过户登记手续而属于《合同法》第一百一十条第一项[1]规定的履行不能情形,应认定为合同成立但未生效,应当终止履行。原审判决未加区分两部分股份转让关系而全部认定为未生效不当,本院予以调整。二审法院判决《股份置换合同》中关于青海创业向桂林旅游转让井冈山旅游股份的部分继续履行,桂林旅游向青海创业转让庆泰信托股份的部分终止履行;桂林旅游向青海创业支付尚欠的 4000 万元及利息。

【裁判】

一审判决:

[1] 《民法典》相关条文为第五百八十条第一项:"当事人一方不履行非金钱债务或者履行非金钱债务不符合约定的,对方可以请求履行,但是有下列情形之一的除外:(一)法律上或者事实上不能履行。"

1.《股份置换合同》及补充协议未生效；

2. 青海创业向桂林旅游返还人民币2600万元；

3. 桂林旅游向青海创业返还本案涉诉的井冈山旅游1320万股股份。

二审判决：

1. 撤销一审判决。

2.《股份置换合同》中关于青海创业向桂林旅游转让井冈山旅游股份的部分继续履行；桂林旅游向青海创业转让庆泰信托股份的部分终止履行。

3. 桂林旅游向青海创业支付尚欠的4000万元及利息。

【实务评析】

对于股权置换合同效力的判断，需要将其看作两份独立的股权转让合同，分别判断其合同效力，当被置换的两份股权中的一部分股权涉及的合同被为无效或不生效力时，不影响另一部分股权所涉股权合同的效力，各个股权需要独立判断。如果不希望看到一部分股权转让合同有效，而另一部分无效或者未生效的情况发生，应该在股权置换协议中明确约定股权置换合同的合同目的是双方分别取得股权，并约定在一部分股权转让无法顺利履行的情况下，当事人有权解除股权置换合同。

71. 债权人有权依据工商登记中记载的股权归属申请股权的强制执行

——黄德鸣、李开俊与皮涛案外人执行异议纠纷案

【风险提示】

工商登记　股权归属　强制执行

【案例要旨】

股权登记具有公信力，隐名股东不得以内部股权代持关系为由对抗外部债权人对显名股东的正当权利，债权人有权依据工商登记中记载的股权归属申请股权的强制执行。

【案件基本信息】

1. 裁判书字号

最高人民法院(2019)最高法民再45号民事判决书

2. 当事人

原告(二审被上诉人、再审申请人):黄德鸣

原告(二审被上诉人、再审申请人):李开俊

被告(二审上诉人、再审被申请人):皮涛

第三人:广元市蜀川矿业有限责任公司(以下简称蜀川公司)

【基本案情】

黄德鸣、李开俊系夫妻关系。黄德鸣原系蜀川公司的股东并兼任公司法定代表人。后黄德鸣将其持有的蜀川公司全部股份转让给权云先并退出公司。2012年2月13日，蜀川公司与四川广达建筑安装工程集团有限公司及其他16位自然

人股东发起设立成都市新津融金小额贷款有限公司(以下简称新津小贷公司),公司注册资本为10000万元。2011年12月19日,黄德鸣通过中国工商银行广元分行营业部将现金500万元转入蜀川公司指定的银行账户,该转账凭证上载明:支付黄德鸣成都投资款。2011年12月20日,蜀川公司将黄德鸣转入的500万元投资款再转入新津小贷公司的银行账户。蜀川公司名义上向新津小贷公司投资500万元,占公司5%股权。国家企业信用信息公示系统显示,蜀川公司系新津小贷公司的登记股东,投资额为500万元,占公司5%股权。2012年5月31日,黄德鸣、李开俊与蜀川公司签订《确认书》,载明:2011年12月19日黄德鸣向蜀川公司转账500万元,2011年12月20日以蜀川公司名义向新津小贷公司出资500万元,占公司5%股份;现各方确认该股份实际系黄德鸣出资,股份归黄德鸣所有,其股东权利义务由黄德鸣享有和承担。在新津小贷公司召开的多次股东会会议中,黄德鸣、李开俊作为蜀川公司的委派代表或者新津小贷公司股东身份参加会议并行使表决权。2017年1月17日,新津小贷公司出具证明:黄德鸣、李开俊以蜀川公司名义成为公司股东,出资500万元,占公司5%股份;公司知晓黄德鸣、李开俊是蜀川公司所持股份的实际出资人。

皮涛与蜀川公司民间借贷纠纷一案,法院判令蜀川公司归还皮涛借款452万元。判决生效后,皮涛向法院申请强制执行。2016年6月21日,法院作出执行裁定书,冻结了蜀川公司持有的新津小贷公司5%案涉股权,并向新津小贷公司发送协助执行通知书。2016年11月9日,黄德鸣、李开俊向法院提出执行异议申请。法院经审查驳回了黄德鸣、李开俊的异议请求。

黄德鸣、李开俊向法院起诉,请求判令蜀川公司持有的新津小贷公司5%股权属于黄德鸣、李开俊所有,并立即解除冻结措施,不得执行该股权。

一审法院判决登记在蜀川公司名下的新津小贷公司5%的股权属于黄德鸣、李开俊所有,不得执行。

皮涛不服一审判决,提起上诉。

二审法院认为,《公司法》第三十二条第三款"公司应当将股东的姓名或者名称向公司登记机关登记;登记事项发生变更的,应当办理变更登记。未经登记或者变更登记的,不得对抗第三人"中的"第三人"应当是指基于工商登记而信赖公司具有履约能力,从而与公司进行商业交易的善意无过失的第三人,而不应仅限于基于权利外观的信赖与登记股东发生股权交易的第三人。本案中,工商登记公示信息显示蜀川公司对新津小贷公司享有5%的股权,该信息是蜀川公司对外公示的权利外观,显然构成蜀川公司所展示的履约能力的资产信用保证。皮涛作为与蜀川公司进行交易的第三人,对蜀川公司享有新津小贷公司5%股权的权利外观存在合理的信赖利益。本案中,并无证据证明皮涛明知实际享有新津小贷公司5%股权利益的主体是黄德鸣和李开俊,却仍与蜀川公司进行交易,皮涛在与蜀川公司交易中系善意无过错的相对人,依照上述规定,实际投资人黄德鸣和李开俊就案涉股权所享有的利益不能对抗皮涛就案涉股权所享有的信赖利益,皮涛有权依照工商登记信息载明的股权归属申请对蜀川公司享有的新津小贷公司5%股权强制执行。二审法院改判驳回黄德鸣、李开俊的诉讼请求。

黄德鸣、李开俊不服二审判决,申请再审。

再审法院对《公司法》第三十二条的理解与适用问题分析如下。该条规定:"公司应当将股东的姓名或者名称向公司登记机关登记;登记事项发生变更的,应当办理变更登记。未经登记或者变更登记的,不得对抗第三人。"工商登记是对股权情况的公示,与公司交易的善意第三人及登记股东之债权人有权信赖工商机关登记的股权情况并据此作出判断。其中"第三人"并不限缩于与显名股东存在股权交易关系的债权人。根据商事外观主义原则,有关公示体现出来的权利外观,导致第三人对该权利外观产生信赖,即使真实状况与第三人信赖不符,只要第三人的信赖合理,第三人的民事法律行为效力即应受到法律的优先保护。基于上述原则,名义股东的非基于股权处分的债权人亦应属于法律保护的"第三人"范畴。本案中,李开俊、黄德鸣与蜀川公司之间的股权代持关系虽真实有效,但其仅在双方之间存在内部效力,对于外部第三人而言,股权登记具有公信力,隐名股东对外不具有公示股东的法律地位,不得以内部股权代持关系有效为由对抗外部债权人对显名股东的正当权利。故皮涛作为债权人依据工商登记中记载的股权归属,有权向人民法院申请对该股权强制执行。再审法院判决维持四川省高级人民法院(2017)川民终1160号民事判决。

【裁判】

一审判决:

1. 确认登记在蜀川公司名下的新津小贷公司5%的股权属于黄德鸣、李开俊所有;

2. 不得执行登记在蜀川公司名下的新津小贷公司5%的股权。

二审判决:

1. 撤销四川省德阳市中级人民法院(2017)川06民初10号民事判决;

2. 驳回黄德鸣、李开俊的诉讼请求。

再审判决:

维持四川省高级人民法院(2017)川民终1160号民事判决。

【实务评析】

工商登记机关对股权的登记只是一种宣示性登记,只要投资人认购出资或股份后,股东名册对投资人的情况进行了记载,那么投资人就可以向公司主张股权。显名股东将其名下股权转让、质押,或者显名股东的债权人要求执行显名股东的股权等行为,属合法有效。因显名股东自身的债务导致其名下股权被执行,从而损害隐名出资人利益的,隐名出资人可以根据其与显名股东之间的合法协议主张权利。

72. 实际出资人处分冒名登记在他人名下股权的行为有效

——许光全、许光友与涂开元、舒鑫等股权纠纷案

【风险提示】

冒名登记　实际出资人　处分行为

【案例要旨】

实际出资人以自己的意思处分其事前暗中登记在他人名下的股权，系实际出资人处分自己投资权益的行为，该行为虽可能损害他人姓名权，但没有损害被冒名者的股东权益，故其处分行为应认定有效，受让人的股东资格应予确认。

【案件基本信息】

1. 裁判书字号

最高人民法院(2011)民提字第78号民事判决书[1]

2. 当事人

原告(二审上诉人、再审被申请人)：许光全

原告(二审上诉人、再审被申请人)：许光友

被告(二审被上诉人、再审申请人)：涂开元

被告(二审被上诉人、再审申请人)：舒鑫

第三人(二审被上诉人、再审申请人)：攀枝花市开明房地产开发有限责任公司(以下简称开明房产公司)

[1] 本案被《最高人民法院商事审判指导案例7·公司与金融卷》收录。

【基本案情】

许光全与许光友系兄弟，二人的姐姐许泽君与涂开元年轻时曾系恋人。1994年年底，许泽君来到攀枝花市和涂开元以夫妻名义同居生活。1999年12月，攀枝花市开民商贸有限责任公司（以下简称开民商贸公司）购得春华小区规划内的1号、2号、3号住宅楼用地使用权。该公司法定代表人涂开元准备进行房地产开发，决定筹建开明房产公司。开民商贸公司员工彭琦按涂开元的安排，下载了公司章程并起草了股东会决议等文件。涂开元在上述文件上签名，彭琦则签署了许光全、许光友的姓名。

2000年10月23日，涂开元持许光全、许光友的身份证复印件，在攀枝花市商业银行为许光全、许光友开设了银行账户，采用反复存入、取出的方式取得了银行存款进账单，并依据存款进账单拿到了验资报告。此后，涂开元将许光全、许光友和他本人的身份证复印件、验资报告等资料交给彭琦，安排彭琦到攀枝花工商局办理设立开明房产公司的相关手续。开明房产公司工商档案载明，开明房产公司股东为涂开元、许光全、许光友。后涂开元将开民商贸公司与开明房产公司合并。

此后，开明房产公司在开民商贸公司此前已购得的土地上先后开发了开明1号、2号、3号住宅楼。开明1号住宅楼由开明房产公司挂靠攀枝花市园林建设公司自行建设。许光全在施工过程中担任项目经理，其间领取了工资，2003年离开了攀枝花。许光友在施工工地负责机械设备和安全等工作，其间领取了工资，2001年离开了攀枝花。许光全、许光友离开前，均未向开明房产公司履行补足各100万元出资款的义务，也未向开明房产公司主张其股东权益。

2004年4月20日，涂开元分别以许光全、许光友的名义与申请人舒鑫签订了两份股金转让协议，将许光金、许光友名下各100万元股金转让给舒鑫。同日，开明房产公司修改了公司章程，决议同意许光全、许光友退出公司，由新股东舒鑫补足200万元股金。2004年6月8日，舒鑫向开明房产公司交付了200万元出资款。目前开明房产公司的工商档案载明的股东是涂开元、舒鑫。

许光全、许光友向法院提起诉讼，请求确认许光全、许光友为开明房产公司股东，确认舒鑫不是开明房产公司股东。

一审法院认为，判定是不是开明房产公司股东，关键须审查许光全、许光友是否有成为该公司股东的真实意思表示，是否履行了公司章程中所确定的出资义务。在开明房产公司设立时的公司章程、股东会决议和向工商部门提交的委托书上，均没有二人的签名，二人的名字都由彭琦所签。彭琦办理开明房产公司设立登记事宜是涂开元作出的工作安排。无论开明房产公司筹建期间还是该公司成立后，许光全、许光友一直未向开明房产公司履行过任何出资义务。开明房产公司成立之初的工商档案虽载明二人是股东，但这一记载仅是备案式的登记，不能据此来确认二人的股东身份。一审法院判决驳回许光全、许光友的诉讼请求。

许光全、许光友不服一审判决，提起上诉。

二审法院认为，开明房产公司设立之初，工商登记资料中的公司章程、股东会决议、公司设立申请等文件上，许光全、许光友的签名虽不是其本人所签，但许光全、许光友称系委托彭琦代签，当时的经办人彭琦出庭作证证实许光全、许光友口头委托其在上述文件上签字的事实，工商机关的设立登记文件亦载明了开明房产公司股东构成情况。这种口头委托代签名的行为并未被相关法律所禁止，应当确认其效力。此外，许光全、许光友在开明房产公司成立之初，或担任该公司挂靠的园林建设公司施工项目经理及之后成立公司的法定代表人，或负责施工工地的机械设备和安全工作，在该公司当时没有注册资金的情况下，靠这些楼盘的修建和开发完成了该公司资本的原始积累，为公司的发展作出了贡献，应当确认许光全、许光友在开明房产公司中的股东资格。涂开元在许光全、许光友不知情的情况下，将许光全、许光友在该公司的股权转让给舒鑫，违反了《公司法》(2005 年修订)第三十五条的规定，该转让行为无效。二审法院判决确认许光全、许光友各占开明房产公司 20% 股份的股东资格，舒鑫通过转让方式取得开明房产公司股份的行为无效。

涂开元、舒鑫、开明房产公司均不服二审判决，申请再审。

再审法院认为，因许光全、许光友将身份证复印件借给涂开元时，二人并没有与涂开元共同设立开明房产公司的意思表示，涂开元亦没有与二人共同设立公司的意思表示，因此，涂开元向许光全、许光友隐瞒借用身份证复印件的真实目的，并暗中将开明房产公司的部分股权登记在许光全、许光友名下，系冒名出资行为。因被冒名的股东名下股权的实际权益人系涂开元，涂开元以自己的意思处分其事前暗中登记在他人名下的股权，系实际出资人处分自己投资权益的行为，该行为虽可能损害他人姓名权，但没有损害被冒名者的股东权益，故其处分行为应认定有效，受让人舒鑫的股东资格应予确认。许光全、许光友关于请求确认舒鑫不是开明公司股东的诉讼请求亦应予以驳回。再审法院判决维持一审判决。

【裁判】

一审判决：

驳回原告许光全、原告许光友的诉讼请求。

二审判决：

1. 撤销一审判决；

2. 确认许光全、许光友各占开明房产公司20%股份的股东资格；

3. 舒鑫通过转让方式取得开明房产公司股份的行为无效。

再审判决：

1. 撤销二审判决；

2. 维持一审判决。

【实务评析】

在司法实践中，被冒名的当事人实质上并不是公司的股东，应认定实际出资人取得股东资格，实际出资人处分冒名登记在他人名下的股权，并没有在实质上侵犯他人的合法权利，相关股权转让合同不因此而认定无效。

73. 股权转让方请求回购股权被驳回后可待条件成就时再次行使

——青岛中金实业股份有限公司与中铁置业集团有限公司、青岛中金渝能置业有限公司等其他合同纠纷案

【风险提示】

股权回购 条件未成就 再次行使

【案例要旨】

协议约定的股权回购条件未成就，股权转让方请求回购股权被法院生效判决驳回的，该认定并未否定在协议约定的条件全部具备后，股权回购方可再次行使的回购权利。

【案件基本信息】

1. 裁判书字号

最高人民法院(2013)民申字第161号民事裁定书

2. 当事人

原告(反诉被告、二审上诉人、再审申请人)：青岛中金实业股份有限公司(以下简称中金公司)

被告(二审被上诉人、再审被申请人)：中铁置业集团有限公司(以下简称中铁公司)

被告(反诉原告、二审被上诉人)：青岛中金渝能置业有限公司(以下简称中金渝能公司)

被告(二审被上诉人)：青岛荣置地顾问有限公司(以下简称荣置地公司)

【基本案情】

为了合作建设中金渝能公司拥有的“青岛国际贸易中心”项目，解决项目资金短缺问题，2008年4月3日，中金渝能公司的3个股东重庆渝能产业有限公司（以下简称重庆渝能公司）、山东基德生态科技有限公司（以下简称山东基德公司）、中金公司与中铁公司、中金渝能公司五方签订了《合作框架协议》，约定重庆渝能公司、山东基德公司、中金公司同意分别将其对中金渝能公司享有的50%、24.5%、17.5%的股权转让给中铁公司。

上述合作框架协议签订后，中铁公司（甲方）、中金公司（乙方）、中金渝能公司（丙方）就项目具体合作事项又于2008年4月13日和5月9日先后签订了《补充协议》和《投资合作协议》。《投资合作协议》主要内容如下：

第5条约定：甲方在收回投资及受益后，同意乙方对甲方所持公司股权进行回购。第7条约定：投资收益按年计算，每年为该年度公司实际占用甲方投资总额的30%，并于当年12月20日前清算并支付完毕。第8条约定：乙方回购甲方所持公司全部股权的条件：（1）甲方已实际受让乙方所持公司17.5%的股权；（2）甲方收回了全部投资；（3）甲方获得了本协议约定的投资收益；（4）项目施工总承包单位的工程款支付已获得保证；（5）甲方其他关联方在项目中的风险已释放完毕。第9条约定：甲乙双方引入的战略投资者受让甲方所持公司股权，其对价方式按照本协议第7条约定的股权对价方式计算。

在上述协议签订后，中金渝能公司召开股东会，通过了协议约定的股权转让事宜，作出了章程修正案，中金渝能公司股东变更为中铁公司和中金公司。之后，中铁公司开始介入中金渝能公司，陆续投入和筹集资金，推动了项目的开发建设。

2010年3月31日，中金渝能公司与荣置地公司签订了《青岛中心项目销售代理合同》，委托荣置地公司对项目进行销售。

2011年2月15日，中金渝能公司召开总经理办公会议形成会议纪要。其内容主要为：鉴于项目土地使用权被中金公司申请查封，导致项目不能取得预售许可证，通过开盘销售取得后续建设资金的计划无法实现，决定青岛中心项目春节后暂缓开工，待公司取得预售许可证以及社会负面影响减轻后，再行讨论恢复施工事宜。

2011年2月28日，中金公司针对中金渝能公司总经理办公会议纪要作出回复，要求中金渝能公司立即恢复开工，并配合股权回购，并提供相关材料以进行审计。

中金公司向法院提起诉讼，请求判令中金公司有权进行股权回购，中铁公司、中金渝能公司配合中金公司实现股权回购，办理工商变更登记等。中金渝能公司提起反诉，请求中金公司赔偿项目销售迟延利息损失87867682.83元、1.2亿元资金被冻结半年的直接损失351万元及项目暂停施工损失。

一审法院判决驳回双方的诉讼请求，中金公司不服，提起上诉。

二审法院认为，中铁公司受让中金渝能公司92%的股权后，已在工商管理部门正式办理了股权变更登记，成为该项目公司的合法股东。根据双方的约定，中铁公司通过"向项目公司投资，进行项目开发经营，并享受项目销售带来的收益"的合作模式，进入项目公司，从事开发经营活动，在约定的5年内，如其实现"收回了全部投资""获得了约定的投资收益""相关风险释放完毕"等条件后，中金公司才能回购该部分股权。本案股权回购条件是否能够实现，与该建设项目的开发经营活动及整体的建设、销售进程密切相关，在没有完成这些工作之前，中金公司并不享有"请求中铁公司立即实现约定股权回购条件"的权利。二审判决驳回上诉，维持原判。

中金公司不服二审判决，申请再审。

再审法院认为，在本案二审判决作出前，除第一项条件已具备外，对于其余四项条件，中金公司均未能提交相应证据证明其已具备。二审判决据此认定"在协议约定的股权回购条件全部成就之前，中金公司并不享有回购该股权的权利"，并无不当。二审判决的此项认定，并未否定在协议约定的条件全部具备后，中金公司可以行使回购中铁公司所持全部股权的合同权利。二审判决的此项认定，亦未否定中金公司可以援引《投资合作协议》第9条等约定，要求就引入其他战略投资者等问题与中铁公司协商。因此，中金公司依据《投资合作协议》约定享有的回购股权的权利，不因中金公司的诉讼请求被驳回而丧失。通过签订《投资合作协议》以及股权转让协议、形成股东会决议、修改公司章程并进行工商变更登记等行为，中铁公司受让了中金渝能公司原股东的股权，中铁公司具备了作为中金渝能公司股东的所有法律要件。《投资合作协议》中所称阶段性持股是相对于股权回购事实发生而言，在中铁公司持有中金渝能公司股权的期间，中金公司并不对中铁公司持有的上述股权享受任何权利。中金公司称二审判决认定中金公司没有回购权的结论错误,是对原判决的错误理解,理由不能成立。再审法院裁定驳回中金公司的再审申请。

【裁判】

一审判决:

1. 驳回原告中金公司的诉讼请求;

2. 驳回反诉原告中金渝能公司的反诉请求。

二审判决:

驳回上诉,维持原判。

再审裁定:

驳回中金公司的再审申请。

【实务评析】

本案中《投资合作协议》第 8 条第 2 款明确约定了中金公司回购中铁公司所持全部股权的 5 项条件。二审判决据此认定“在协议约定的股权回购条件全部成就之前,中金公司并不享有回购该股权的权利”,意味着在协议约定的条件全部具备后,中金公司可以行使回购中铁公司所持全部股权的合同权利,并且中金公司可以援引《投资合作协议》第 9 条等约定,要求就引入其他战略投资者等问题与中铁公司协商。最高人民法院对此裁判思路亦予以认可。

74. 非因自身过错未能参加股东会的异议股东可请求公司收购其股权

——袁朝晖与长江置业(湖南)发展有限公司请求公司收购股份纠纷案

【风险提示】

异议股东　非因自身过错

【案例要旨】

非因自身过错未能参加股东会的股东,虽未对股东会决议投反对票,但对公司转让主要财产明确提出反对意见的,其请求公司以公平价格收购其股权,法院应予支持。

【案件基本信息】

1. 裁判书字号

最高人民法院(2014)民申字第2154号民事裁定书

2. 当事人

原告(二审上诉人、再审被申请人):袁朝晖

被告(二审上诉人、再审申请人):长江置业(湖南)发展有限公司(以下简称长江置业公司)

【基本案情】

2010年3月5日,长江置业公司形成股东会决议,明确由沈良、钟继光、袁朝晖3位股东共同主持工作,确认全部财务收支、经营活动和开支、对外经济行为必须通过申报并经全体股东共同联合批签才可执行,对重大资产转让要求以股东决

议批准方式执行。但是,根据长江置业公司与袁朝晖的往来函件,在实行联合审批办公制度之后,长江置业公司对案涉二期资产进行了销售,该资产转让从定价到转让,均未取得股东袁朝晖的同意,也未通知其参加股东会。袁朝晖在2010年8月19日申请召开临时股东会,明确表示反对二期资产转让,要求立即停止转让上述资产,长江置业公司驳回了袁朝晖的申请,并继续对二期资产进行转让。长江置业公司《公司章程》中规定,股东权利受到公司侵犯,股东可书面请求公司限期停止侵权活动,并补偿因被侵权导致的经济损失。如公司经法院或公司登记机关证实:公司未在所要求的期限内终止侵权活动,被侵权的股东可根据自己的意愿退股,其所拥有的股份由其他股东协议摊派或按持股比例由其他股东认购。长江置业公司在没有通知袁朝晖参与股东会的情况下,于2010年5月31日作出股东会决议,取消了袁朝晖的一切经费开支。

湖南省高级人民法院作出(2013)湘高法民二终字第91号民事判决书,支持袁朝辉诉请。长江公司不服,向最高人民法院申请再审。

再审法院对袁朝晖是否有权请求长江置业公司回购股权的问题分析如下。2010年3月5日,长江置业公司形成股东会决议,明确由沈良、钟继光、袁朝晖三位股东共同主持工作,确认全部财务收支、经营活动和开支、对外经济行为必须通过申报并经全体股东共同联合批签才可执行,对重大资产转让要求以股东决议批准方式执行。但是,根据长江置业公司与袁朝晖的往来函件,在实行联合审批办公制度之后,长江置业公司对案涉二期资产进行了销售,该资产转让从定价到转让,均未取得股东袁朝晖的同意,也未通知其参加股东会。根据《公司法》第七十四条之规定,对股东会决议转让公司主要财产投反对票的股东有权请求公司以合理价格回购其股权。本案从形式上看,袁朝晖未参加股东会,未通过投反对票的方式表达对股东会决议的异议。但是,《公司法》第七十四条的立法精神在于保护异议股东的合法权益,之所以对投反对票作出规定,意在要求异议股东将反对意见向其他股东明示。本案中袁朝晖未被通知参加股东会,无从了解股东会决议,并针对股东会决议投反对票,况且,袁朝晖在2010年8月19日申请召开临时股东会时,明确表示反对二期资产转让,要求立即停止转让上述资产,长江置业公司驳回了袁朝晖的申请,并继续对二期资产进行转让,已经侵犯了袁朝晖的股东权益。因此,二审法院依照《公司法》第七十四条之规定,认定袁朝晖有权请求长江置业公司以公平价格收购其股权,并无不当。

同时,长江置业公司《公司章程》规定,股东权利受到公司侵犯,股东可书面请求公司限期停止侵权活动,并补偿因被侵权导致的经济损失。如公司经法院或公司登记机关证实:公司未在所要求的期限内终止侵权活动,被侵权的股东可根据自己的意愿退股,其所拥有的股份由其他股东协议摊派或按持股比例由其他股东认购。本案中,长江置业公司在没有通知袁朝晖参与股东会的情况下,于2010年5月31日作出股东会决议,取消了袁朝晖的一切经费开支,长江置业公司和其股东会没有保障袁朝晖作为股东应享有的决策权和知情权,侵犯了袁朝晖的股东权益,符合长江置业公司《公司章程》所约定的"股东权利受到公司侵犯"的情形。因此,袁朝晖有权根据《公司章程》的规定,请求公司以回购股权的方式让其退出公司。

从本案实际处理效果看,长江置业公司股东之间因利益纠纷产生多次诉讼,有限公司人合性已不复存在,通过让股东袁朝晖退出公司的方式,有利于尽快解决公司股东之间的矛盾和冲突,从而保障公司利益和各股东利益。如果长江置业公司有证据证明袁朝晖存在侵占公司资产的行为,可以另行主张。再审法院裁定驳回长江置业公司的再审申请。

【裁判】

再审法院裁定:

驳回长江置业公司的再审申请。

【实务评析】

股份收购请求权,是指当股东会决议事项与股东有重大利害关系时,对股东会决议投反对票的股东有权请求公司收购其股份。根据《公司法》第七十四条、第一百四十二条的规定,异议股东的股份收购请求权的行使,一般情况下应当满足3个基本要件:一是请求收购股份必须符合法定事由,即《公司法》第七十四条明确规定的事由;二是股东必须在决议事项的股东或者股东大会上投反对票,如投同意票或者弃权票的,则没有权利请求公司收购其股份,而本案的裁判理由表明,非因自身过错未能参加股东会的股东,虽未对股东会决议投反对票,但对公司转让主要财产明确提出反对意见的,也应视为投反对票的股东;三是必须在一定的期限内向公司提出收购的申请。

（五）担保问题

75. 公司为股东之间转让股权提供担保必须由股东会作出决议

——林梅灼与林俨儒、福建鑫海冶金有限公司等股权转让纠纷案

【风险提示】

公司担保　股东会决议

【案例要旨】

公司为公司股东或者实际控制人提供担保的，必须由股东会作出决议，被担保的股东或者受实际控制人支配的股东，不得参加担保事项的表决。该项表决由出席会议的其他股东所持表决权的过半数通过。

【案件基本信息】

1. 裁判书字号

最高人民法院(2015)民二终字第176号民事判决书

2. 当事人

原告(被上诉人)：林梅灼

被告(上诉人)：林俨儒

被告(上诉人)：福建鑫海冶金有限公司(以下简称鑫海公司)

被告：蒋校

【基本案情】

2014年1月17日，林梅灼与林俨儒签订《股份转让协议书》，约定：林梅灼将

十六条第二款、第三款及鑫海公司章程第39条第2款、第3款均规定:公司为公司股东或者实际控制人提供担保的,必须由股东会作出决议;前款规定的股东或者受前款规定的实际控制人支配的股东,不得参加前款规定事项的表决。该项表决由出席会议的其他股东所持表决权的过半数通过。案涉股权转让合同订立时,林俨儒、林梅灼均系鑫海公司股东,均应当知道鑫海公司章程的上述规定,即鑫海公司为其股东担保应当经过鑫海公司股东会决议,并经其他股东所持表决权的过半数表决通过,而不属于公司法定代表人、负责人的权限。《合同法》第五十条规定:法人或者其他组织的法定代表人、负责人超越权限订立的合同,除相对人知道或者应当知道其超越权限的以外,该代表行为有效。[1] 因鑫海公司为案涉股权转让合同提供保证未经股东会决议,故时任鑫海公司总经理的蒋校在案涉股权转让合同上加盖鑫海公司印章的行为,超越了鑫海公司章程所规定的权限,对此,林梅灼应当知道,故该代表行为无效。蒋校在案涉股权转让合同上签字、加盖鑫海公司公章的行为,不能对鑫海公司产生法律约束力。故对鑫海公司有关其不应承担对案涉股权转让合同的保证责任的诉请,二审法院予以支持。

林梅灼以鑫海公司其他股东在知道鑫海公司为案涉股权转让合同提供保证后均未提出异议为由,主张鑫海公司提供的保证有效。但当事人以默示方式产生相应的法律后果应当以法律有明确规定或者当事人有明确约定为前提,而本案并不具备上述情形。故鑫海公司其他股东未就案涉保证事宜提出异议,不能产生其他股东以股东会决议方式同意鑫海公司为案涉股权转让合同提供保证的法律后果。

【裁判】

一审判决:

1. 林俨儒应于该判决生效之日起10日内支付林梅灼股份转让款16044万元及违约金405万元(此后违约金按16044万元每月2%从2014年10月12日起算至还清之日止);

2. 被告鑫海公司、蒋校对上述债务承担连带责任。

---

[1] 《民法典》相关条文为第五百零四条:"法人的法定代表人或者非法人组织的负责人超越权限订立的合同,除相对人知道或者应当知道其超越权限外,该代表行为有效,订立的合同对法人或者非法人组织发生效力。"

二审判决：

1. 维持福建省高级人民法院(2014)闽民初字第 102 号民事判决第 1 项；

2. 撤销福建省高级人民法院(2014)闽民初字第 102 号民事判决第 2 项；

3. 蒋校对林俨儒应当支付给林梅灼的股份转让款 16044 万元及违约金 405 万元(此后违约金按 16044 万元每月 2% 从 2014 年 10 月 12 日起算至还清之日止)承担连带责任；

4. 驳回林梅灼其他诉讼请求。

【实务评析】

公司为公司股东或实际控制人提供担保，公司法对此有特殊规定：必须由股东会作出决议；被担保的股东或者受实际控制人支配的股东，不得参加担保事项的表决。该项表决由出席会议的其他股东所持表决权的过半数通过。实践中，应严格遵循上述操作规定，防止担保合同被认定无效。

76. 股权转让合同中的流质条款无效

——中静汽车投资有限公司与上海铭源实业集团有限公司、桂林客车工业集团有限公司股权转让纠纷案

【风险提示】

股权转让　流质条款

【案例要旨】

转让方事先将持有的目标公司股权处置权让渡给股权质押权人，由质押权人直接指定受让方受让质押的股权而签订的《股权转让合同》，在债务未届清偿期时即已固定了对质物的处分方式和处分价格，该约定条款应属无效。

【案件基本信息】

1. 裁判书字号

最高人民法院(2015)民二终字第384号民事判决书

2. 当事人

原告(上诉人)：中静汽车投资有限公司(以下简称中静公司)

被告(被上诉人)：上海铭源实业集团有限公司(以下简称铭源公司)

被告(被上诉人)：桂林客车工业集团有限公司(以下简称桂客公司)

第三人：朱志群

【基本案情】

2012年11月29日，朱志群作为出借人与铭源公司作为借款人、姚湧作为保证人签订一份《融资借款协议》，约定，鉴于：铭源公司因经营需要拟向朱志群借款7000万元，姚湧为铭源公司在本协议项下的义务向朱志群承担连带保证责任，铭

源公司同意将其持有的桂客公司32.1510%股权(对应出资额9785万元)质押给朱志群,朱志群、铭源公司同意,若铭源公司届时未能及时清偿欠款的,朱志群有权要求铭源公司将其持有的桂客公司32.1510%股权以约定的价格转让给朱志群指定的第三方,由朱志群指定的第三方将股权转让款直接支付朱志群以偿还欠款,铭源公司向朱志群承诺:若铭源公司借款期限届满仍未能还款的,铭源公司于此不可撤销地授权朱志群依约处置股权,朱志群有权要求铭源公司立即将其持有的桂客公司32.1510%股权以7000万元的价格转让给朱志群指定的任意第三人,铭源公司不得拒绝;第三人无须向铭源公司支付股权转让款,该股权转让款由该第三方直接支付给朱志群用于偿还借款本息。

同日,朱志群与铭源公司又签订一份《股权质押合同》,约定:质押标的为铭源公司在桂客公司持有的32.1510%股权及其派生的权益,质押担保金额为7000万元。

2012年11月30日,铭源公司与朱志群就本案争议股权在广西壮族自治区永福县工商行政管理局办理了股权出质登记手续。上述协议签订后,铭源公司向朱志群提供了股权出让人为铭源公司,股权受让人、签署时间为空白的《股权转让协议》。

2013年1月18日,朱志群与中静公司签署一份《关于指定受让铭源公司持有的桂林客车32.1510%股权备忘录》,约定:朱志群保证其有权处置铭源公司持有的桂客公司32.1510%股权,有关股权变更手续由朱志群负责敦促铭源公司和桂客公司办理完成,中静公司予以必要配合;中静公司于备忘录签署当日向朱志群支付1000万元作为股权转让定金,余款于股权变更至中静公司名下且办理完成股权变更登记手续后3个工作日内全额支付。同日,上海华腾资产经营管理有限公司受中静公司委托向朱志群转款1000万元。

2013年2月22日,朱志群、铭源公司、姚湧、高央(保证人)签订一份《〈融资借款协议〉之补充协议》,协议约定:各方同意,借款的还款期限适当宽延,铭源公司应在2013年2月28日前全额归还借款;铭源公司同意,无须另行办理其他登记手续,铭源公司为担保《融资借款协议》项下义务履行而向朱志群提供的桂客公司32.1510%股权质押担保措施在宽延的借款期限内继续有效。

因铭源公司一直拒绝办理股权转让变更登记手续,桂客公司亦未能配合中静公司办理股权变更登记事宜。

中静公司向法院提起诉讼,请求判令铭源公司持有的桂客公司32.1510%股权,按评估价值确定的公允价格转让给中静公司持有,桂客公司配合中静公司与铭源公司办理股权变更登记手续。

一审法院认为,《物权法》第二百一十一条规定:质权人在债务履行期届满前,不得与出质人约定债务人不履行到期债务时质押财产归债权人所有。[1] 本案中,案涉《融资借款协议》中"鉴于"条款第6项、协议第4条以及《股权质押合同》条款约定的实质内容是双方事先约定在铭源公司不能按约偿还朱志群借款时,由朱志群将铭源公司质押的股权按照约定的价格转让第三方以抵销铭源公司欠朱志群的债务,即将质物的处置权让渡给朱志群。该约定违反了上述法律的禁止性规定,应确认无效。一审法院判决:驳回中静公司的诉讼请求。

中静公司不服一审判决,提起上诉。

二审法院认为,中静公司提出受让股权的依据为铭源公司与朱志群签订的《融资借款协议》及其项下的《股权质押合同》及《股权转让协议》,据协议相关条款内容来看,双方约定在铭源公司未能及时清偿债务时,朱志群有权要求铭源公司将其持有的桂客公司32.1510%股权以7000万元价格转让给朱志群指定的任意第三人,铭源公司不得拒绝,且该第三人亦无须向铭源公司支付股权转让款,而是直接支付给朱志群以偿还欠款,其实质为在铭源公司不能如约偿还朱志群借款时,朱志群可将铭源公司质押的股权以事先约定的固定价格转让给第三方以清偿铭源公司所负债务,即在履行期限届满前已约定由质权人朱志群以固定价款处分质物,相当于未届清偿期即已固定了对质物的处分方式和处分价格,显然与法律规定的质权实现方式不符。此种事先约定质物的归属和价款之情形实质上违反了《物权法》第二百一十一条禁止流质的强制性规定,故该约定条款应属无效。《股权转让协议》是基于《融资借款协议》《股权质押合同》中质权人朱志群在债务人铭源公司不能清偿到期债务时,有权单方以固定方式处置质物,将案涉股权转给其指定的第三人的约定所形成,除股权受让人及签署时间以外的其他内容的形成时间与上述两份协议的形成时间一致,并非铭源公司与中静公司在债务到期后自愿协商达成,该《股权转让协议》亦为无效。二审法院判决驳回上诉,维持原判。

---

[1] 《民法典》相关条文为第四百二十八条:"质权人在债务履行期限届满前,与出质人约定债务人不履行到期债务时质押财产归债权人所有的,只能依法就质押财产优先受偿。"下同。

【裁判】

一审判决：

驳回中静公司的诉讼请求。

二审判决：

驳回上诉，维持原判。

【实务评析】

“流质契约之禁止”是民法领域中一堵几乎不可逾越的高墙。现实中有些企业因为发展的需要向其他企业融资，对方要求其提供担保，其以企业股权质押，这本是正常的经济安排。但是，由于通过正常的融资渠道较难得到相应的金融支持，而没有这样的支持可能引发经营的困难，因此除了质押协议外，还须签订作为附加条件的股权转让合同或条款，在到期未能还款时事先授权质权人对质押股权的处置权。该种约定实质上是一种对合同相对方权利不平等的限制，该等条款无效。

77. 以担保债权实现为目的的股权转让属于股权让与担保

——福建省稀有稀土(集团)有限公司与修水县巨通投资控股有限公司合同纠纷案

【风险提示】

股权让与担保　合同效力

【案例要旨】

股权虽已变更登记至受让人名下,但该股权转让系以担保债权实现为目的,则此种合同属于让与担保合同,而非股权转让或者股权质押。让与担保合同是双方的真实意思表示,不违反法律、行政法规的强制性规定的,依法应当认定合同有效。

【案件基本信息】

1. 裁判书字号

最高人民法院(2018)最高法民终 119 号民事判决书

2. 当事人

原告(被上诉人):福建省稀有稀土(集团)有限公司(以下简称稀土公司)

被告(上诉人):修水县巨通投资控股有限公司(以下简称修水巨通)

第三人:江西巨通实业有限公司(以下简称江西巨通)

【基本案情】

2013 年 9 月 5 日,江西巨通作出《股东会决议》,全体股东一致同意修水巨通的股权对外转让。同日,出让方修水巨通作出《股东会决议》,全体股东一致同意转让其在江西巨通中的48%股权。

2013年9月5日,稀土公司、修水巨通与江西巨通签订《股权转让协议》。协议约定,修水巨通持有江西巨通的48%股权,并同意按本协议之规定向稀土公司转让讼争股权。

2013年9月5日,稀土公司、修水巨通、刘典平签订《担保和反担保协议》,约定:修水巨通、刘典平向稀土公司支付担保费1600万元。

2013年9月6日,中铁信托与修水巨通签订《流动资金借款合同》,约定中铁公司向修水巨通提供不低于8亿元的借款,由稀土公司提供48%股权质押和连带责任担保。中铁信托依合同向修水巨通履行了合同约定的义务。

2013年9月6日,江西巨通完成了股权变更登记,将合同标的48%股权变更到稀土公司名下。

股权转让后,江西巨通作出决议,全体股东一致同意修改江西巨通章程。稀土公司参与了江西巨通的经营管理,行使股东权利。

《流动资金借款合同》借款履行期间届满后,修水巨通无力偿还债务,稀土公司代偿债务,代偿的本金及利息总额为91844.444443万元。

稀土公司向一审法院起诉请求判决确认稀土公司、修水巨通和江西巨通于2013年9月5日签订的《股权转让协议》及其项下的股权转让交易合法有效等。

一审法院认为,关于本案合同的性质:从《股权转让协议》约定的内容看,修水巨通将股权变更至稀土公司名下后,"如解除条件未能满足的,修水巨通无权终止或解除本协议;但稀土公司既有权要求继续履行本协议的部分或全部内容,也有权要求终止或解除本协议的部分或全部内容",现稀土公司主张全部继续履行合同,因此,本案讼争合同不仅有质押担保的内容,而且约定有在条件成就时受让讼争股权的内容。当稀土公司为修水巨通代偿债务后,在稀土公司主张继续履行合同的情况下,稀土公司可以受让讼争股权。关于讼争股权转让合同是否违反禁止流质的规定:讼争合同约定与流质条款有严格的区别。本案中对于股权转让对价系以稀土公司决定受让股权后以合同约定的基准日确定,而流质条款的债权人是当然地取得股权,并不负有对标的股权的清算义务。一审法院判决确认稀土公司、修水巨通、江西巨通于2013年9月5日签订的《股权转让协议》为有效合同。

二审法院认为:

所持有鑫海公司的股份共计人民币 10400 万元(其中 960 万元由陈而元负责转让过户给林俨儒),实股为 9440 万元以 2.5 倍即 23600 万元人民币作价转让,林俨儒同意按此转让价格购买。在协议保证人(单位)签名处有蒋校的签名和鑫海公司的盖章。

2014 年 2 月 13 日,林梅灼与林俨儒签订《股份转让补充协议》,约定:在股份转让协议生效后,该公司的所有债权债务包括各种税费均由林俨儒分享与承担,林俨儒同时承诺凡属于林梅灼担保的本公司有关事项均由林俨儒承担。

2014 年 2 月 21 日,林梅灼与林俨儒签订《福建鑫海冶金有限公司股权转让协议》,约定:甲方林梅灼同意将持有鑫海公司 22.17% 的股权共 16640 万元人民币出资额,以 16640 万元转让给乙方林俨儒。该协议订立后,在工商登记机关变更登记时进行了备案。

2014 年 7 月 16 日,林梅灼与林俨儒签订《股份转让补充协议书(二)》,约定保证人自愿为受让人在该协议约定的还款义务范围内承担连带责任,保证期限为两年。在该协议中保证人签名处,有蒋校的签名和鑫海公司的盖章。

合同订立后,出让人林梅灼将股权过户给了受让人林俨儒,并办理了工商变更登记。受让人林俨儒共支付了股权转让价款 7556 万元给林梅灼。林俨儒目前已无继续支付价款的能力。

林梅灼一审诉称,请求林俨儒支付股份转让款人民币 16044 万元整及违约金 1551.01 万元;鑫海公司、蒋校对上述款项承担连带还款责任。

一审法院对鑫海公司保证合同的效力问题分析如下。虽然鑫海公司提供了 2012 年 4 月 17 日的公司章程作为证据,认为公司"向其他企业投资或者为他人提供担保,由股东会作出决议。公司为公司股东或者实际控制人提供担保的,必须由股东会作出决议。前款规定的股东或者受前款规定的实际控制人支配的股东,不能参加前款规定事项的表决。该项表决由出席会议的其他股东所持表决权的过半数通过",但从《公司法》的规定及公司章程的规定看,该内容是公司的管理性规范,不是效力性规范,公司违反《公司法》的规定及公司章程的规定提供担保的,担保合同仍然有效。因此,本案中鑫海公司订立的保证合同有效。一审法院判决鑫海公司、蒋校承担连带责任。

林俨儒、鑫海公司不服一审判决,提起上诉。

二审法院对鑫海公司是否应当承担保证责任的问题分析如下。《公司法》第

1. 关于案涉《股权转让协议》的性质

案涉《股权转让协议》在性质上应认定为让与担保。理由如下:

第一,稀土公司与修水巨通之间存在债权债务关系。稀土公司作为修水巨通所负借款债务的担保人及反担保权人,对修水巨通享有将来债权。如修水巨通将来未依约偿还借款债务,稀土公司作为担保人承担担保责任后,对修水巨通享有追偿权。

第二,债务人修水巨通与债权人稀土公司之间具有转让案涉股权的外观。案涉股权转让,在转让人和受让人等各方当事人之间已经达成合意、符合公司法中有限公司股权转让的条件和程序,并已经公示、变更登记至受让人名下,在外观上实现了权利转移。

第三,案涉股权虽已变更登记至稀土公司名下,但该转让系以担保债权实现为目的,稀土公司作为名义上的股权受让人,其权利范围不同于完整意义上的股东权利,受担保目的等诸多限制。

综上,《股权转让协议》在转让目的、交易结构以及股东权利等方面,均具有不同于单纯的股权转让的特点,其权利义务内容及实际履行情况,符合让与担保的基本架构,系以股权转让的方式实现担保债权的目的,其性质应认定为股权让与担保。

2. 关于《股权转让协议》的效力问题

本案中,《股权转让协议》约定了转让标的、转让价款、变更登记等事项,江西巨通、修水巨通均就股权转让事宜作出股东会决议,案涉股权亦办理了变更登记手续,具备股权转让的外在表现形式。修水巨通虽提供黄宁、叶莲花等证人证言,拟证明其同意转让案涉股权的目的在于提供担保,但此种事实恰恰符合让与担保以转移权利的手段实现担保债权目的的基本架构,不构成欠缺效果意思的通谋的虚假意思表示,其据此主张《股权转让协议》无效,于法无据。且《股权转让协议》第3.1条约定了清算条款,不违反流质条款的禁止性规定。故,《股权转让协议》系各方当事人通过契约方式设定让与担保,形成一种受契约自由原则和担保经济目的双重规范的债权担保关系,不违反法律、行政法规的禁止性规定,应为合法有效。

【裁判】

一审判决:

1. 确认稀土公司、修水巨通、江西巨通于 2013 年 9 月 5 日签订的《股权转让协议》为有效合同;

2. 确认稀土公司享有江西巨通 48% 股权;

3. 驳回稀土公司的其他诉讼请求。

二审判决:

驳回上诉,维持原判。

【实务评析】

股权让与担保是让与担保的一种,指的是债务人或者第三人为担保债务的履行,将其股权转移至债权人名下并完成变更登记,在债务人不履行到期债务时,债权人可就股权折价后的价款受偿的一种担保。认定一个协议是股权转让、股权让与担保还是股权质押,不能仅仅看合同的形式或者名称,而且要探究当事人的真实意思表示。根据《全国法院民商事审判工作会议纪要》第七十一条的规定,债权人请求参照法律关于担保物权的规定对财产拍卖、变卖、折价优先偿还其债权的,人民法院予以支持。

78. 为融资提供担保的转让方不丧失其股东权益

——周飞与陶明、中住佳展地产(徐州)有限公司等买卖合同纠纷案

【风险提示】

融资担保　股东权益

【案例要旨】

双方在协议中约定的转让标的是一方在项目公司中的股权和相关权益,股权已于该协议签订的同日分别转让给他人并办理了工商登记手续,但该转让是为融资提供让与担保的,双方的股东权益并不因此而当然丧失。

【案件基本信息】

1. 裁判书字号

最高人民法院(2014)民二终字第259号民事判决书

2. 当事人

原告(上诉人):周飞

被告(上诉人):陶明

被告(被上诉人):中住佳展地产(徐州)有限公司(以下简称中住佳展公司)

被告(被上诉人):中佳(徐州)房地产开发有限公司(以下简称中佳房产公司)

被告(被上诉人):江苏天迈投资有限公司(以下简称天迈投资公司)

被告(被上诉人):江苏青石置业有限公司(以下简称青石置业公司)

第三人(被上诉人):重庆首创环境治理有限公司(以下简称首创环境公司)

【基本案情】

中住佳展公司、中佳房产公司公司股东均为在英属维尔京群岛设立的佳展投资有限公司(以下简称BVI佳展投资公司)。

2010年4月22日,BVI佳展投资公司与珠海硕博林投资管理咨询有限公司(以下简称硕博林公司,该公司股东为陶明及其配偶刘迎春)签订《股权转让合作协议》,约定:BVI佳展投资公司同意将其所持有的一期项目公司即中住佳展公司的全部股权转让给硕博林公司;BVI佳展投资公司同意支付硕博林公司5000万元补贴中住佳展公司的亏损。

2010年4月22日,BVI佳展投资公司与周飞签订《股权转让合作协议》,约定:BVI佳展投资公司同意将其所持有的二期项目公司即中佳房产公司的全部股权转让给周飞,转让价格为人民币1亿元。2010年4月26日,中住佳展公司将5000万元转入BVI佳展投资公司在徐州的另一项目公司佳展(徐州)房地产开发有限公司。

2010年8月16日,周飞、陶明各出资2500万元设立天迈投资公司,该公司注册资金5000万元,公司法定代表人为周飞。

2010年9月19日,周飞(甲方)与陶明(乙方)签订《第三轮合作协议》。第1条"股份认定"约定,甲乙双方持有天迈投资公司各占50%股权,同时天迈投资公司拥有中住佳展公司和中佳房产公司100%股权。该协议还约定了其他条款。

2011年6月7日,天迈投资公司股东会决议将周飞、陶明的股权分别转让给景昇、赖文东。

2011年6月8日,甲方陶明与乙方周飞签订《协议》。约定:"一、乙方同意将其所持有的在上述公司中的50%的股权和全部权益按本协议约定的条件和方式转让给甲方。二、2011年6月8日前,甲、乙双方应配合项目公司融资至少人民币6000万元。其中人民币500万元支付给乙方的小额贷款公司,归还部分本息欠款,其余款项用于归还甲方以自身名义为项目公司的对外借款。三、2011年6月30日前,甲、乙双方应配合用项目公司融资至少人民币1亿元。四、2011年7月30日前,甲乙双方应配合用项目公司融资人民币2亿~3亿元。其中支付乙方人民币7050万元。其余款项由甲方安排支付项目公司的到期债务和建设费用。上述款项付清后,乙方将天迈投资公司名下的全部股权无条件转让给甲方。

五、2011年12月30日前，甲方应用项目公司融资且/或通过销售房屋来支付乙方人民币15000万元款项。具体操作中，甲乙双方应将中住佳展公司所有的价值15000万元的在售房屋抵押给乙方，直至上述款项全部支付完毕。但在上述房屋销售过程中，乙方应给予配合解押。抵押手续办理后，乙方应将香港佳展投资公司名下的全部境内外股份无条件变更为甲方。”

同日，周飞与景昇签订《股权转让协议》，将其在天迈投资公司的50%股权以2500万元的价格转让给景昇。陶明与赖文东签订《股权转让协议》，将其在天迈投资公司的50%股权以2500万元的价格转让给赖文东。上述股权变更事宜已经工商登记。

工商登记资料显示：中住佳展公司、中佳房产公司自成立以来，公司股东始终为BVI佳展投资公司。中住佳展公司、中佳房产公司的法定代表人现为聂远。

周飞向法院提起诉讼，请求陶明、中住佳展公司、中佳房产公司、天迈投资公司、青石置业公司连带支付原告周飞2.555亿元本金及相应孳息947.09万元；撤销股权转让合同；撤销天迈投资公司无偿转让青石置业公司2.85亿元土地使用权行为。

一审法院认为，本案系股权及权益转让纠纷，2011年6月8日《协议》签订系周飞和陶明真实意思表示，陶明应依约向周飞支付2.555亿元人民币并支付至2012年5月25日起诉之日，按中国人民银行同期流动资金贷款基准利率计算的利息。一审法院判决陶明应向周飞支付2.555亿元人民币并支付利息。

周飞、陶明不服一审判决，提起上诉。

二审法院认为，就天迈投资公司而言，陶明和周飞均为天迈投资公司设立时的登记股东，虽然陶明与周飞的出资均系通过中佳房产公司融资并由该公司负责偿还，但并不能由此否认二人在天迈投资公司设立时所享有的投资性权益。虽然陶明和周飞已经于该协议签订的同日将股权分别转让给景昇和赖文东并办理了工商登记手续，但该转让系为融资提供的让与担保方式，陶明和周飞的股东权益并不因此而当然丧失。就青石置业公司而言，青石置业公司系由天迈投资公司出资设立的独资公司，陶明和周飞因持有天迈投资公司股权而享有对青石置业公司的间接控制关系，在天迈投资公司将其在青石置业公司中的股权转让给首创环境公司之前，陶明和周飞对青石置业公司的投资性权益是通过投资关系得以体现。故应当认定在2011年6月8日《协议》签订时，陶明和周飞对天迈投资公司享有股权,并通过这一投资关系实现对青石置业公司的实际控制。二审法院判决驳回上诉,维持原判。

【裁判】

一审判决:

1. 陶明应向周飞支付2.555亿元人民币并支付至2012年5月25日起诉之日,按中国人民银行同期流动资金贷款基准利率计算的利息;

2. 驳回周飞其他诉讼请求。

二审判决:

驳回上诉,维持原判。

【实务评析】

在主债务期限届满后仍未履行的情况下,名义上的股权受让人对变价后的股权价值享有优先受偿权,但原则上无权对股权进行使用收益,不能享有《公司法》规定的股东所享有的参与决策、选任管理者、分取红利的权利。此时,如果债权人信赖股权受让人为股东,要求法院执行股权,法律应否保护此种信赖?基于登记的权利推定效力,名义股东的债权人有权请求执行名义股东的股权,但转让人作为实际股东可以请求确权,也可以通过提出执行异议之诉的方式保障自己的权利。

（六）股权转让中的税费问题

79. 股权转让双方可就税费承担进行约定

——吴善媚、李耀生与梁新业、宋汉之等股权转让纠纷案

【风险提示】

税费　代为履行

【案例要旨】

在股权转让中，转让方依法负有的缴纳个人所得税等纳税义务，系其作为纳税义务人所负有的法定义务，不得通过约定改由他人承担。但是税费作为一种金钱之债，却可通过约定由他人代为履行。转让方根据有关规定缴纳了相关税费后，也可根据约定向受让方求偿。

【案件基本信息】

1. 裁判书字号

最高人民法院（2016）最高法民终51号民事判决书

2. 当事人

原告（反诉被告、上诉人）：吴善媚

原告（反诉被告、上诉人）：李耀生

被告（反诉原告、上诉人）：梁新业

被告（反诉原告、上诉人）：宋汉之

被告（反诉原告、上诉人）：王兆远

【基本案情】

2009年8月11日，吴善媚、李耀生为甲方，广西龙云房地产投资有限公司（以

下简称龙云公司)、王兆远为乙方签订一份《股权转让合同》,合同约定:甲方吴善媚、李耀生同意将两人享有的南京市金汛有限责任公司(以下简称金汛公司)全部股权转让给乙方龙云公司和王兆远;股权转让总价款为5500万元;甲、乙双方同意采取分期付款的方式,即合同签订之日起7个工作日内,乙方支付1000万元,2009年12月25日再支付200万元,余款在2010年12月31日前付清。

2009年8月14日,吴善媚、李耀生(甲方)与王兆远、龙云公司(乙方)签订一份《补充协议》,协议约定,变更《股权转让合同》第3条约定的付款时间及金额为:合同签订后3个工作日内,乙方支付800万元;2009年12月25日再支付200万元;余款在2010年12月31日付清。

2009年8月17日,吴善媚、李耀生(甲方)与宋汉之、梁新业、王兆远(乙方)签订一份《补充协议》,约定:将《股权转让合同》的原股权受让人王兆远、龙云公司变更为宋汉之、梁新业、王兆远,分期付款方式修改方案为:2009年8月18日付300万元,8月21日付700万元,12月25日付200万元,余款在2010年12月31日前付清。

2009年9月1日,金汛公司召开由股东吴善媚、李耀生、梁新业参加的股东会决议,决议将吴善媚、李耀生分别享有金汛公司的15.83%、4.17%股份共20%股份转让给梁新业,并办理了股权变更登记,将上述股权变更至梁新业名下。

2010年5月5日,吴善媚、李耀生(甲方)与宋汉之、梁新业、王兆远(乙方)签订《补充协议》,约定:(1)由乙方一次性共补偿甲方1.3亿元人民币,即每亩约486.84万元。(2)本协议第1条约定的补偿款的最迟给付期限为乙方开发《股权转让合同》所对应的土地资产所形成的楼盘开盘销售后2个月内。(3)甲方因转让金汛公司股权所产生的税费由乙方承担。本协议第1条约定的补偿款与《股权转让合同》中约定的5500万元,一共18500万元及乙方支付给甲方的利息系甲方转让金汛公司股权的税后净收入。

2010年5月6日,金汛公司召开由吴善媚、宋汉之、梁新业、王兆远参加的股东会决议,决议同意吴善媚转让16%的股份给梁新业、转让27%的股份给宋汉之、转让27%的股份给王兆远,并办理了上述股权变更登记。2013年6月13日,金汛公司办理了法定代表人和股东变更登记,法定代表人变更为宋汉之,股东变更为宋汉之占63%、王兆远占27%、吴善媚占10%。

2014年12月29日,金汛公司召开股东会,宋汉之拟将其61%股权对外转让给南宁市艺林文化有限公司，梁新业拟将其27%股权对外转让给白红，吴善媚持反对意见。

吴善媚、李耀生向法院提起诉讼，请求梁新业、宋汉之、王兆远共同向吴善媚、李耀生支付股权转让余款1900万元及补偿款1.3亿元、补偿款利息、违约金。梁新业、宋汉之、王兆远提起反诉，请求吴善媚、李耀生赔偿经济损失及可得利益损失1000万元并交付金汛公司原经备案的公司公章等全部公司证照资料。

关于补偿款1.3亿元，一审法院认为：根据2010年5月5日《补充协议》的约定，鉴于《股权转让合同》中对股权所对应资产的土地价格定价太低，双方当事人经协商，由梁新业、宋汉之、王兆远一次性补偿吴善媚、李耀生1.3亿元人民币，并约定最迟给付期限为开发土地所形成的楼盘开盘销售后2个月内，该补偿款的支付约定属于附期限的付款。现金汛公司名下土地尚未开发，故该1.3亿元补偿款的给付期限尚未成就，吴善媚、李耀生诉请梁新业、宋汉之、王兆远支付1.3亿元补偿款，依法应不予支持。一审法院判决梁新业、宋汉之、王兆远向吴善媚、李耀生支付股权转让余款人民币1900万元、补偿款利息人民币1340万元、违约金人民币1650万元；吴善媚、李耀生向梁新业、宋汉之、王兆远交付南宁市金汛有限责任公司原经备案的公司公章等公司账册和相关财务资料。

吴善媚、李耀生二人（以下简称转让方），梁新业、宋汉之、王兆远三人（以下简称受让方）均不服一审判决，提起上诉。

二审法院认为，关于税费负担问题。在股权转让场合，转让方依法负有的缴纳个人所得税等纳税义务，系其作为纳税义务人所负有的法定义务，不得通过约定改由他人承担；但税费作为一种金钱之债，却可通过约定由他人代为履行。“8月11日协议”第7条约定由受让方支付相关税费，该约定不违反法律、行政法规的强制性规定，应属合法有效。然而，“8月11日协议”仅约定由受让方负担相关税费，对于何时缴纳何种税费及缴纳多少税费，都没有约定。在税费种类及额度均未确定，转让方也没有实际缴纳相关税费的情况下，其要求受让方支付相关税费的诉讼请求缺乏事实依据，法院不予支持。当然，在税务征收部门催缴税费的情况下，转让方可根据合同的约定要求受让方代为缴纳相关费用。转让方根据有关规定缴纳了相关税费后，也可根据约定向受让方求偿。二审法院判决王兆远、梁新业、宋汉之向吴善媚、李耀生支付违约金570万元及1.3亿元补偿款。

【裁判】

一审判决:

1. 梁新业、宋汉之、王兆远向吴善媚、李耀生支付股权转让余款人民币1900万元;

2. 梁新业、宋汉之、王兆远向吴善媚、李耀生支付补偿款利息人民币1340万元;

3. 梁新业、宋汉之、王兆远向吴善媚、李耀生支付违约金人民币1650万元;

4. 吴善媚、李耀生向梁新业、宋汉之、王兆远交付南宁市金汛有限责任公司原经备案的公司公章及公司财务账册和相关财务资料;

5. 驳回吴善媚、李耀生的其他诉讼请求;

6. 驳回梁新业、宋汉之、王兆远的其他反诉请求。

二审判决:

1. 维持一审判决第1、2、4、6项;

2. 撤销一审判决第5项;

3. 变更一审判决第3项为:王兆远、梁新业、宋汉之向吴善媚、李耀生支付违约金570万元;

4. 王兆远、梁新业、宋汉之向吴善媚、李耀生支付1.3亿元;

5. 驳回吴善媚、李耀生的其他诉讼请求。

【实务评析】

关于金钱给付之债由第三方代为履行的约定如果不违反法律、行政法规的强制性规定,是当然有效的。股权转让中当事人之间约定由受让方承担转让方的税费是一个非常普遍的交易安排,在实务中由此引发的纠纷也非常普遍。受让方的理由是转让方纳税的法定义务不得由当事人的约定进行免除。为减少类似纠纷发生在股权转让法律文件中约定由受让方代为履行,并不得向转让方主张返还相应款项更为稳妥。

80. 受让方不得将股权转让税费在支付股权转让款时扣除

——陶向群、孙苹与许建明、吴平股权转让纠纷案

【风险提示】

税费　税务机关　扣除

【案例要旨】

股权转让合同约定由转让方自行承担相应税金的，应由转让方自行向税务机关缴纳，受让方不得在支付股权转让款时扣除。

【案件基本信息】

1. 裁判书字号

最高人民法院(2016)最高法民终264号民事判决书

2. 当事人

原告(上诉人)：陶向群

原告(上诉人)：孙苹

被告(被上诉人)：许建明

被告(被上诉人)：吴平

【基本案情】

2010年2月9日，欧普康视科技(合肥)有限公司(乙方，以下简称欧普康视公司)与安徽省灵璧县人民政府(甲方，以下简称灵璧县政府)签订了一份《灵璧县钟灵文化广场、文化活动中心、灵璧大剧院和五纵三横道路市政工程投资建设项目协议书》(以下简称《投资协议》)。协议第3条第2项约定：灵璧县钟灵文化

广场、文化活动中心、灵璧大剧院和五纵三横道路市政工程投资建设项目（包括规划设计费）由欧普康视公司全额垫资建设，相应工程款则由灵璧县政府以挂牌土地出让金支付。同日，双方又签订了一份《补充协议》。

2011年1月5日，陶向群、孙苹（甲方）与许建明、吴平（乙方）签订《奥泰克公司股权转让合同》（以下简称《股权转让合同》）一份。该合同约定了股权转让的价款、支付办法、程序及相关约定，奥泰克公司应按照上述约定分配给陶向群、孙苹的"土地分成"款，陶向群、孙苹应承担相应的税金。

同日，为变更奥泰克公司工商登记，许建明分别与陶向群、孙苹签订《股权转让协议》一份，分别约定许建明受让陶向群、孙苹持有的奥泰克公司66.7%、13.3%股权；吴平与孙苹签订《股权转让协议》一份，约定吴平受让孙苹持有的奥泰克公司20%股权。

2011年1月7日，陶向群（甲方）与奥泰克公司（乙方）、许建明及吴平（丙方）签订了《借款协议》，约定：吴平向奥泰克公司借款2964.6万元，用于收购陶向群的股份；奥泰克公司向陶向群借款（计息）2964.6万元，转借给吴平；吴平以其股权对奥泰克公司上述借款行为担保。同日，孙苹与奥泰克公司、许建明及吴平也签订了一份《借款协议》，除约定借款的金额为1481.4万元。

2012年5月9日，陶向群、孙苹（甲方）与许建明、吴平（乙方）和奥泰克公司（丙方）签订一份《协议书》，约定：陶向群、孙苹原为奥泰克公司股东，因经营需要将全部股权转让给许建明、吴平，甲、乙双方于2011年1月5日签订上述协议后，许建明及奥泰克公司向陶向群、孙苹，支付的款项合计5619.5586万元。

陶向群、孙苹向一审法院提起诉讼，诉称许建明、吴平未能依约履行《股权转让合同》及《协议书》，应当依约支付土地出让金溢价分成款40%及滞纳金损失，承担继续支付借款本金1416.7313万元及相应利息损失的义务，奥泰克公司承担连带清偿责任。

一审法院对案涉款项的支付过程中是否存在违约看法如下。2012年5月29日，陶向群、孙苹与许建明、吴平、奥泰克公司签订的《协议书》第1条约定，许建明、吴平须在2012年6月8日前将2011年1月18日至2012年5月8日4446万元借款税后利息542万元全额付清；否则，陶向群、孙苹有权要求按原合同中的约定结算并支付该期间利息1039.93万元及滞纳金435.7万元。经查，2012年6月8日，许建明分别向陶向群支付361.33万元、孙苹支付180.67万元，合计542万元。故截至2012年6月8日,许建明、吴平未存在违约情形。

在许建明、吴平履行2012年5月29日《协议书》过程中不存在违约的情形下,依约陶向群、孙苹应放弃灵璧县人民政府返还给奥泰克公司的“二号地块”土地出让金溢价分成的分配,故陶向群、孙苹关于依据《股权转让合同》,许建明、吴平应依约支付灵璧县人民政府返还给奥泰克公司的土地出让金税后溢价款及滞纳金的诉请,没有事实依据。一审法院判决驳回陶向群、孙苹的诉讼请求。

陶向群、孙苹为不服一审判决,提起上诉。

二审法院认为,根据《股权转让协议》关于陶向群、孙苹应当自行承担土地溢价分成款“相应的税金”的约定,许建明、吴平应当向陶向群、孙苹支付土地出让金溢价款8205.12万元的40%计3282.048万元,按照陶向群、孙苹的持股比例66.68:33.32分别予以支付,相应税金由陶向群、孙苹自行向税务机关缴纳。

【裁判】

一审判决:

驳回陶向群、孙苹的诉讼请求。

二审判决:

1.撤销安徽省高级人民法院(2015)皖民二初字第00017号民事判决。

2.判令许建明、吴平自本判决生效之日起10日内向陶向群、孙苹支付土地出让金溢价款8205.12万元的40%计3282.048万元,按照陶向群、孙苹的股权比例66.68:33.32分别予以支付,相应税金由陶向群、孙苹自行向税务机关缴纳;许建明、吴平同时支付上述应付款项的滞纳金。

3.驳回陶向群、孙苹的其他诉讼请求。

【实务评析】

国家税务总局发布的《股权转让所得个人所得税管理办法(试行)》第五条规定,“个人股权转让所得个人所得税,以股权转让方为纳税人,以受让方为扣缴义务人”。虽然纳税主体是作为股权转让方的自然人,但受让方是扣缴义务人,对于股权转让所得税负有法律上的扣缴义务。而对于企业作为股权转让方的,法律则没有规定受让方作为扣缴义务人。因此,除非股权转让合同中明确约定,受让方支付给转让方的股权转让款不包含应当支付的税款,该税款由受让方代为支付,否则受让方不得在应支付给转让方的股权转让款中预先扣除相应税款。

第五章
Chapter 05

违约责任

81. 任何一方不能因其违约行为而获益

——中国长城资产管理公司沈阳办事处与北京万方源房地产开发有限公司合同纠纷案

【风险提示】

违约行为 获益 诚实信用原则

【案例要旨】

违约方在案涉股权价格大幅度升值的情况下,又主动要求履行协议,显然有悖诚实信用原则,股权升值后的大部分利益应归守约方所有。

【案件基本信息】

1. 裁判书字号

北京市第二中级人民法院(2015)民二终字第366号民事判决书[1]

2. 当事人

原告(被上诉人):中国长城资产管理公司沈阳办事处(以下简称长城资产沈阳办事处)

被告(上诉人):北京万方源房地产开发有限公司(以下简称万方源公司)

【基本案情】

2007年11月1日,长城资产沈阳办事处与万方源公司签订《债权置换股份协议书》载明:

第1条拟置换的债权与股份:(1)拟置换债权是指长城资产沈阳办事处对中

[1] 本案是最高人民法院第二巡回法庭关于公正审理跨省重大民商事和行政案件典型案例,载《人民法院报》2016年11月1日。

国辽宁国际合作(集团)股份有限公司(以下简称中辽国际)及其4家子公司享有的截至本协议签署日本金为5883.87万元的债权。(2)拟置换股份是指万方源公司自巨田证券受让的中辽国际法人股中的700万股股份。(3)万方源公司承诺,在本协议项下股份的股份过户法定限制情形消失后10日内,将本协议项下股份过户给长城资产沈阳办事处,股份附带的所有权利、权益一并转移至长城资产沈阳办事处。

第9条违约责任:本协议正式生效后,双方应积极履行有关义务,任何一方违反本协议规定的行为均构成违约。违约方应向守约方支付本协议第1条第1款约定的债权本金金额5%的违约金,并赔偿守约方因此遭受的全部损失。

2008年10月24日,万方源公司取得中辽国际6630万股法人股并过户至万方源公司名下。

2011年6月21日,长城资产沈阳办事处向万方源公司发出《股份过户通知书》,内容为:"要求万方源公司将我办事处以债权置换的万方地产700万股股份过户至我办事处名下。"万方源公司盖章确认。

2012年11月28日,长城资产沈阳办事处向万方源公司发出《关于"万方地产"700万股权问题的函》,载明:"根据《债权置换股份协议书》,我办拟对该700万股权办理过户手续后进行处置,请贵公司给予配合和支持。贵公司也可按照目前我公司对该股权批复的拟处置价格,即以不低于6.91元/股的价格进行回购,按700万股计算共计4837万元。"

2012年11月29日,万方源公司以万方源字(2012)20号向长城资产沈阳办事处发送《关于"万方地产"700万股股权问题的复函》,载明:"1.我公司同意回购代持的700万股万方地产股权。2.回购价格应以该股权解除限售期之日(2012年6月5日)前20个交易日的平均价格作为我公司回购700万股权的每股价格。"

2013年3月5日,长城资产沈阳办事处与万方源公司签订《意向协议》,鉴于万方源公司未履行《债权置换股份协议书》约定义务,并同意与长城资产沈阳办事处签订《股权折现协议》,将质押给长城资产沈阳办事处的700万股法人股折现人民币5250万元向长城资产沈阳办事处支付折现款,协议约定:1.万方源公司为担保与长城资产沈阳办事处签订《股权折现协议》并完全履行,自愿向长城资产沈阳办事处交质押股份全部折现款的5%,即人民币2625000元作为保证金,该保证金万方源公司将于本协议生效后7日内一次支付;2.长城资产沈阳办事处收到保证金后应对股权折现方案履行内部审批程序。

后万方源公司未缴纳保证金，也未与长城资产沈阳办事处签订《股权折现协议》。

2013 年 4 月 1 日，万方地产股份有限公司发布《2012 年度资本公积金转增股本实施公告》，案涉的股份 700 万股由于万方地产增股变为 1400 万股。万方地产股份有限公司后更名为万方城镇投资发展股份有限公司（以下简称万方发展公司）。

万方发展公司 2015 年 5 月 5 日前 20 个交易日的平均收盘价为 13.46 元/股，1400 万股折合人民币 18844 万元。

一审法院认为，万方源公司没有交纳保证金，双方也未签订《股权折现协议》，《意向协议》没有实际履行。万方源公司在未能与长城资产沈阳办事处达成股权折现回购协议的情况下，仍然不履行将 700 万股权过户给长城资产沈阳办事处的约定义务，显已构成违约行为，理应承担相应的违约责任。《债权置换股份协议书》第 9 条违约责任约定："本协议正式生效后，双方应积极履行有关义务，任何一方违反本协议规定的行为均构成违约。违约方应向守约方支付本协议第 1 条第 1 款约定的债权本金金额 5% 的违约金，并赔偿守约方因此遭受的全部损失。"依此，万方源公司应向长城资产沈阳办事处支付违约金 294.1935 万元。2013 年 4 月 1 日案涉的股份 700 万股由于万方地产增股变为 1400 万股，在证券登记结算公司办理的股权质押冻结也变为 1400 万股。所以，长城资产沈阳办事处按照《债权置换股份协议书》的约定，依 1400 万股而请求万方源公司赔偿损失应该给予支持，但由于股票市场的特殊性，其诉请以 2015 年 5 月 5 日当天收盘价 16.50 元/股计算损失额不尽合理，应以 2015 年 5 月 5 日前 20 个交易日万方发展股票的平均收盘价计算损失额较为公平合理。万方发展股票 2015 年 5 月 5 日前 20 个交易日的平均收盘价为 13.46 元/股，1400 万股折合 18844 万元。一审法院判决万方源公司赔偿长城资产沈阳办事处人民币 18844 万元，支付长城资产沈阳办事处违约金 294.1935 万元；长城资产沈阳办事处对万方源公司质押的万方发展 1400 万股股份在上述第 1、2 项范围内享有优先受偿权。

万方源公司不服一审判决，提起上诉，认为依据《意向协议》的约定，长城资产办事处只享有 5250 万元的债权，不应以万方发展股票 2015 年 5 月 5 日前 20 个交易日的平均收盘价判决赔偿长城资产沈阳办事处的损失。

二审法院认为，由于股票市场的特殊性，该1400万股股份对应的市场价值在不断变化，至提起诉讼之日案涉股票价格已明显上涨，在万方源公司持有上述股份拒不交付的情况下，长城资产沈阳办事处无法实现其正常权益，故该办事处要求按照股票交易价格作为损失计算的依据，符合法律规定。另外，万方源公司曾于2012年11月29日致函长城资产沈阳办事处，同意以该股权解除限售之日前20个交易日的平均价格作为其回购700万股权的依据，虽然该股权回购方案没有实施，但至少表明万方源公司曾经同意以20个交易日的股票平均价格来计算折现价款这种计算方式，故原判决充分考虑到股票交易特点和双方当事人的合法权益，在长城资产沈阳办事处增加诉讼请求后，参考一审开庭前20个交易日的股票平均收盘价作为损失计算依据，并无不妥。二审法院判决驳回上诉，维持原判。

【裁判】

一审判决：

1. 万方源公司于判决生效后10日内赔偿长城资产沈阳办事处人民币18844万元；

2. 万方源公司于判决生效后10日内支付长城资产沈阳办事处违约金294.1935万元；

3. 长城资产沈阳办事处对万方源公司质押的万方发展1400万股股份在上述第1、2项范围内享有优先受偿权；

4. 驳回长城资产沈阳办事处的其他诉讼请求。

二审判决：

驳回上诉，维持原判。

【实务评析】

本案中，万方源公司在签订《意向协议》后，没有与长城资产沈阳办事处签订正式的《股权折现协议》，也没有交纳保证金，属于违约方。在案涉股权价格大幅度升值，截至二审判决作出时已高达3亿多元的情况下，万方源公司又主动要求履行《意向协议》，显然有悖诚实信用原则。法院判决时既坚持违约方不能因其违约行为而获益，又注意充分当事人的意思表示，将股权升值后的大部分利益判归守约方长城资产沈阳办事处所有。本案的处理结果,依法保护了守约方的合法权益,充分体现了诚实信用原则在司法审判中的准确适用,对于促进当事人在民事活动中平等协商、诚实守信、遵守规则,具有重要的指导意义。

82. 一方当事人可要求对过高滞纳金进行调整

——杨英朝、杨合生与马延虎、马铜锁股权转让纠纷案

【风险提示】

滞纳金过高　调整

【案例要旨】

滞纳金的实质为逾期履行的违约金，法院根据一方当事人的要求对其进行调整，符合法律规定。

【案件基本信息】

1. 裁判书字号

最高人民法院(2015)民提字第177号民事判决书

2. 当事人

原告(二审上诉人、再审申请人)：杨英朝

原告(二审上诉人、再审申请人)：杨合生

被告(二审上诉人、再审被申请人)：马延虎

被告(二审上诉人、再审被申请人)：马铜锁

被告(二审被上诉人、再审被申请人)：胡伟科

被告(二审被上诉人)：沙河市金珠矿业有限公司(以下简称金珠公司)

【基本案情】

2008年6月20日，甲方杨英朝、杨合生与乙方马延虎、胡伟科签订了《矿井整合股权转让协议》，协议的抬头部分乙方为马延虎、胡伟科，马铜锁在协议落款部分的乙方马延虎、胡伟科二人签字下方落款时间后面签名。《矿井整合股权转让

协议》主要约定，甲方同意在乙方出资3700万元的情况下，将杨合生凤凰山铁矿和杨英朝凤凰山铁矿股权转让乙方，乙方先付2000万元，剩余1700万元自协议签订之日起5个月内付清，逾期按月3%偿付甲方滞纳金；原企业的各种证照印件、地质图纸、变电所等一并移交乙方；2007年8月22日甲方与杨海忠签订的凤凰山矿井整合转让协议作废。

《矿井整合股权转让协议》签订之前，杨海忠交付杨英朝、杨合生2000万元转让款，该款是马延虎等支付给杨海忠的转让款，转为《矿井整合股权转让协议》中乙方先付的2000万元。《矿井整合股权转让协议》签订之后，金珠公司于2012年5月17日、18日向杨英朝的河北拓金矿业有限公司出售价值1017306元的矿石，于2012年6月13日通过金珠公司的会计朱进魁的账户汇到杨英朝的账户内500万元，杨英朝、杨合生、马延虎均认可朱进魁的500万元汇款和金珠公司101.7306万元的矿石款抵顶《矿井整合股权转让协议》的转让款，也认可抵顶后欠杨英朝、杨合生的转让款本金是1098.2694万元。《矿井整合股权转让协议》约定逾期付款按月3%偿付甲方滞纳金。

杨英朝、杨合生向法院起诉，请求判令四被告共同支付铁矿转让款1098.2694万元及截至2014年2月28日的逾期付款滞纳金28971731.19元；另自2014年2月28日到被告还清原告所有款项之日期间的逾期付款滞纳金按约定支付给原告。

一审法院认为，协议约定逾期付款按月3%给付滞纳金，属于约定的违约金计算方法，但计算标准明显过高，现马延虎要求降低违约金计算标准，杨英朝、杨合生未提交证据证明其因违约付款行为受到的实际损失，考虑马延虎、胡伟科、马铜锁拖欠转让款时间长达5年有余，存在明显过错，该院酌定违约金按中国人民银行同期贷款利率的3倍计算。一审法院判决马铜锁、马延虎、胡伟科给付原告杨英朝、杨合生转让费1098.2694万元，并按中国人民银行同期贷款利率的3倍给付逾期付款违约金。

杨英朝、杨合生不服一审判决，提起上诉。

二审法院认为，《矿井整合股权转让协议》中约定的滞纳金为逾期付款违约金。杨英朝、杨合生在一、二审庭审过程中，并没有证据证明其有实际损失发生，因此，其损失可推定为对方欠付1098.2694万元的资金占用期间的利息，该利息应按中国人民银行同期贷款利率计算。《矿井整合股权转让协议》约定的违约金远远高于其实际损失,一审予以减少符合法律规定,但按中国人民银行同期贷款利率的3倍判决给付逾期付款违约金仍属过高。马铜锁、马延虎提出的要求降低违约金的上诉理由成立,该院予以支持,但马延虎、胡伟科、马铜锁不按《矿井整合股权转让协议》约定的期限付款,三人的行为已构成违约,三人长达数年不支付股权转让款,违约行为具有一定的恶意,应给予相应的惩罚,应以中国人民银行同期同类贷款基准利率为基础,按逾期罚息利率最高标准计付,即加收50%,即以中国人民银行同期同类贷款基准利率1.5倍计付。二审法院判决马铜锁、马延虎、胡伟科给付杨英朝、杨合生转让费1098.2694万元,并按中国人民银行同期贷款利率的1.5倍给付逾期付款违约金。

杨英朝、杨合生不服二审判决,申请再审。

再审法院认为,当事人双方在《矿井整合股权转让协议》中明确约定:逾期按月3%偿付滞纳金。该滞纳金实质为逾期履行的违约金。本案中,被申请人申请调低违约金。二审法院适用最高人民法院《关于审理买卖合同纠纷案件适用法律问题的解释》第二十四条[1]第四款的规定将违约金调整为按照中国人民银行同期同类贷款基准利率1.5倍计付。最高人民法院《关于审理买卖合同纠纷案件适用法律问题的解释》第二十四条第四款的规定适用的情形是买卖合同的当事人没有约定逾期付款违约金或该违约金的计算方法的情形,而本案当事人约定了违约金的计算方法,因此,二审法院适用法律不当,应予纠正。被申请人逾期给付股权转让款,导致申请人未能按约取得款项并进行使用收益,其损失可以认定为资金在逾期给付期间的利息损失。鉴于本案申请人与被申请人均为自然人,考虑到申请人长期不偿还款项的过错状态,结合民间资金使用的成本等因素,本院认为,按照中国人民银行规定的同期贷款基准贷款利率4倍确定本案违约金的计付标准较为适宜。再审改判马铜锁、马延虎、胡伟科给付杨英朝、杨合生转让费1098.2694万元,并按中国人民银行同期贷款基准利率的4倍给付逾期付款违约金。

---

〔1〕《民法典》相关内容为第五百八十五条:"当事人可以约定一方违约时应当根据违约情况向对方支付一定数额的违约金,也可以约定因违约产生的损失赔偿额的计算方法。约定的违约金低于造成的损失的,人民法院或者仲裁机构可以根据当事人的请求予以增加;约定的违约金过分高于造成的损失的,人民法院或者仲裁机构可以根据当事人的请求予以适当减少。当事人就迟延履行约定违约金的,违约方支付违约金后,还应当履行债务。"

【裁判】

一审判决:

1. 被告马铜锁、马延虎、胡伟科给付原告杨英朝、杨合生转让费 1098.2694 万元,并按中国人民银行同期贷款利率的 3 倍给付逾期付款违约金。

2. 驳回杨英朝、杨合生的其他诉讼请求。

二审判决:

1. 维持一审判决书第 2 项;

2. 变更上述一审判决第 1 项为:马铜锁、马延虎、胡伟科给付杨英朝、杨合生转让费 1098.2694 万元,并按中国人民银行同期贷款利率的 1.5 倍给付逾期付款违约金。

再审判决:

1. 撤销一、二审判决;

2. 改判马铜锁、马延虎、胡伟科给付杨英朝、杨合生转让费 1098.2694 万元,并按中国人民银行同期贷款基准利率的 4 倍给付逾期付款违约金。

【实务评析】

滞纳金具有违约惩罚性,与利息损失显然不同,在性质上应属于逾期付款违约金的范畴。《民法典》第五百八十五条规定:"当事人可以约定一方违约时应当根据违约情况向对方支付一定数额的违约金,也可以约定因违约产生的损失赔偿额的计算方法。约定的违约金低于造成的损失的,人民法院或者仲裁机构可以根据当事人的请求予以增加;约定的违约金过分高于造成的损失的,人民法院或者仲裁机构可以根据当事人的请求予以适当减少。当事人就迟延履行约定违约金的,违约方支付违约金后,还应当履行债务。"人民法院根据一方当事人的要求对其进行调整,符合法律规定。

83. 违约金过低时可与损失赔偿金同时适用

——雷彦杰与鞠自全、鞠炳辉股权转让纠纷案

【风险提示】

违约金　损失赔偿金　同时适用

【案例要旨】

在股权转让纠纷中，转让人恶意违约，高价另行出售股权给案外人，给受让人造成损失的，应当承担违约责任，同时赔偿对方的直接损失和间接损失。

【案件基本信息】

1. 裁判书字号

最高人民法院(2009)民提字第45号民事判决书

2. 当事人

原告(二审上诉人、再审被申请人)：雷彦杰

被告(二审上诉人、再审申请人)：鞠自全

被告(二审上诉人、再审申请人)：鞠炳辉

【基本案情】

2007年1月18日，雷彦杰与鞠自全、鞠炳辉签订股权转让《协议书》约定：鞠炳辉将南宫市金马房地产开发公司(以下简称金马公司)23.86%的股份转让给雷彦杰，股权转让金为240万元；鞠自全将金马公司36.14%的股份转让给雷彦杰，股权转让金为363.6万元。金马公司股东由原来的鞠自全、鞠炳辉变更为鞠自全、雷彦杰二人。

2007年1月25日，鞠自全、鞠炳辉收到雷彦杰所付第一笔款240万元(实际

晚付2天，鞠自全认可虽然晚付但已谅解并已收此款）。

同年2月6日，山东夏津县华夏房地产开发有限公司董事长李昭美与鞠自全、鞠炳辉就购买金马公司股权分别达成《协议书》约定：李昭美必须在2007年2月8日前分别将鞠自全、鞠炳辉的股权转让款564.8万元和240万元存入金马公司（2007年2月8日李昭美已付给鞠自全、鞠炳辉800万元）。

同年2月8日，鞠自全、鞠炳辉与李昭美签订《股权转让协议》。当日，李昭美给付鞠自全、鞠炳辉股权转让款800万元。次日，鞠自全、鞠炳辉将自己80%的股权转让给李昭美，并变更法定代表人为李昭美，在河北省南宫市工商局办理了变更登记手续。

同年2月9日中午，鞠自全以雷彦杰迟延交款为由拒绝雷彦杰第二次交款。

同年2月12日，雷彦杰与鞠自全、鞠炳辉签订一份《协议书》，约定：同意中止于2007年1月18日由鞠自全、雷彦杰、鞠炳辉签订的合作协议书，鞠自全、鞠炳辉退回雷彦杰交来股金240万元，鞠自全、鞠炳辉付给雷彦杰补偿金10万元，三方签字之日起生效。鞠自全与鞠炳辉分别在协议书上签字。雷彦杰收到鞠自全、鞠炳辉退回的股金240万元后，在协议书上签字“不同意”。

一审法院认为，依据三人于2007年1月18日签订的《协议书》第5条第1款的约定“在雷彦杰交付鞠炳辉股权转让金240万元后10日内，金马公司应办理23.86%股权的变更登记手续”，但鞠自全、鞠炳辉始终未予办理，亦构成违约。关于雷彦杰请求鞠自全、鞠炳辉赔偿违约金100万元及损失200万元问题：对于雷彦杰提供的购买股权后将房产出售可得利益的证据，因房产销售可得利益是不可预见的，不是合同履行后可以获得的实际利益；鞠自全、鞠炳辉违约将股权另行高价出售所得，并不是雷彦杰的直接损失，不应当认定为可得利益。一审判决鞠自全赔偿雷彦杰违约金50万元；鞠炳辉赔偿雷彦杰违约金50万元，鞠自全对此承担连带责任。

雷彦杰与鞠自全、鞠炳辉对一审判决均不服，向河北省高级人民法院提起上诉。

二审法院认为，损失应完全赔偿，包括既存利益因违约行为而减少的直接损失，也包括本可以取得的利益因违约而未获得的利益即间接损失。二审法院判决撤销一审判决，改判鞠自全、鞠炳辉各赔偿雷彦杰违约金50万元，鞠自全、鞠炳辉共同赔偿雷彦杰损失200万元。

鞠自全、鞠炳辉不服二审判决，向最高人民法院申请再审。

再审法院对鞠自全、鞠炳辉是否应当赔偿雷彦杰所受损失及该损失大小如何确定问题分析如下。《合同法》第一百一十二条规定："当事人一方不履行合同义务或者履行合同义务不符合约定的，在履行义务或者采取补救措施后，对方还有其他损失的，应当赔偿损失。"[1]即赔偿损失与其他违约责任方式可以并用。而该法第一百一十三条规定："当事人一方不履行合同义务或者履行合同义务不符合约定，给对方造成损失的，损失赔偿额应当相当于因违约所造成的损失，包括合同履行后可以获得的利益，但不得超过违反合同一方订立合同时预见到或者应当预见到的因违反合同可能造成的损失。"[2]这里的"合同履行后可以获得的利益"既包括直接损失，亦包括间接损失，且应当是以违约方可预见为前提。鞠自全、鞠炳辉鞠向一审法院提交的2006年6月《关于锦绣花园项目申请报告》中载明，该项目预计利润总额为500.7万元，其60%为300.42万元。这是当事人双方而非单方在转让股权之前所预算到的、所追求的最低利润。鞠自全、鞠炳辉在签订该协议前应当预料到雷彦杰一旦受让股权不成，将可能损失300万元。另外，鞠自全、鞠炳辉原来约定将股权转让给雷彦杰，后又转让给案外人李昭美，两次给付的对价之差达480余万元。鉴于上述因素，雷彦杰一审诉请200万元损失及违约金100万元，总数额均在上述预期利益与可得利益范围内，不违反我国合同法有关违约赔偿损失的立法精神。

【裁判】

一审判决：

1. 鞠自全自该判决生效15日内，赔偿雷彦杰违约金50万元；

2. 鞠炳辉自该判决生效15日内，赔偿雷彦杰违约金50万元，鞠自全对此承担连带责任；

3. 驳回雷彦杰其他诉讼请求。

二审判决：

---

[1] 《民法典》相关条文为第五百八十三条："当事人一方不履行合同义务或者履行合同义务不符合约定的，在履行义务或者采取补救措施后，对方还有其他损失的，应当赔偿损失。"

[2] 《民法典》相关条文为第五百八十四条："当事人一方不履行合同义务或者履行合同义务不符合约定，造成对方损失的，损失赔偿额应当相当于因违约所造成的损失，包括合同履行后可以获得的利益；但是，不得超过违约一方订立合同时预见到或者应当预见到的因违约可能造成的损失。"

1. 撤销河北省石家庄市中级人民法院(2007)石民三初字第00029号民事判决;

2. 鞠自全、鞠炳辉自该判决生效10日内,各赔偿雷彦杰违约金50万元,鞠自全、鞠炳辉共同赔偿雷彦杰损失200万元。

再审判决:

维持河北省高级人民法院(2007)冀民二终字第496号民事判决。

【实务评析】

本案当事人在《股权转让协议》中约定了违约金条款,除适用该条款外,是否追究违约方的赔偿责任,取决于如何看待违约金的性质(属于补偿性质还是惩罚性质),以及如何理解《民法典》第五百八十三条与第五百八十四条的规定。《民法典》第五百八十三条的规定表明,赔偿损失与其他违约责任方式可以并用,也就是说,我国法律实际采纳了违约金系惩罚性的合同补救措施一说。紧接着,《民法典》第五百八十四条又规定了违约后赔偿的范围,“包括合同履行后可以获得的利益”,这里的“合同履行后可以获得的利益”既包括直接损失,亦包括间接损失,但该损失以违约方可预见为前提。

84. 当事人申请调整违约金的权利不允许事先放弃

——刘富田与甘彦海、刘馨等股权转让纠纷案

【风险提示】

申请调整违约金　事先放弃

【案例要旨】

法律赋予当事人申请调整违约金的权利是为了防止以意思自治为由而放任当事人约定过分高或过分低的违约金,从而保护当事人的利益,避免利益失衡,因而当事人申请调整违约金的权利应不允许事先放弃。

【案件基本信息】

1. 裁判书字号

最高人民法院(2015)民二终字第310号民事判决书

2. 当事人

原告(被上诉人):刘富田

被告(上诉人):甘彦海

被告(上诉人):刘馨

被告(上诉人):陈飞武

被告(上诉人):新疆星湖湾房地产开发有限公司(以下简称星湖湾公司)

被告:新疆鄂尔多斯彦海房地产开发有限公司(以下简称彦海公司)

【基本案情】

2013年12月30日,转让方(甲方)董文博、翟冬梅、刘富田与受让方(乙方)甘彦海签订《股权及资产转让协议书》,约定甲方将其持有的星湖湾公司100%的

股权及不动产(包括本协议《鉴于》第2条、第3条中所规定的不动产)分别转让给乙方或乙方指定人员,其中董文博转让40%的股权,翟冬梅转让30%的股权,刘富田转让30%的股权。上述100%股权及不动产转让总价款合计9700万元。本协议生效后,乙方在2014年1月10日前支付1000万元给甲方。2014年1月20日前双方同时办理:甲方将所持有的星湖湾公司100%的股份转让给乙方或乙方指定的人员名下,乙方将8700万元支付给甲方。

2014年1月16日,甘彦海出具《股权转让及法定代表人指定函》,指定陈飞武占有星湖湾公司40%的股份,指定刘馨占有星湖湾公司60%的股份。2014年1月16日,星湖湾公司召开股东会并形成2份股东会决议,同意股东董文博、刘富田、翟冬梅将股权转出。董文博自愿将其持有的星湖湾公司股权转让给陈飞武。刘富田和翟冬梅将各自持有的股权转让给刘馨。转让方刘富田、翟冬梅分别与刘馨签订《股权交割证明》将其各自30%的股权转让给刘馨。董文博与陈飞武签订《股权交割证明》将董文博持有的40%的股权转让给陈飞武。2014年1月17日,乌鲁木齐市工商行政管理局予以变更登记,星湖湾公司股东名册为刘馨出资1200万元,占股份60%,陈飞武出资800万元,占股份40%。

2014年1月22日,转让方(甲方)董文博、翟冬梅、刘富田与受让方(乙方)甘彦海签订《补充协议书》,约定鉴于乙方因自身原因无法按照协议约定于2014年1月20日前向甲方依约支付剩余8700万元款项,现达成补充协议。协议第2条中乙方承诺在2014年1月27日前向甲方支付1000万元。协议第3条中乙方承诺剩余7700万元款项至迟在2014年3月21日前付清,并自愿向甲方支付自2014年1月21日起至乙方实际付清之日期间每日7万元的资金占用损失。

2014年5月13日,转让方(甲方)董文博、翟冬梅、刘富田与受让方(乙方)甘彦海与抵押人(丙方)星湖湾公司(法定代表人刘馨、执行董事兼经理)、保证人(丁方)彦海公司签订《补充协议书》。协议第1条中乙方保证分别在2014年5月14日前向甲方支付500万元款项,在2014年5月30日前向甲方支付1600万元款项。协议第2条约定在乙方履行本补充协议第1条约定的前提下,剩余4000万元股权及不动产转让款,乙方承诺至迟于2014年9月30日前清偿完毕,并自2014年6月1日起按月27.5‰起算资金占用损失,按月支付,在每月25日前按乙方实际拖欠的金额和天数向甲方支付资金占用损失。如乙方未能在承诺的2014年9月30日前清偿完毕剩余4000万元股权及不动产转让款的,或者期间拖延支付资金占用损失超过15日的，视为乙方根本违约，甲方已收取款项不予退还，乙方承诺按9700万元股权及不动产转让总价款的30%承担违约责任后，继续履行和清偿剩余股权及不动产转让款和期间的资金占用损失。上述承诺系乙方的真实意思表示，乙方保证放弃享有的有关抗辩和主张且不持任何异议。

刘富田认可截至2014年7月5日收到甘彦海转让款共计5700万元、2014年5月31日收到甘彦海资金占用损失费900万元，截至2014年7月5日总计收到款项6600万元。

2014年11月7日，刘富田向法院提起本案诉讼。

一审法院认为，最高人民法院《关于适用〈中华人民共和国合同法〉若干问题的解释(二)》第二十九条规定："当事人主张约定的违约金过高请求予以适当减少的，人民法院应当以实际损失为基础，兼顾合同的履行情况、当事人的过错程度以及预期利益等综合因素，根据公平原则和诚实信用原则予以衡量，并作出裁决。当事人约定的违约金超过造成损失的百分之三十的，一般可以认定为合同法第一百一十四条第二款规定的'过分高于造成的损失'。"[1]本案中，双方虽然在《补充协议书》中约定"如乙方未能在承诺的2014年9月30日前清偿完毕剩余4000万元股权及不动产转让款的，或者期间拖延支付资金占用损失超过15日的，视为乙方根本违约，甲方已收取款项不予退还，乙方承诺按9700万元股权及不动产转让总价款的30%承担违约责任后，继续履行和清偿剩余股权及不动产转让款和期间的资金占用损失。上述承诺系乙方的真实意思表示，乙方保证放弃享有的有关抗辩和主张且不持任何异议"，但法律赋予当事人申请调整违约金的权利是为了防止以意思自治为由而放任当事人约定过分高或过分低的违约金，从而保护当事人的利益，避免利益失衡，因而当事人申请调整违约金的权利应不允许事先放弃，故双方之间关于放弃关于违约金的抗辩的约定无效，甘彦海仍有权依据法律规定以双方违约金约定过高要求调整违约金。一审法院判决甘彦海向刘富田赔偿违约金775232.87元(剩余股权转让金4000万元×6%÷365×393×30%，自2014年6月1日计算至2015年6月28日止)等。

---

[1] 《民法典》相关条文为第五百八十五条："当事人可以约定一方违约时应当根据违约情况向对方支付一定数额的违约金，也可以约定因违约产生的损失赔偿额的计算方法。约定的违约金低于造成的损失的，人民法院或者仲裁机构可以根据当事人的请求予以增加；约定的违约金过分高于造成的损失的，人民法院或者仲裁机构可以根据当事人的请求予以适当减少。当事人就迟延履行约定违约金的，违约方支付违约金后，还应当履行债务。"下同。

甘彦海、刘馨、陈飞武和星湖湾公司均不服一审判决,提起上诉。

二审法院认为,对于双方当事人之间约定过高的违约金原审法院已经根据甘彦海的要求作了较大幅度调整,从起初当事人双方约定的 2910 万元减少到 775232.87 元。原审法院对资金占用损失和利息问题的处理结果并无不当。二审法院判决驳回上诉,维持原判。

【裁判】

一审判决:

1. 甘彦海向刘富田支付股权转让款 4000 万元;

2. 甘彦海向刘富田支付资金占用利息 586.485492 万元;

3. 甘彦海向刘富田赔偿违约金 77.523287 万元;

4. 股权质押合同合法有效,刘富田有权在甘彦海不履行上述债务时,就刘馨、陈飞武各自在星湖湾公司的股权,分别在 5220 万元、3480 万元的范围内享有优先受偿权;

5. 星湖湾公司以其办理抵押登记的房产及土地使用权对甘彦海上述债务承担抵押担保责任,刘富田有权在甘彦海不履行债务时,就抵押的房产及土地使用权享有的价款优先受偿权;

6. 彦海公司对甘彦海上述债务承担连带责任。

二审判决:

驳回上诉,维持原判。

【实务评析】

我国法学理论的通说认为,违约金具有补偿性为主、惩罚性为辅的法律特性,如果认定事先约定放弃相应权利的安排有效,极有可能导致当事人利益的失衡,违背上述法律基本原则当事人申请调整违约金的权利不允许事先放弃。

85. 适用定金罚则不考虑是否给对方造成损失

——王新辉、刘安与刘天牧、刘冰琳股权转让纠纷案

【风险提示】

违约行为　定金罚则

【案例要旨】

在适用定金罚则时,违约方承受的丧失定金的责任仅取决于违约行为本身,并未考虑是否给对方造成损失,因此法律亦未规定可对定金数额进行调整。

【案件基本信息】

1. 裁判书字号

最高人民法院(2015)民二终字第423号民事判决书

2. 当事人

原告(上诉人):王新辉

原告(上诉人):刘安

被告(被上诉人):刘天牧

被告(被上诉人):刘冰琳

第三人:刘欧士

【基本案情】

兰州万佳置业有限公司(以下简称万佳公司)成立于2000年2月2日,注册资金818万元,成立时法定代表人为刘欧士,股东为刘天牧、刘冰琳,分别持有万佳公司股权62.692%、37.308%。

2011年5月6日,刘天牧、刘冰琳作为转让方并共同委托刘欧士与受让方王

新辉、刘安签订《股权转让意向协议》(以下简称《意向协议》),约定:刘天牧将持有的万佳公司62.692%股权以8776.88万元的价格转让给王新辉,刘冰琳将持有的万佳公司37.308%股权以5223.12万元的价格转让给刘安;为保证股权转让协议的签署和股权转让目的的实现,在本协议签署的当日王新辉、刘安应在刘天牧、刘冰琳指定的账户内汇入共计1000万元(王新辉、刘安各500万元)作为定金;如因刘天牧、刘冰琳原因导致股权转让协议无法签署或者履行,刘天牧、刘冰琳应在股权转让协议无法签署或履行的事实出现后10日内将定金返还给王新辉、刘安;如因王新辉、刘安原因导致股权转让协议无法签署或履行,定金不予退还;四方应当依照本协议的约定在本协议签订后30个工作日内签订股权转让协议。

2011年5月7日,王新辉向刘欧士账户支付定金1000万元。

2011年7月14日,刘天牧、刘冰琳的委托代理人刘欧士与王新辉、刘安签订《股权转让意向协议—补充协议》(以下简称《补充协议》),约定鉴于四方于2011年5月6日签订《意向协议》并约定在之后30个工作日之内签订正式的股权转让协议,现因王新辉、刘安资金不到位,导致股权转让协议无法按照约定签订和履行,现四方经协商一致达成如下约定作为《意向协议》的补充:(1)王新辉、刘安承诺,因未按期履行《意向协议》,转让款项未能按时到账,王新辉、刘安愿意在2011年7月20日之前向刘天牧、刘冰琳支付20万元作为逾期履约的违约金;(2)为了显示继续进行股权转让的诚意,王新辉、刘安愿意在2011年7月20日之前共同再向刘天牧、刘冰琳支付1000万元作为履约定金;如果王新辉、刘安未按期支付该定金,《意向协议》自动解除,之前已经支付的1000万元定金不再退还;(3)王新辉、刘安承诺在2011年7月31日之前向刘天牧、刘冰琳支付第一期股权受让款3000万元,如未能按期支付,《意向协议》自动解除,则其前期已经支付的2000万元定金不再退还。刘欧士、王新辉在《补充协议》上签字,刘安签字并做手书:"我本人没有违约,违约责任不在我,同意丙方承担全部违约责任。"

2011年7月20日,王新辉通过案外人向刘欧士账户支付1000万元。

2014年2月10日,万佳公司法定代表人刘欧士经工商变更登记为俞金花,原公司股东刘天牧、刘冰琳变更为朱宗宝和兰州亚太房地产开发集团有限公司。

2013年1月20日,王新辉、刘安以刘天牧、刘冰琳为被告、刘欧士为第三人提起诉讼,请求刘天牧、刘冰琳共同向王新辉、刘安双倍返还《意向协议》定金人民币2000万元等。

一审法院认为,王新辉、刘安与刘天牧、刘冰琳共同委托的代理人刘欧士于2011年5月6日签订的《意向协议》,各签约方均认为有效,经审查并不违反法律规定,予以确认。针对《补充协议》的效力,一审法院认为,首先,《补充协议》符合《合同法》第三十二条、第四十四条的规定,且并不违反该法第五十二条之规定。其次,《补充协议》的签订是因《意向协议》生效后,各方对履行方式的约定产生争议,为了顺利签订股权转让协议而达成的协议补充。最后,王新辉按照《补充协议》的约定支付了相应的违约金并追加了履约定金,其付款行为可以认定《补充协议》的签订并不存在欺诈或者胁迫的情形,是各方真实意思表示,且符合《合同法》第六十一条的规定。据此,一审法院判决驳回王新辉、刘安的全部诉讼请求。

王新辉、刘安不服一审判决,提起上诉。

二审法院认为,《意向协议》《补充协议》既为合法有效之合同,则双方当事人均应严格遵守。虽然双方当事人对于《意向协议》第3条第2款第3项约定的第一期股权转让款的支付时间是在股权转让协议签订之前还是之后产生争议,但双方随后签订的《补充协议》对此问题予以了明确。《补充协议》第3条约定:王新辉、刘安承诺在2011年7月31日之前向刘天牧、刘冰琳支付第一期股权转让款3000万元,如未能按期支付,《意向协议》自动解除,前期已经支付的2000万元定金不再退还;《补充协议》第4条还约定,《补充协议》与《意向协议》的约定有不同之处的,以《补充协议》为准。上述两个条款对于第一期股权转让款支付时间以及违约责任的约定明确、具体,没有歧义,王新辉、刘安作为合同当事人应当按约履行合同义务,如违约则应按约承担违约责任。而根据本案查明的事实,在《补充协议》将第一期股权转让款支付时间延期到2011年7月31日的情况下,王新辉、刘安仍未能履行按期支付的合同义务,已构成违约。之后,刘天牧、刘冰琳又于2011年8月3日分别向王新辉、刘安送达了《关于尽快签订股权转让协议的催告函》,王新辉虽在该函上签字,但并未在该函所给予的宽限期即收到该函后3日内支付约定的股权转让款并签订股权转让协议;刘安则予以拒收,以其行为表明其拒绝支付约定的股权转让款并签订股权转让协议的态度。此种情况下,刘天牧、刘冰琳有权按照《补充协议》的约定向王新辉、刘安主张违约责任,即已经支付的2000万元定金不再退还。

【裁判】

一审判决:

驳回王新辉、刘安的全部诉讼请求。

二审判决：

驳回上诉，维持原判。

【实务评析】

定金与违约金不同。违约金的性质以补偿性为主、惩罚性为辅，违约方为其违约行为付出的代价，应与给对方造成的实际损失大致相当，在违约金约定过高的情况下允许违约一方提出调减的请求。在适用定金罚则时，从目前法律规定来看，违约方承受的丧失定金的责任仅取决于违约行为本身，并未考虑是否给对方造成损失，因此法律亦未规定可对定金数额进行调整。但是，对违约行为进行惩罚并非定金制度的根本目的，以惩罚为手段来实现合同目的才是制度的价值取向。这种约定仅存在于当事人双方之间，是当事人自由意志的体现，是双方对风险和不公平的容忍，不触犯公共利益和第三人利益，不应做过多干预，故法院不对定金数额进行调整。

86. 股权转让双方不具有收取复息的权利

——中静汽车投资有限公司与上海铭源实业集团有限公司股权转让纠纷案

【风险提示】

股权转让　复息

【案例要旨】

有关复息计算之规定来源于中国人民银行《人民币利率管理规定》，该规定适用对象仅限于金融机构，企业之间并不具有收取复息的权利，合同中具有复息性质的约定，法院不予支持。

【案件基本信息】

1. 裁判书字号

最高人民法院(2015)民二终字第204号民事判决书

2. 当事人

原告(上诉人)：中静汽车投资有限公司(以下简称中静投资公司)

被告(被上诉人)：上海铭源实业集团有限公司(以下简称铭源实业公司)

【基本案情】

2010年2月1日，中静投资公司(甲方)与铭源实业公司(乙方)签订《协议书》约定：(1)甲方同意在本协议签署生效后即行签署《增资协议》及其有关增资的法律文件，并按照协议约定履行甲方义务；(2)乙方预测《增资协议》2010年、2011年、2012年实现的合并归属于母公司税后净利润在扣除当年实现的根据《增资协议》第7条规定的应归属于铭源实业公司及桂林市国有资产投资经营有限公司(以下简称桂林国投公司)之“退二进三”净收益后,所余税后净利润分别为3000万元、4000万元、7500万元。

2010年2月5日,铭源实业公司、桂林国投公司、中静投资公司与柳州五菱汽车有限责任公司(以下简称柳州五菱公司)签订《增资协议》约定,桂客集团拟通过引入外部投资者进行投资,将公司注册资本由19184.8万元增加到30434.46万元,其中中静投资公司认缴新增注册资本5624.83万元,柳州五菱公司认缴新增资本5624.83万元。

2011年4月28日,中静投资公司(甲方)与铭源实业公司(乙方)签订《补充协议书二》,约定甲乙双方一致同意,甲方有权选择以下两种方式之一来为甲方投资于桂客集团的权益实现提供保障:第一种方式,甲方有权按照本协议约定方式分享乙方依照《增资协议》第7.1条约定所得“退二进三”净收益;第二种方式,乙方预测桂客集团2010年、2011年、2012年实现的合并归属于母公司税后净利润在扣除“退二进三”净收益后,所余税后净利润应分别3000万元、4500万元、7500万元,经具有证券从业资质的会计师事务所审计后,如果上述3个会计年度的税后净利润在扣除“退二进三”净收益后,3年平均数低于上述金额平均数70%的,甲方可依照《协议书》第4条的约定将所持的桂客集团权益出售给乙方。

2011年11月24日,中静投资公司与铭源实业公司签订《补充协议书四》,约定中静投资公司有权在2013年12月31日前1个月内向铭源实业公司作出书面选择,向铭源实业公司出售其所持权益或继续持有桂客集团股权。若中静投资公司选择向铭源实业公司出售其所持权益,铭源实业公司向中静投资公司应支付的回购价款包括下列3个部分:(1)中静投资公司对桂客集团的原始出资6000万元;(2)中静投资公司对桂客集团出资完成验资日至2011年12月31日原始出资额6000万元按照年利率10%应计利息即1061.92万元;(3)按照年利率15%(复利,每年计算1次,不足1年的按天数年化计算),以上述(1)+(2)合计7061.92万元为基数,自2012年1月1日起至铭源实业公司向中静投资公司缴付回购价款前一日止应付利息。中静投资公司提出向铭源实业公司出售所持权益后,若铭源实业公司未按照本协议约定回购中静投资公司所持权益、按时支付回购价款的,视为铭源实业公司违约,中静投资公司有权要求铭源实业公司实际履行,并按照回购价款总额的20%支付违约金。

2013年12月2日,中静投资公司通过特快专递向铭源实业公司邮寄《关于提请贵司依约回购我司所持桂客集团全部股权的函》,要求铭源实业公司回购中静投资公司所持桂客集团全部股权,并按照《补充协议书四》的约定,在 2013 年 12 月 27 日前支付相应股权回购款。如在上述期限未能办理完回购股权事项,中静投资公司有权要求铭源实业公司支付包括但不限于 20% 违约金等违约责任。

中静投资公司向法院提起诉讼,请求铭源实业公司立即回购中静投资公司持有之桂客集团 18.4818% 股权,并向中静投资公司支付股权回购款,按照回购价款总额的 20% 向中静投资公司支付违约金。

一审法院认为,按照《补充协议书四》约定自 2012 年 1 月 1 日起以 7061.92 万元为基数,按照年利率 15% 每年以此计算复利,此标准计算明显超出《协议书》第 4.1 条关于合理收益为年利率为 10% 的预期利益,亦会超过资金出借能够获得的合法收益。依据《合同法》第一百一十四条[1]等相关规定,违约金制度系以赔偿非违约方的损失为主要功能。本案中,虽然铭源实业公司存在违约情形,但《协议书》《补充协议书四》有关违约金的约定明显过高,导致双方权益严重失衡。铭源实业公司亦对此提出异议,中静投资公司除资金占用损失外,又未能提交证据证明因此给其造成的其他损失。综合考虑上述因素,根据公平原则和诚实信用原则,安徽省高级人民法院酌定铭源实业公司自 2012 年 1 月 1 日起至回购款实际付清之日期间,应以 6000 万元为基数,按照年利率 15% 标准向中静投资公司支付利息。

中静投资公司不服一审判决,提起上诉。

二审法院认为,股权回购价款的第三部分明确表述为按照年利率 15%(复利,每年计息 1 次,不足 1 年的按天数年化计算),以第 1 项和第 2 项的合计数 7061.92 万元为基数,自 2012 年 1 月 1 日起至铭源实业公司向中静投资公司交付回购价款前一日止应计的利息。从其表述内容与计算方式均可显示出复息的性质。复息计算之规定来源于中国人民银行《人民币利率管理规定》,而该规定适用对象仅限于金融机构,故中静投资公司并不具有向铭源实业公司收取复息的权利。对于中静投资公司的要求自 2012 年 1 月 1 日起以 7061.92 万元为基数按照年利率 15% 计算复利的该项上诉主张,本院不予支持。二审法院判决驳回上诉,维持原判。

【裁判】

一审判决:

[1] 《民法典》相关条文为第五百八十五条。下同。

铭源实业公司于判决生效之日30日内回购中静投资公司持有的桂客集团18.4818%股权,并支付股权回购款6000万元及利息(自2010年3月26日起至2011年12月31日止,以6000万元为基数,按照年利率10%计算;自2012年1月1日起至实际支付日止,以6000万元为基数,按照年利率15%计算)。

二审判决:

驳回上诉,维持原判。

【实务评析】

本裁判规则明确非金融机构的企业之间不具有收取复息的权利。对于股权转让而言,在进行有关逾期支付股权转让款的违约责任条款的设计时,第一,要尽量避免关于复息的内容,但合法的利息即不超过法定利息上限的利息在法律上属于孳息,一般都会得到较为充分的支持;第二,利息条款与违约金条款尽量分别约定,避免均被认定为违约金。

87. 根本违约方无权要求对方承担违约责任

——付学玲、沙沫迪等与周盈岐、营口恒岐房地产开发有限公司等股权转让纠纷案

【风险提示】

根本违约　责任承担

【案例要旨】

转让方未依约履行义务将目标公司土地另行处分从而构成根本违约，其要求受让方承担违约责任，有违诚实信用原则。

【案件基本信息】

1. 裁判书字号

最高人民法院(2016)最高法民终222号民事判决书

2. 当事人

原告(反诉被告、被上诉人):付学玲

原告(反诉被告、被上诉人):沙沫迪

原告(反诉被告、被上诉人):王凤琴

被告(反诉原告、上诉人):周盈岐

被告(上诉人、反诉原告):营口恒岐房地产开发有限公司(以下简称恒岐公司)

被告:营口经济技术开发区明虹房地产开发有限公司(以下简称明虹公司)

【基本案情】

2010年4月7日，恒岐公司(甲方)与沙建武(乙方)签订了《公司股权转让合

同书》,该合同书约定:经双方友好协商,就恒岐公司及该公司名下全部资产的股权全部转让事宜。甲乙双方约定:合同生效后乙方即拥有该公司及公司名下全部资产100%的股权(股权的交割比例按照甲方收到乙方的转让费数额的增加而增加,甲方收到全部转让费后,乙方即获得全部100%的股权)。甲方恒岐公司法定代表人周盈岐签字,乙方沙建武签字。

自2010年4月8日起至2011年5月15日止,周盈岐共收到沙建武转让款人民币7815万元和美元10万元。沙建武依约支付人民币5000万元后,周盈岐并未按约定将该宗土地所有相关资料的原件交给沙建武,亦未将恒岐公司的营业执照副本原件等资料交给沙建武,之后沙建武也未按合同约定的第二笔付款时间付清第二笔款3000万元。

2010年7月6日,营口市鲅鱼圈区人民政府批复将上述土地出让给恒岐公司。2010年7月8日,恒岐公司办理了该宗土地的土地使用权证书。2010年7月26日,周盈岐交纳土地出让金人民币7495.5328万元。周盈岐取得该宗土地的使用证书后,未将该证书交给沙建武。

付学玲、沙沫迪、王凤琴于2014年6月5日向辽宁省高级人民法院提起诉讼,请求判令、解除《公司股权转让合同书》。由周盈岐及恒岐公司返还付学玲、沙沫迪、王凤琴股权转让款本金8200万元等。

恒岐公司、周盈岐向法院提起反诉,请求判令确认恒岐公司、周盈岐与付学玲、沙沫迪、王凤琴之被继承人沙建武于2010年4月7日签订的《公司股权转让合同书》无效以及判令付学玲、沙沫迪、王凤琴共同返还恒岐公司、周盈岐代付的售房预售款1031.6万元及其相应利息等。

一审法院认为,依据《公司股权转让合同书》的约定,沙建武在2010年4月8日给付周盈岐人民币200万元,2010年4月13日给付周盈岐人民币4800万元。周盈岐并未按《公司股权转让合同书》中的约定将该宗土地所有相关资料、公司营业执照副本等原件交给沙建武。沙建武也未按合同约定的第二笔付款时间付清第二笔款3000万元。2010年7月6日,营口市鲅鱼圈区人民政府将案涉土地出让给恒岐公司,2010年7月8日周盈岐取得了该土地的使用权证书后,周盈岐也未将该土地证书交给沙建武。可见,在履行《公司股权转让合同书》的过程中,周盈岐、恒岐公司违约在先,应当承担相应的责任。另外,恒岐公司的企业性质为个人独资企业,其唯一股东为周盈岐。本案中,周盈岐从沙建武处取得的股权转让款主要用于恒岐公司向土地出让部门交纳土地出让金，周盈岐与恒岐公司发生了股东个人与一人有限公司之间的财产混同，周盈岐作为恒岐公司的唯一股东不能证明公司财产独立于自己的财产，应当对恒岐公司债务承担连带责任。周盈岐共收到沙建武股权转让款7815万元人民币和10万美元。因此，《公司股权转让合同书》解除后，对于付学玲、王凤琴、沙沫迪请求周盈岐与恒岐公司共同返还从沙建武处所取得财产并支付利息的诉请，一审法院判决解除恒岐公司与沙建武在2010年4月7日签订的《公司股权转让合同书》以及周盈岐、恒岐公司返还付学玲、沙沫迪、王凤琴人民币7815万元及利息等。

周盈岐、恒岐公司不服一审判决，提起上诉。

二审法院认为，《公司股权转让合同书》合法有效，各方当事人均应当依约履行相应的权利及义务。周盈岐、恒岐公司所提出双方已约定解除该合同的主张缺乏证据支持，而在沙建武如约履行合同先期部分付款义务后，周盈岐、恒岐公司未能遵守约定履行义务已经构成违约在先，此后又将合同标的物即涉案土地使用权抵顶给明虹公司的行为致使《公司股权转让合同书》的目的落空，周盈岐、恒岐公司进而构成根本违约。本案一审判决在依据法定解除的规定解除双方《公司股权转让合同书》的同时，判令周盈岐、恒岐公司返还付学玲、沙沫迪、王凤琴人民币7815万元、美元10万元的股权转让款及利息，且未支持周盈岐、恒岐公司的反诉请求，具有事实和法律依据。

【裁判】

一审判决：

1. 解除恒岐公司与沙建武在2010年4月7日签订的《公司股权转让合同书》。

2. 周盈岐、恒岐公司返还付学玲、沙沫迪、王凤琴人民币7815万元及利息（自2011年5月16日起至实际给付之日止，按中国人民银行规定的同期人民币贷款利率给付）；美元10万元及利息（自2011年5月16日起至实际给付之日止，按中国人民银行规定的同期美元贷款利率给付）。

3. 明虹公司对上述债务承担连带给付责任。

4. 驳回付学玲、沙沫迪、王凤琴的其他诉讼请求。

5. 驳回周盈岐、恒岐公司的反诉请求。

二审判决：

驳回上诉，维持原判。

【实务评析】

股权的价值虽然不是全部但主要体现在目标公司的资产上，目标公司的重要资产是公司经营发展的重要物质基础，是股权受让方愿意支付约定的价款受让股权的重要原因。必须明确的是，股权转让方应当完整、全面履行合同义务，如果其未依约履行义务且将目标公司重要资产如土地使用权另行处分的，构成根本违约。受让方如发现股权转让方的此等行为，因而拒付股权转让款，通过诉讼追究转让方的责任时，转让方以受让方未付款为由亦构成违约的抗辩，法院将不予采纳。法律实务中，作为转让方，如果受让方未按约定付款存在违约时，为保护自己的权利，即使要另行处分目标公司的重要资产，也要尽可能先解除股权转让合同。否则，自己则有可能会被追究相应的违约责任。

88.资金占用损失与违约金可并用

——刘富田与甘彦海、刘馨等股权转让纠纷案

【风险提示】

资金占用损失　违约金

【案例要旨】

股权转让双方约定的资金占用损失不是违约金，只要不违反法律的相关规定，人民法院不宜随意行使自由裁量权。守约方获得的赔偿除了实际损失外，还可以包括不超过实际损失30%的违约金。

【案件基本信息】

1.裁判书字号

最高人民法院(2015)民二终字第310号民事判决书

2.当事人

原告(被上诉人):刘富田

被告(上诉人):甘彦海

被告(上诉人):刘馨

被告(上诉人):陈飞武

被告(上诉人):新疆星湖湾房地产开发有限公司(以下简称星湖湾公司)

被告:新疆鄂尔多斯彦海房地产开发有限公司(以下简称彦海公司)

【基本案情】

2013年12月30日，转让方(甲方)董文博、翟冬梅、刘富田与受让方(乙方)甘彦海签订《股权及资产转让协议书》，约定甲方将其持有的星湖湾公司100%的

股权及不动产分别转让给乙方或乙方指定人员，其中董文博转让40%的股权，翟冬梅转让30%的股权，刘富田转让30%的股权。上述100%股权及不动产转让总价款合计9700万元。同日，转让方（甲方）董文博、翟冬梅、刘富田又与受让方（乙方）刘馨和陈飞武签订了一份《股权及资产转让协议》，除该协议抬头处受让方发生变化之外，其余内容与上述《股权及资产转让协议书》相同。

2014年1月16日，甘彦海出具《股权转让及法定代表人指定函》，指定陈飞武占有星湖湾公司40%的股份，指定刘馨占有星湖湾公司60%的股份。转让方刘富田、翟冬梅分别与刘馨签订《股权交割证明》将其各自30%的股权转让给刘馨。董文博与陈飞武签订《股权交割证明》将董文博持有的40%的股权转让给陈飞武。2014年1月17日，乌鲁木齐市工商行政管理局予以变更登记。

2014年1月22日，转让方（甲方）董文博、翟冬梅、刘富田与受让方（乙方）甘彦海签订《补充协议书》，乙方承诺在2014年1月27日前向甲方支付1000万元，剩余7700万元款项至迟在2014年3月21日前付清。同日，转让方（甲方）董文博、翟冬梅、刘富田又与受让方（乙方）刘馨、陈飞武签订内容相同的《补充协议书》。

2014年5月13日，转让方（甲方）董文博、翟冬梅、刘富田与受让方（乙方）甘彦海与抵押人（丙方）星湖湾公司（法定代表人刘馨、执行董事兼经理）、保证人（丁方）彦海公司签订《补充协议书》，鉴于剩余7700万元股权及不动产转让款，乙方仍然无法按照2014年1月22日的《补充协议书》约定的期限支付，现达成补充协议。协议第2条约定在乙方履行本补充协议第1条约定的前提下，剩余4000万元股权及不动产转让款，乙方承诺至迟于2014年9月30日前清偿完毕，自2014年6月1日起按月27.5‰起算资金占用损失，按月支付，在每月25日前按乙方实际拖欠的金额和天数向甲方支付资金占用损失。如乙方未能在承诺的2014年9月30日前清偿完毕剩余4000万元股权及不动产转让款的，或者期间拖延支付资金占用损失超过15日的，视为乙方根本违约，甲方已收取款项不予退还，乙方承诺按9700万元股权及不动产转让总价款的30%承担违约责任后，继续履行和清偿剩余股权及不动产转让款和期间的资金占用损失。

刘富田认可截至2014年7月5日收到甘彦海转让款共计5700万元、2014年5月31日收到甘彦海资金占用损失费900万元，截至2014年7月5日总计收到款项6600万元。

2014年11月7日，刘富田向法院提起诉讼。

一审法院认为，根据2014年5月13日《补充协议书》第2条中“在乙方履行本补充协议第一条约定的前提下，剩余4000万元股权及不动产转让款，乙方承诺至迟于2014年9月30日前清偿完结，自2014年6月1日起按月27.5‰起算资金占用损失”的约定，刘富田资金占用损失合计586.485492万元。甘彦海应当按照约定承担上述资金占用期间的损失，故对刘富田要求甘彦海支付资金占用损失的诉讼请求，原审法院予以支持。因该资金占用损失系双方对可预见损失的明确约定，甘彦海要求对此予以调整无合同及法律依据。《合同法》第一百一十四条第一款规定：“当事人可以约定一方违约时应当根据违约情况向对方支付一定数额的违约金，也可以约定因违约产生的损失赔偿额的计算方法。”这表明允许当事人就损失赔偿的计算进行约定。赔偿损失与违约金可以并用，但并用时应符合法律、司法解释的规定。一审法院判决甘彦海向刘富田支付股权转让款4000万元、资金占用利息586.485492万元、赔偿违约金77.523287万元。

甘彦海、刘馨、陈飞武和星湖湾公司均不服一审判决，提起上诉。

二审法院对原审法院判令甘彦海自2014年6月1日起既支付资金占用利息又支付违约金是否妥当的问题分析如下。第一，自2014年6月1日起按月息27.5%计算资金占用损失系董文博、翟冬梅、刘富田与甘彦海、星湖湾公司、彦海公司等多个商事主体在2014年5月13日在案涉第二份《补充协议书》中达成的合意，符合《合同法》第一百一十四条第一款“当事人可以约定一方违约时应当根据违约情况向对方支付一定数额的违约金，也可以约定因违约产生的损失赔偿额的计算方法”之规定。第二，尽管原审法院在裁判文书对计算这笔损失赔偿额公式表述有误，但计算结果为586.485492万元正确，双方当事人对此没有异议。第三，上述资金占用损失只计算到2014年11月4日。第四，对于双方当事人之间约定过高的违约金原审法院已经根据甘彦海的要求作了较大幅度调整，从起初当事人双方约定的2910万元减少到77.523287万元。第五，双方约定的资金占用损失不是违约金，只要不违反法律的相关规定，人民法院不宜随意行使自由裁量权。第六，根据最高人民法院《关于适用〈中华人民共和国合同法〉若干问题的解释(二)》第二十九条第二款之规定，守约方获得的赔偿除了实际损失外，还可以获得不超过实际损失30%的违约金。因此，原审法院对资金占用损失和利息问题的处理结果并无不当。二审法院判决驳回上诉，维持原判。

【裁判】

一审判决：

1. 甘彦海向刘富田支付股权转让款4000万元；

2. 甘彦海向刘富田支付资金占用利息586.485492万元；

3. 甘彦海向刘富田赔偿违约金77.523287万元；

4. 股权质押合同合法有效，刘富田有权在甘彦海不履行上述债务时，就刘馨、陈飞武各自在星湖湾公司的股权，分别在5220万元、3480万元的范围内享有优先受偿权；

5. 星湖湾公司以其办理抵押登记的房产及土地使用权对甘彦海上述债务承担抵押担保责任，刘富田有权在甘彦海不履行债务时，就抵押的房产及土地使用权享有的价款优先受偿权；

6. 彦海公司对甘彦海上述债务承担连带责任。

二审判决：

驳回上诉，维持原判。

【实务评析】

司法实践中的一些合同安排应当特别注意法律技巧的运用，避免与法律的直接冲突。从商业角度来看，一个商业行为无法实现，其商业目的的损失是无法确定的，尤其是资金使用的机会成本以及利润损失更是如此，只有当事人自己才能够准确判断自己的机会成本与损失，只有当事人的合意结果才可能客观反映当事人在定约时的意思射程，这些应当属于商业判断的范围。目前已有越来越多的裁判者更加重视商业逻辑与规则，以本案为例，约定在合同价款无法支付或迟延支付的场合，给予资金占用损失费是对损失的确认方式，显然不是违约金。

89. 转让方违反承诺未履行如实披露义务造成受让方损失的应予赔偿

——青海盐湖工业股份有限公司与深圳市友缘控股有限公司股权转让纠纷案

【风险提示】

如实披露义务　损失赔偿

【案例要旨】

转让方在股权转让合同中声明根据诚实信用原则披露作为股东所掌握和了解的目标公司经营情况、财务状况、权属权益状况、债权、债务等真实、完整、有效的情况,并就提供相关资料不存在重大遗漏或不提供虚假资料作出承诺的,如有证据证明转让违反该承诺未如实披露,导致受让方损失的,转让方应予赔偿。

【案件基本信息】

1. 裁判书字号

最高人民法院(2015)民二终字第410号民事判决书

2. 当事人

原告(上诉人):青海盐湖工业股份有限公司(以下简称盐湖公司)

被告(被上诉人):深圳市友缘控股有限公司(以下简称友缘公司)

【基本案情】

2006年12月9日,青海盐湖工业(集团)有限公司(以下简称盐湖有限公司)与友缘公司签订《关于重组青海数码网络投资(集团)股份有限公司(以下简称数码网络)之重组协议》(以下简称《重组协议》),约定盐湖有限公司拟投入重组资金2.7亿元，通过代偿（还贷或转贷）友缘公司及其关联方的部分银行债务和被友缘公司占用的上海信诚至典网络技术有限公司的资金，获取友缘公司控制或享有的股权或资产。

2007年7月2日，根据《重组协议》的安排，友缘公司、上海丹阳、青海省国资委与盐湖有限公司签订《股份转让协议》。《股份转让协议》中转让方的陈述与担保条款约定，已根据诚实信用原则及应盐湖有限公司的要求，向盐湖有限公司提供其作为数码网络股东所掌握和了解的目标公司经营情况、财务状况、权属权益状况、债权、债务等真实、完整、有效的情况，并就相关资料全部提供给盐湖有限公司，不存在重大遗漏或提供虚假资料。因转让各方提供资料虚假、缺失或故意隐瞒，导致盐湖有限公司在作出受让本协议项下股份或股权的决策时，给盐湖有限公司造成损失的，转让方承担由此造成的全部赔偿责任。

2007年7月2日，数码网络与盐湖有限公司签订《吸收合并协议》，约定由数码网络新增股份，换取盐湖有限公司现有全体股东持有盐湖有限公司100%的股权，新增股份按照2006年12月5日数码网络停牌前20个交易日均价，即3.57元/股作价。

2008年1月22日，经中国证监会核准数码网络发行297573.0224万股股份换股吸收合并盐湖有限公司。2008年2月15日，盐湖有限公司与数码网络签订《交割协议书》，约定相关资产、债权、债务和人员的移交和接收将在取得中国证监会核准文件后3个月内办理完成。吸收合并后，盐湖有限公司依法注销，数码网络更名为盐湖公司。

2011年3月30日重庆市高级人民法院作出（2011）渝高法民终字第90号民事判决，判令盐湖公司对青海贤成矿业股份有限公司向中国民生银行股份有限公司广州分行的借款本金2000万元及相应利息承担连带清偿责任。2013年7月3日，重庆市第五中级人民法院作出（2012）渝五中法民执字第500号执行裁定，2013年7月9日，重庆市第五中级人民法院从盐湖公司账户强行扣划1308.04万元。因青海贤成矿业股份有限公司进入破产重整程序，盐湖公司就上述1308.04万元申报债权，最终获得清偿39.7262万元。

盐湖公司向一审法院提起诉讼，请求判令友缘公司承担违约责任，赔偿盐湖公司经济损失1268.3138万元，并支付利息127.6999万元，合计1396.0137万元。

一审法院认为，盐湖有限公司与友缘公司等三方签订的《股份转让协议》对有关股份转让的实质性内容均作了明确具体约定，系各方当事人的真实意思表示，合法有效。后通过吸收合并，更名为盐湖公司。现盐湖公司依据原合同主张权利，并无不当。《股份转让协议》中明确约定："已根据诚实信用原则及应盐湖有限公司的要求，向盐湖有限公司提供其作为数码网络股东所掌握和了解的目标公司经营情况、财务状况、权属权益状况、债权、债务等真实、完整、有效的情况，并就相关资料全部提供给盐湖有限公司，不存在重大遗漏或提供虚假资料。因转让各方提供资料虚假、缺失或故意隐瞒，导致盐湖有限公司在作出受让本协议项下股份或股权的决策时，出现无法预见的风险或其他不利后果，给盐湖有限公司造成损失的，转让方承担由此造成的全部赔偿责任，并采取一切可以补救的措施挽回盐湖有限公司的损失。"友缘公司等股东理应向盐湖有限公司提供其作为数码网络股东所掌握和了解的债务等真实、完整、有效的情况。从双方签订的多份合同看，并不能证明友缘公司等股东就本案所涉数码网络为青海贤成矿业股份有限公司在中国民生银行股份有限公司广州分行2000万元的借款提供保证担保的情况，向股权受让方盐湖有限公司进行了如实披露。2011年3月30日重庆市高级人民法院作出(2011)渝高法民终字第90号民事判决书，判决盐湖公司对青海贤成矿业股份有限公司向中国民生银行股份有限公司广州分行的借款本金2000万元及相应利息承担连带清偿责任，此时该债务数额已经明确，且盐湖公司作为被告参加该案相关诉讼，其对该债务形成已经明确知晓，作为连带责任保证人应及时履行法院判决的付款义务。一审法院判决驳回盐湖公司的诉讼请求。

上诉人盐湖公司不服一审判决，提起上诉。

二审法院认为，一审判决认定事实清楚，适用法律正确，盐湖公司的上诉理由不能成立。

【裁判】

一审判决：

驳回盐湖公司的诉讼请求。

二审判决：

驳回上诉，维持原判。

【实务评析】

在股权转让及股权并购的场合，受让方通常会通过法律尽职调查及会计尽职调查等方式,对目标公司的具体情况进行系统调查,进而根据尽职调查的结果进行必要的风险评估后,作出交易与否的决定,或者确定适当的交易模式和交易结构。但是,基于手段、方式、能力及条件等方面的制约,尽职调查的结果往往具有局限性,并不能全面客观地反映目标公司的基本情况。为了在有效管理交易风险的同时最大限度地促进交易活动,受让方在交易文件中通常要求转让方对提供资料或陈述的客观性、有效性及完整性作出必要的声明和承诺。事实证明,转让方违背上述声明和承诺的现象是非常普遍的。为了避免不必要的争议和风险,在股权转让合同中对于转让方违反上述声明和承诺造成目标公司或受让方损失的情形,通常应当作出由转让方承当相应赔偿责任的具体安排。

第六章
Chapter 06

合同终止

(一)不予解除情形

90. 迟延履行期间国家政策变化不构成情势变更

——宗锡晋、大宗集团有限公司与淮北圣火矿业有限公司、涡阳圣火房地产开发有限公司等股权转让纠纷案

【风险提示】

迟延履行　政策变化　情势变更

【案例要旨】

迟延履行生效合同约定义务的当事人以迟延履行期间国家政策变化为由主张情势变更的,不予支持。

【案件基本信息】

1. 裁判书字号

最高人民法院(2015)民二终字第236号民事判决书[1]

2. 当事人

原告(被上诉人):宗锡晋

原告(被上诉人):大宗集团有限公司(以下简称大宗公司)

被告(上诉人):淮北圣火矿业有限公司(以下简称圣火矿业公司)

被告(上诉人):涡阳圣火房地产开发有限公司(以下简称涡阳房地产公司)

被告(上诉人):淮北圣火房地产开发有限责任公司(以下简称淮北房地产公司)

〔1〕 本案被《最高人民法院公报》2016年第6期收录。

【基本案情】

2013年3月24日,大宗公司、宗锡晋为甲方,圣火矿业公司为乙方签订《股权转让协议》约定:

(1)甲方同意将持有的两个公司各44%的股权转让给乙方,转让价款为人民币6.5亿元。(2)股权转让款支付时间和方式:①2014年7月31日前,乙方向甲方支付股权转让款人民币1亿元……(4)关于两个公司资产、物品等财产的特别约定:①无论与两个公司拥有的骑路孙煤炭资源、张油坊煤炭资源、梁花园煤炭资源(以下简称三处煤炭资源)相关的探矿许可证或采矿许可证是否作废、到期或失效,乙方均无条件地履行本协议约定的所有条款……

协议签订后,圣火矿业公司依协议约定应当于2014年7月31日前支付第一期股权转让款1亿元,但圣火矿业公司未按期履行付款义务。2014年7月31日,圣火矿业公司向大宗公司出具2000万元的违约金欠条。2014年9月5日、9日、11日、12日,圣火矿业公司分4笔共计支付大宗公司违约金1000万元,之后再未支付款项。

2007年7月28日,圣火矿业公司与大宗公司签订《合作经营合同》,约定双方共同注册成立淮北宗圣公司,圣火矿业公司将三处煤炭资源的探矿权转让给淮北宗圣公司,享有公司56%的股权;大宗公司享有公司44%的股权。2007年12月15日,圣火矿业公司与大宗公司签订《合作经营合同》,约定上述三座煤矿的立项核准、可行性报告、矿井设计、环评工作由圣火矿业公司负责办理,如有困难时,大宗公司予以积极协助办理。

2011年9月18日和30日,安徽省志远科技咨询有限责任公司对三处煤炭资源井田煤炭勘探探矿权作出评估报告书,三处煤炭资源评估价值共计37.9亿元。2012年12月3日,淮北宗圣公司和宿州宗圣公司作出股东会决议,全权授权宗成乐与皖北矿业(集团)有限公司洽谈三处煤炭资源开发事宜。2013年6月28日,淮北矿业(集团)有限责任公司在给淮北市人民政府的《关于合作情况的说明函》中表示其与圣火矿业公司共同合作开发矿产资源,恳请市政府给予相关工作支持。

2014年10月12日,《国家能源局关于调控煤炭总量优化产业布局的指导意见》(国能煤炭〔2014〕454号,以下简称《指导意见》)第三条“优化新建项目布局”

要求:按照“控制东部、稳定中部、发展西部”的总体要求,依据煤炭资源禀赋、市场区位、环境容量等因素确定煤炭产业发展格局。今后一段时间,东部地区原则上不再新建煤矿项目。

大宗公司、宗锡晋向法院提起诉讼,请求圣火矿业公司支付股权转让款1亿元及违约金1000万元,淮北房地产公司、涡阳房地产公司承担连带付款责任。

一审法院对本案是否属情势变更问题分析如下。所谓情势,是指客观情况,具体泛指一切与合同有关的客观事实;变更是指合同赖以成立的环境或基础发生异常之变动。在确认时,应当注意正确判断是情势变更还是商业风险,需要依案情从可预见性、归责性以及产生后果等方面进行分析。本案中,淮北宗圣公司成立于2007年,涉案三处煤炭资源一直申请办理采矿权手续或立项核准,直到2014年10月12日《指导意见》出台之前,也未获得批准,并且该意见规定,只是在今后一段时间内东部地区原则上不再新建煤矿项目,因此,政策原因并非造成合作开发项目得不到核准的唯一原因。同时,双方2013年3月签订的《股权转让协议》第4条也约定,无论与两个公司拥有的三处煤炭资源相关的探矿许可证或采矿许可证是否作废、到期或失效,圣火矿业公司均无条件地履行本协议约定的所有条款。综上,可以认定圣火矿业公司对可能存在的风险能够预见,对圣火矿业公司以情势变更原则解除合同的抗辩,应不予采信。一审判决圣火矿业公司向大宗公司、宗锡晋支付股权转让款1亿元及违约金1000万元,淮北房地产公司、涡阳房地产公司承担共同还款责任。

圣火矿业公司、淮北房地产公司、涡阳房地产公司不服一审判决,提起上诉。

二审法院认为,属于所谓情势变更还是商业风险,需要参照合同约定,并从可预见性、归责性以及产生后果等方面进行分析。本案中,淮北宗圣公司成立于2007年,涉案三处煤炭资源一直申请办理采矿权手续或立项核准,直到2014年10月12日《指导意见》之前,也未获得批准,并且该意见规定,只是在今后一段时间内东部地区原则上不再新建煤矿项目,且安徽省是否属于该《指导意见》所确定的东部地区尚需进一步论证,因此,政策原因并非造成合作开发项目得不到核准的唯一原因。案涉《股权转让协议》第4条约定,无论与淮北宗圣公司、宿州宗圣公司拥有的三处煤炭资源相关的探矿许可证或采矿许可证是否作废、到期或失效,圣火矿业公司均无条件的履行本协议约定的所有条款。圣火矿业公司以情势变更原则不应履行支付第一笔股权转让款的抗辩,本院不予采信。

【裁判】

一审判决：

1. 圣火矿业公司向大宗公司、宗锡晋支付股权转让款1亿元及违约金1000万元；

2. 淮北房地产公司、涡阳房地产公司在其公司的房产销售款范围内承担共同还款责任。

二审判决：

驳回上诉，维持原判。

【实务评析】

情势变更不同于商业风险，需要依案情从可预见性，归责性以及产生后果等方面进行分析。一般认为，情势变更原则的适用有以下要件：(1)须与合同有关的客观事实发生巨大变化，如战争、经济危机、金融危机、重大政策调整等；(2)情势变更须于法律行为成立后至债务关系消灭前发生；(3)情势变更须未为当事人在订立合同时所预料而且有不得预料之性质；(4)情势变更须因不可归责于当事人之事由而发生；(5)须因情势变更使原合同显失公平。

91. 主要内容大部分得到履行的股权转让合同不能以一方违约为由要求解除

——赵林、西藏元泽矿业有限公司与云南驰宏锌锗股份有限公司股权转让纠纷案

【风险提示】

合同主要义务　违约行为　合同解除

【案例要旨】

合同签订后,双方基本履行完成合同的主要义务,订立合同的主要目的也得以实现,即使一方在履行过程中存在违约行为,也不足以据此解除合同,双方当事人均应继续全面履行合同约定的义务。

【案件基本信息】

1. 裁判书字号

最高人民法院(2018)最高法民终 1126 号民事判决书

2. 当事人

原告(反诉被告、上诉人):赵林

原告(反诉被告、上诉人):西藏元泽矿业有限公司(以下简称元泽公司)

被告(反诉原告、上诉人):云南驰宏锌锗股份有限公司(以下简称驰宏公司)

【基本案情】

2011 年 9 月,驰宏公司与元泽公司、赵林三方就西藏鑫湖矿业有限公司(以下简称鑫湖公司)的股权及矿权相关事宜签订《重组协议》;2012 年 1 月,驰宏公司、元泽公司在该《重组协议》的基础上,进一步签订《股权转让协议》,赵林作为元泽公司的法定代表人,在该协议上签字;后元泽公司、驰宏公司、鑫湖公司又补充签

订《账款处理协议》。三份协议内容相互补充，综合约定：元泽公司将其所持有鑫湖公司51%的股权转让给驰宏公司，转让价款为379724291元；在股权交割日（元泽公司将其持有的鑫湖公司51%的股权变更登记至驰宏公司名下之日），驰宏公司依《重组协议》约定预付给元泽公司的1亿元定金转为股权价款；股权交割及法院对鑫湖公司的财产保全解除后5个工作日内，驰宏公司支付元泽公司股权转让价款的余款。元泽公司的义务包括：2012年3月31日前，依据《重组协议》的约定，规范鑫湖公司原矿权合作关系；解除与天瑞集团的合作关系并处理完毕有关法律纠纷；继续协调、推进鑫湖公司洞中拉矿区采矿权的申办工作。驰宏公司的义务包括：2012年2月29日前，本次交易涉及的评估报告取得有关监督管理部门的备案；依协议约定按期支付股权转让价款。相关违约责任：股权交割后，元泽公司不履行协议约定的义务，驰宏公司有权暂缓支付剩余股权转让价款；在元泽公司履行义务后，驰宏公司不按协议约定支付股权转让价款，元泽公司可解除协议、返还驰宏公司已付价款并另寻他方合作。

2012年5月，元泽公司将其在鑫湖公司51%的股权交付给驰宏公司并依法办理了股权变更登记，同时将鑫湖公司的经营管理权也移交给驰宏公司。鑫湖公司的股东由原来的元泽公司与地质二队变更为驰宏公司（股权比例为51%）、地质二队（股权比例为35%）、元泽公司（股权比例为14%），鑫湖公司的法定代表人由赵林变更为陈华国。截至目前，驰宏公司已向元泽公司支付股权总价款254251060.66元；余款125473230.34元未付。

元泽公司、赵林向法院提起诉讼，请求解除双方签订的《重组协议》《股权转让协议》，驰宏公司将鑫湖公司51%的股权变更登记至元泽公司、赵林名下并返还鑫湖公司经营权、支付迟延付款的利息。驰宏公司提出反诉，请求元泽公司、赵林限期继续履行合同义务，承担违约损失赔偿责任。

一审法院认为，当事人能否解除合同，应视其是否具备法定或约定的解除权，结合合同的具体履行情况而定。协议签订后，元泽公司作为出让方，依约定将其在鑫湖公司51%的股权交付给受让方驰宏公司并办理了工商变更登记；驰宏公司向元泽公司支付了67%的股权转让价款；鑫湖公司重新召开了股东会，选举变更了法定代表人及其他高级管理人员。合同的主要义务双方基本履行完成，订立合同的主要目的也得以实现。双方当事人应该继续全面履行合同约定的义务。一审法院判决元泽公司、赵林、驰宏公司应依双方签订的《重组协议》《股权转让协议》《账款处理协议》的约定，继续全面履行合同义务。

元泽公司、赵林、驰宏公司不服一审判决，提起上诉。

二审法院认为，本案为股权转让纠纷，双方当事人通过签订《重组协议》《股权转让协议》《账款处理协议》对于股权转让事宜进行了约定，明确了各自的权利义务。相关协议签订后，元泽公司按约将其持有的鑫湖公司51%的股权交付给驰宏公司并办理股权变更手续；驰宏公司也按约支付了大部分股权转让款。双方均已履行了相关协议约定的主要义务。至于元泽公司提出的驰宏公司入主鑫湖公司多年仍未能有效组织生产，致使合同目的不能实现的主张，其所提出的“合同目的”系指元泽公司通过引进驰宏公司，盘活鑫湖公司现有资产以达到鑫湖公司各股东互利共赢的最终目的，该目的并非股权转让法律关系的合同目的，元泽公司以此为由主张解除合同显然不能成立。关于元泽公司提出驰宏公司存在阻碍付款条件成就、拒绝履行付款义务等违约行为，分析元泽公司所提的具体理由，其并未提供足够证据予以证明，且本案双方之间股权转让对价巨大，即使一方在履行过程中存在轻微违约行为，也不足以据此解除合同。元泽公司提出的案涉协议符合法定和约定解除条件应予解除的上诉请求与理由，缺乏事实和法律依据，不予支持，双方当事人均应继续全面履行合同约定的义务。二审法院判决驳回上诉，维持原判。

【裁判】

一审判决：

元泽公司、赵林、驰宏公司应依双方签订的《重组协议》《股权转让协议》《账款处理协议》的约定，继续全面履行合同义务。

二审判决：

驳回上诉，维持原判。

【实务评析】

针对股权转让合同大部分义务已经履行的情况下，守约方是否可以行使合同解除权的问题，最高人民法院在其他相关裁判中也认为，此时若允许守约方解除合同，不仅会使合同目的无法实现，甚至会损害第三人的利益，不符合当事人缔约时的初衷和尽量使合同有效的立法目的。故对守约方合同解除权的行使应当加以限制，以平衡双方当事人的利益。

92. 合同解除条件需明确约定

——四平九洲房地产开发有限责任公司与邝冶股权转让纠纷案

【风险提示】

解除条件　约定不明

【案例要旨】

一方只要有违约行为并给对方造成损失的，无论程度轻重、损失大小，守约方均有权解除股权转让合同的约定，实属对解除条件约定不明。

【案件基本信息】

1. 裁判书字号

最高人民法院(2018)最高法民终863号民事判决书

2. 当事人

原告(上诉人)：四平九洲房地产开发有限责任公司(以下简称九洲公司)

被告(被上诉人)：邝冶

第三人(被上诉人)：海南吉森鸿润投资发展有限公司(以下简称吉森公司)

【基本案情】

吉森公司成立于2013年6月6日，注册资本为5000万元，股东为：邝冶(出资3500万元占股70%)、三亚鸿铖投资发展有限公司(以下简称鸿铖公司，出资1500万元占股30%)。

2017年12月2日，邝冶与九洲公司及吉森公司签订《股权转让协议书》，约定：(1)邝冶将其持有的吉森公司70%的股权和在吉森公司享有的全部债权权益，整体转让予九洲公司……(7)九洲公司应支付的1.5亿元的对价款应分3次向邝冶支付完毕,第一次支付时间为本协议签订后的7个工作日内,需支付30%的剩余部分即1250万元(另3250万元已支付);2018年3月1日前再支付30%即4500万元;2018年6月1日前将剩余的40%部分即6000万元支付完毕。(8)九洲公司支付首期股权转让对价款后,即使尚未办理股权登记变更手续,也视同九洲公司已取得股东的相应持股资格……(11)任何一方违反本协议约定条款,即构成违约,违约方应向守约方承担违约责任;任何一方违约,并给对方造成损失时,守约方有权向违约方要求损失赔偿,并有权单方解除合同。

上述《股权转让协议书》签订前,王立新向吉森公司银行账户转入1250万元,该款即为《股权转让协议书》记载的此前王立新受让邝冶的25%股权的股权转让款,协议书约定该25%股权受让主体直接变更为九洲公司,此款项视为九洲公司已向邝冶交付的部分股权转让对价款。2017年7月28日,邝冶又向吉森公司银行账户转入2000万元,银行凭证记载为借款,《股权转让协议书》约定该款转为本案股权转让款。除上述3250万元外,九洲公司至今未向邝冶支付过任何股权转让款。

2018年1月14日,邝冶作出《解除合同通知书》,内容为:邝冶已按双方签订的《股权转让协议书》约定履行了应尽义务,《股权转让协议书》约定九洲公司应在该协议书签订后7个工作日内向邝冶支付股权转让对价款1250万元,但九洲公司至今未履行该付款义务,特依据该协议书第4条第1款的约定,向九洲公司通知解除该协议书。

九洲公司向法院提起诉讼,请求确认邝冶解除2017年12月2日九洲公司与邝冶、吉森公司签订的《股权转让协议书》的行为无效,邝冶应继续履行《股权转让协议书》。

一审法院认为,邝冶与九洲公司及吉森公司签订的《股权转让协议书》,系该三方当事人的真实意思表示,且其内容并不违反法律和行政法规的强制性规定,应为合法有效,邝冶、九洲公司及吉森公司均应严格履行该协议书约定的义务。《股权转让协议书》第11点明确约定:"任何一方违反本协议约定条款,即构成违约,违约方应向守约方承担违约责任,任何一方违约,并给对方造成损失时,守约方有权向违约方要求损失赔偿,并有权单方解除合同。"九洲公司并不能证明邝冶存在违约行为,而九洲公司除在《股权转让协议书》签订前支付股权转让款3250万元外,在该协议书签订后未再向邝冶支付过任何款项,其中双方约定的协议书签订后的第一期股权转让款已于2017年12月12日到期，九洲公司逾期支付该期全部股权转让款1250万元，已构成违约。故根据《股权转让协议书》的上述约定及《合同法》第九十三条第二款[1]的规定，邝冶有权解除该《股权转让协议书》。一审法院判决驳回九洲公司的诉讼请求。

九洲公司不服一审判决，提起上诉。

二审法院对合同约定解除权的问题分析如下。案涉《股权转让协议书》第4条违约责任第1点约定："任何一方违反本协议约定条款，即构成违约，违约方应向守约方承担违约责任，任何一方违约，并给对方造成损失时，守约方有权向违约方要求损失赔偿，并有权单方解除合同。"从该约定来看，任何一方只要有任何违约行为并给对方造成损失的，不论违约程度轻重、损失后果大小，守约方均有权解除合同。虽然该约定将守约方行使合同解除权的条件限定为一方违约且同时造成对方损失，但由于客观上违约与损失息息相关，该条款实质仍着眼于只要发生了违约，则守约方即有权解除合同。如此一来，显然泛化了作为合同约定解除条件的违约行为，将所有违约行为不加区分同质化，若简单依此履行，必将造成解除合同过于随意，增加了合同被解除的风险，不利于交易安全和稳定。故上述第1点虽在形式上约定了合同解除的条件，但实属对解除条件约定不明。合同当事人出现违约情形时，不能当然以此为由主张解除合同，而应当结合合同履行情况、违约程度等因素，从合理平衡双方利益出发，慎重判断合同是否符合法定解除条件。二审判决邝冶解除2017年12月2日《股权转让协议书》的行为无效，《股权转让协议书》继续履行。

【裁判】

一审判决：

驳回九洲公司的诉讼请求。

二审判决：

1. 撤销海南省高级人民法院(2018)琼民初8号民事判决；

2. 确认邝冶解除2017年12月2日《股权转让协议书》的行为无效；

3. 九洲公司与邝冶、吉森公司于2017年12月2日签订的《股权转让协议书》

---

〔1〕《民法典》相关条文为第五百六十二条："当事人协商一致，可以解除合同。当事人可以约定一方解除合同的事由。解除合同的事由发生时，解除权人可以解除合同。"下同。

继续履行；

4. 驳回九洲公司其他诉讼请求。

【实务评析】

《民法典》第五百六十二条规定："当事人协商一致，可以解除合同。当事人可以约定一方解除合同的事由。解除合同的事由发生时，解除权人可以解除合同。"本条是关于约定解除权的规定，解除合同的事由应当是合同订立时尚未发生的客观不确定事实，应当是当事人任意选择的事实，应当是合法的事实，不能与附条件的合同的内容相矛盾，内容应当是明确的。

93. 股权转让合同不适用关于分期付款买卖合同解除的规定

——汤长龙与周士海股权转让纠纷案

【风险提示】

股权转让　分期付款

【案例要旨】

有限责任公司的股权分期支付转让款中发生股权受让人延迟或者拒付等违约情形，股权转让人要求解除双方签订的股权转让合同的，不适用法律关于分期付款买卖中出卖人在买受人未支付到期价款的金额达到合同全部价款的五分之一时可解除合同的规定。

【案件基本信息】

1. 裁判书字号

四川省高级人民法院(2014)川民终字第432号民事判决书[1]

2. 当事人

原告(上诉人):汤长龙

被告(被上诉人):周士海

【基本案情】

原告汤长龙与被告周士海于2013年4月3日签订《股权转让协议》及《股权转让资金分期付款协议》。双方约定:周士海将其持有的青岛变压器集团成都双

[1] 该案是最高人民法院指导案例67号。

星电器有限公司6.35%股权转让给汤长龙。股权合计710万元,分4期付清,即2013年4月3日付150万元;2013年8月2日付150万元;2013年12月2日付200万元;2014年4月2日付210万元。此协议双方签字生效,永不反悔。协议签订后,汤长龙于2013年4月3日依约向周士海支付第一期股权转让款150万元。

2013年11月7日,青岛变压器集团成都双星电器有限公司的变更(备案)登记中,周士海所持有的6.35%股权已经变更登记至汤长龙名下。

因汤长龙逾期未支付约定的第二期股权转让款,周士海于同年10月11日,以公证方式向汤长龙送达了《关于解除协议的通知》,以汤长龙根本违约为由,提出解除双方签订的《股权转让资金分期付款协议》。次日,汤长龙即向周士海转账支付了第二期150万元股权转让款,并按照约定的时间和数额履行了后续第三、四期股权转让款的支付义务。周士海以其已经解除合同为由,如数退回汤长龙支付的4笔股权转让款。汤长龙遂向人民法院提起诉讼,要求确认周士海发出的解除协议通知无效,并责令其继续履行合同。

一审法院于2014年4月15日作出(2013)成民初字第1815号民事判决:驳回原告汤长龙的诉讼请求。

汤长龙不服一审判决,提起上诉。

二审法院认为,本案争议的焦点问题是周士海是否享有《合同法》第一百六十七条〔1〕规定的合同解除权。

1.《合同法》第一百六十七条第一款规定:"分期付款的买受人未支付到期价款的金额达到全部价款的五分之一的,出卖人可以要求买受人支付全部价款或者解除合同。"第二款规定:"出卖人解除合同的,可以向买受人要求支付该标的物的使用费。"最高人民法院《关于审理买卖合同纠纷案件适用法律问题的解释》第三十八条规定:"合同法第一百六十七条第一款规定的'分期付款',系指买受人将应付的总价款在一定期间内至少分三次向出卖人支付。分期付款买卖合同的约定违反合同法第一百六十七条第一款的规定,损害买受人利益,买受人主张该约定无效的,人民法院应予支持。"依据上述法律和司法解释的规定,分期付款买卖的主要特征为:一是买受人向出卖人支付总价款分三次以上,出卖人交付标的物之

〔1〕《民法典》相关条文为第六百三十四条:"分期付款的买受人未支付到期价款的数额达到全部价款的五分之一,经催告后在合理期限内仍未支付到期价款的,出卖人可以请求买受人支付全部价款或者解除合同。出卖人解除合同的,可以向买受人请求支付该标的物的使用费。"

后买受人分两次以上向出卖人支付价款；二是多发、常见在经营者和消费者之间，一般是买受人作为消费者为满足生活消费而发生的交易；三是出卖人向买受人授予了一定信用，而作为授信人的出卖人在价款回收上存在一定风险，为保障出卖人剩余价款的回收，出卖人在一定条件下可以行使解除合同的权利。

本案系有限责任公司股东将股权转让给公司股东之外的其他人。尽管案涉股权的转让形式也是分期付款，但由于本案买卖的标的物是股权，因此具有与以消费为目的的一般买卖不同的特点：一是汤长龙受让股权是为参与公司经营管理并获取经济利益，并非满足生活消费；二是周士海作为有限责任公司的股权出让人，基于其所持股权一直存在于目标公司中的特点，其因分期回收股权转让款而承担的风险，与一般以消费为目的分期付款买卖中出卖人收回价款的风险并不同等；三是双方解除股权转让合同，也不存在向受让人要求支付标的物使用费的情况。综上特点，股权转让分期付款合同，与一般以消费为目的分期付款买卖合同有较大区别。对案涉《股权转让资金分期付款协议》不宜简单适用《合同法》第一百六十七条规定的合同解除权。

2. 本案中，双方订立《股权转让资金分期付款协议》的合同目的能够实现。汤长龙和周士海订立《股权转让资金分期付款协议》的目的是转让周士海所持青岛变压器集团成都双星电器有限公司 6.35% 股权给汤长龙。根据汤长龙履行股权转让款的情况，除第二笔股权转让款 150 万元逾期支付 2 个月，其余 3 笔股权转让款均按约支付，周士海认为汤长龙逾期付款构成违约要求解除合同，退回了汤长龙所付 710 万元，不影响汤长龙按约支付剩余 3 笔股权转让款的事实的成立，且本案一、二审审理过程中，汤长龙明确表示愿意履行付款义务。因此，周士海签订案涉《股权转让资金分期付款协议》的合同目的能够得以实现。

3. 从诚实信用的角度，《合同法》第六十条规定："当事人应当按照约定全面履行自己的义务。当事人应当遵循诚实信用原则，根据合同的性质、目的和交易习惯履行通知、协助、保密等义务。"[1] 鉴于双方在股权转让合同上明确约定"此协议一式两份，双方签字生效，永不反悔"，因此周士海即使依据《合同法》第一百六十七条的规定，也应当首先选择要求汤长龙支付全部价款，而不是解除合同。

---

[1] 《民法典》相关条文为第五百零九条："当事人应当按照约定全面履行自己的义务。当事人应当遵循诚信原则，根据合同的性质、目的和交易习惯履行通知、协助、保密等义务。当事人在履行合同过程中，应当避免浪费资源、污染环境和破坏生态。"

4. 从维护交易安全的角度，一项有限责任公司的股权交易，关涉诸多方面，如其他股东对受让人汤长龙的接受和信任（过半数同意股权转让），记载到股东名册和在工商部门登记股权，社会成本和影响已经倾注其中。本案中，汤长龙受让股权后已实际参与公司经营管理、股权也已过户登记到其名下，如果不是汤长龙有根本违约行为，动辄撤销合同可能对公司经营管理的稳定产生不利影响。

【裁判】

一审判决：

驳回原告汤长龙的诉讼请求。

二审判决[1]：

1. 撤销原审判决；

2. 确认周士海要求解除双方签订的《股权转让资金分期付款协议》行为无效；

3. 汤长龙于本判决生效后 10 日内向周士海支付股权转让款 710 万元。

【实务评析】

目前，法律对于哪些交易适用分期付款买卖并没有作出明确限定，本案经过各方充分讨论，并征求立法部门的意见，最终形成了本案例的裁判要点，即股权转让人要求解除双方签订的股权转让合同的，不适用《民法典》第六百三十四条"分期付款的买受人未支付到期价款的数额达到全部价款的五分之一，经催告后在合理期限内仍未支付到期价款的，出卖人可以请求买受人支付全部价款或者解除合同"的规定。

---

[1] 周士海不服四川省高级人民法院的判决，向最高人民法院申请再审。最高人民法院于 2015 年 10 月 26 日作出（2015）民申字第 2532 号民事裁定，驳回周士海的再审申请。

94. 解除合同还是继续履行只能择一行使

——安徽信业医药有限公司与赵宽、安徽天康（集团）股份有限公司股权转让纠纷案

【风险提示】

解除合同　继续履行　择一行使

【案例要旨】

在股权转让合同约定的解除条件成就与违约责任之间，解除权人应当就解除合同还是继续履行择其一行使，解除权人既然选择了继续履行合同，就意味着其放弃解除合同。

【案件基本信息】

1. 裁判书字号

最高人民法院（2018）最高法民终854号民事判决书

2. 当事人

原告（上诉人）：安徽信业医药有限公司（以下简称信业医药公司）

被告（被上诉人）：赵宽

被告（被上诉人）：安徽天康（集团）股份有限公司（以下简称天康集团公司）

第三人（被上诉人）：合肥亿帆生物医药有限公司（以下简称亿帆医药公司）

【基本案情】

1997年1月31日，原安徽天康药业有限公司（以下简称天康药业公司或目标公司）登记设立。赵宽与信业医药公司于2012年11月29日签订《合作协议》，2012年12月6日签订《补充协议》，信业医药公司取得原天康药业公司70%股权

并实际控制经营。

2014 年 12 月 28 日，甲方天康集团公司、保证方赵宽与乙方信业医药公司、保证方蒋磊、目标公司签订《股权转让协议》。协议第 3 条称甲方受让乙方在目标公司的全部股权(总股本的 70%)，全部转让款项具体金额以双方最终核定为准，双方另签订确认清单。协议第 4 条称付款方式按本协议第 3 条计算出的总价款扣除甲方借给目标公司的 500 万元借款后得出甲方应付金额，甲方分期支付给乙方：(1)本协议签订并生效后 3 日内付 1500 万元，乙方收到此款后本协议生效；(2)办理完成股权实际转让并完成工商变更登记后 7 日内付款 2500 万元；(3)剩余款项最迟于 2015 年 6 月 30 日、2015 年 12 月 30 日各付 50%。次日，天康集团公司支付信业医药公司股权转让款 1500 万元。

2015 年 1 月 9 日，甲方天康集团公司与乙方信业医药公司、目标公司签订一份《补充协议》，双方最终核定全部转让款项总金额 8531.6 万元。双方确认付款方式：(1)甲方已付 1500 万元；(2)完成股权转让、工商变更登记之日起 7 日内付 2500 万元；(3)2015 年 6 月 30 日前付剩余款项的 50%，即 2265.80 万元；(4)2015 年 12 月 30 日前付剩余款项的 50%，即 2265.80 万元。各方一致同意，如目标公司在 2015 年 12 月 30 日前进行新的股权重组，甲方应在重组生效前支付完毕所有剩余款项；如甲方不按此约定支付相关款项，乙方有权收回已转让股权，本协议无效，乙方不予退回甲方已支付款项，甲方与其他重组公司所签订的协议无效。

2015 年 1 月 12 日，信业医药公司持有的目标公司 70% 股权变更至天康集团公司名下。2015 年 12 月 9 日，信业医药公司与天康集团公司签署一份《说明》，载明 2015 年 12 月 30 日前天康集团公司应支付余款的 50% 即 2265.80 万元。

2015 年 8 月 7 日，甲方亿帆医药公司、乙方赵宽、丙方天康集团公司及目标公司签订一份《股权转让协议书》，约定甲方收购乙方和丙方持有的目标公司全部 100% 股权，股权转让价格为 2.4 亿元。2015 年 8 月 8 日，亿帆鑫富药业股份有限公司(以下简称亿帆鑫富公司)发布了《关于全资子公司亿帆医药公司收购原天康药业公司 100% 股权的公告》。2015 年 8 月 21 日，天康药业公司办理了投资人变更登记，公司股东变更为亿帆医药公司。2016 年 2 月 22 日，亿帆医药公司将目标公司改名为天长亿帆制药有限公司。

2016 年 4 月 15 日，信业医药公司向天康集团公司发出一份《合同解除通知书》，主要内容：近期得知贵公司在 2015 年 8 月 25 日将目标公司全部股权转让给第三人,而贵公司并未按约在该日前支付剩余股权转让款2265.8万元,构成违约,触发了合同约定的解除条件。根据合同法相关规定,特通知贵公司解除双方之间2014年12月28日签订的《股权转让协议》及2015年1月9日签订的《补充协议》。次日,天康集团公司收到通知并未回复。

信业医药公司向法院提起诉讼,请求确认信业医药公司与天康集团公司2014年12月28日签订的《股权转让协议》及2015年1月9日签订的《补充协议》已于2016年4月16日解除。

一审法院认为,信业医药公司在知道或者应当知道案涉股权已经转让情况下未行使解除权,并接受天康集团公司支付剩余股权转让款,系以行为表明其放弃行使合同解除权。首先,按照信业医药公司的陈述,目标公司的股权是否再次重组转让应是其极端关注的对象和内容。其次,案涉股权转让给亿帆医药公司时,其控股公司亿帆鑫富公司作为上市公司已在媒体上予以公告,作为密切关注此类信息的信业医药公司应当知道目标公司股权将发生新的重组。再次,案涉股权于2015年8月21日变更登记至亿帆医药公司名下,该股权变更登记具有公示公信的效力,信业医药公司可以通过工商部门或网络轻易地获知该信息。最后,2015年12月9日,亿帆医药公司与天康集团公司签署《说明》,对转让款支付进行最终结算,此时距离股权收购公告、股权变更登记分别超过和接近4个月,作为极端关注目标公司是否重组的信业医药公司,也应当查询了解相关信息。一审法院判决驳回信业医药公司的诉讼请求。

信业医药公司不服一审判决,提起上诉。

二审法院对信业医药公司是否有权行使合同解除权分析如下。依据天康集团公司(甲方)与信业医药公司(乙方)在2015年1月9日签订的《补充协议》中约定,信业医药公司在天康集团公司对目标公司进行重组后未按约付款的情况下享有收回股权及不退回天康集团公司已支付款项的权利,即在一定条件成就时行使合同解除权。亿帆医药公司的控股公司亿帆鑫富公司作为上市公司于2015年8月8日在媒体上发布《关于全资子公司亿帆医药公司收购原天康药业公司100%股权的公告》及相关备查文件,并于2015年8月21日办理了股权变更登记手续,完成目标公司的股权重组,但天康集团公司未依约在2015年8月21日股权转让完成前支付剩余股权转让款。虽然如此,信业医药公司并未要求解除与天康集团公司之间的股权转让协议,仍接受天康集团公司于2015年12月8日继续履行协议的付款义务,并与天康集团公司于 2015 年 12 月 9 日进行结算并形成《说明》,要求天康集团公司在 2015 年 12 月 30 日前支付剩余款项 2265.8 万元。信业医药公司的上述行为表明其已经放弃了合同约定的解除权,选择继续履行双方协议。二审法院判决驳回上诉,维持原判。

【裁判】

一审判决:

驳回信业医药公司的诉讼请求。

二审判决:

驳回上诉,维持原判。

【实务评析】

实际履行要求当事人按照合同规定的标的作出履行,而不得以违约金、赔偿金等方式代替合同的履行。合同解除与实际履行关系十分密切,实际履行与合同解除一样都可以作为违约后的补救措施,因此,在许多情况下,允许非违约方在实际履行与解除合同之间作出选择。如果非违约方认为实际履行对其有利,其就会选择实际履行而不解除合同。一旦非违约方选择了实际履行,就意味着放弃了合同解除的权利。

（二）合同解除情形

95. 股权转让双方合同解除前进行的协商不构成阻却解除事由

——嘉凯城集团股份有限公司与宝亚有限公司股权转让纠纷案

【风险提示】

解除事宜　协商未成

【案例要旨】

股权转让合同中约定了合同的解除条件，有解除权的一方有证据证明双方曾就合同的解除事宜进行过协商，仅由于合同解除后的补偿问题未能达成一致而未协商成功的，可以认定合同已于双方协商时解除。

【案件基本信息】

1. 裁判书字号

最高人民法院（2015）民四终字第50号民事判决书

2. 当事人

原告（上诉人）：嘉凯城集团股份有限公司（以下简称嘉凯城公司）

被告（上诉人）：宝亚有限公司（ASIAPEARLLIMITED）（以下简称宝亚公司）

第三人（被上诉人）：海南华航房地产有限公司（以下简称华航公司）

【基本案情】

华航公司于1991年获得了位于海南省海口市美兰区灵山镇华航商住区项目（以下简称华航项目）地块的开发权。宝亚公司为华航公司唯一股东。

2010年6月25日，宝亚公司与嘉凯城公司签订《股权转让协议》（以下简称《协议》），向嘉凯城公司转让华航公司70%的股权。《协议》约定了解除条件："本协议生效后，自项目部分地块详细性规划正式报批之日起1年内，如目标公司仍未取得项目部分地块建设规划许可初审意见或设计要点的，嘉凯城公司有权解除本协议，宝亚公司应在嘉凯城公司提出书面解除协议通知之日起10日内返还嘉凯城公司已支付的所有款项，并应按照嘉凯城公司已付款项以年利率10%（自正式报批日起算）计算资金使用费补偿给嘉凯城公司。"

2010年6月25日至2010年11月30日，嘉凯城公司按照《协议》约定的付款方式和步骤，分别支付了1400万元及1.26亿元（共计1.4亿元）股权转让款。

2010年9月23日，嘉凯城公司与宝亚公司取得了海南省商务厅同意华航公司变更为内资企业的批复，并于2010年10月28日办理完毕华航公司股权转让的工商变更登记。

股权变更登记期间以及股权变更登记完成后，宝亚公司陆续将华航公司财务凭证、政府往来函等文件移交给嘉凯城公司。

2011年10月26日，华航公司向海口市规划局提出申请，由于绕城公路二期走线导致华航项目整体规划遭到破坏，无法整体报建，希望在1994年修规的基础上，作一定调整向海口市规划局申请报建，或请海口市规划局建议海口市人民政府（以下简称海口市政府）协调海南省交通厅修改绕城二期以避开项目用地，请求确认华航项目在交通厅正式下文确定绕城公路二期走线调整方案之前受理华航公司的报建方案。

2011年12月1日，华航公司再次向海口市规划局申请报建，本次申请是以"对原修规方案进行相应调整"的方式提出的。2011年12月21日，海口市规划局以市规函〔2011〕2038号答复华航公司，项目地块位于总规确定的海口主城区范围外，规划建设等职能由各区规划部门负责，请华航公司向所属辖区规划部门申办。2011年12月22日，华航公司便向海口市美兰区住建局申报修规。2012年1月5日，海口市美兰区住建局回复华航公司，由于项目地块在总规中属于非建设用地，还未编制控规，不能提供相关规划指标及修规变更事宜。

2012年3月20日，海口市规划局根据嘉凯城公司的申请，向海口市政府请示，拟按1994年修规完成剩余项目的报建工作。海口市政府于2012年5月14日作出《会议纪要》，不同意以原琼山县政府批准的控规作为依据，该片区未形成确定的规划处理方案;但同时告知华航公司如果急于开发,可以制订开发计划报海口市政府研究。海口市规划局于2013年4月22日作出复函,将上述内容通知华航公司。

2013年5月21日与8月23日,宝亚公司与嘉凯城公司曾先后两次协商解除双方协议事宜,但因解除后的补偿问题未能达成一致而未达成合意。

2014年3月11日,嘉凯城公司向海南省高级人民法院起诉,请求宝亚公司立即返还嘉凯城公司已支付的股权转让款1.4亿元人民币及资金占用费等。

一审法院认为,关于双方签订的《协议》与《补充协议》是否已经解除的问题。嘉凯城公司有权以"自项目部分地块详细性规划正式报批之日起一年内,目标公司未能取得项目地块建设规划初审意见或设计要点"为由行使约定解除权。嘉凯城公司已于2014年1月27日发函给宝亚公司,通知解除《协议》及《补充协议》,2014年1月29日宝亚公司收到该通知。根据《合同法》第九十三条"当事人可以约定一方解除合同的条件。解除合同的条件成就时,解除权人可以解除合同"和第九十六条[1]"当事人一方依照本法第九十三条第二款、第九十四条的规定主张解除合同的,应当通知对方。合同自通知到达对方时解除"的规定,且双方协商过解除事宜,仅由于对合同解除后的补偿问题未能达成一致而未协商成功,另外,宝亚公司曾向税务局表示合同已经解除,因此,确认双方签订的《协议》及《补充协议》已于2014年1月29日解除。一审法院判决宝亚公司将嘉凯城公司已经支付的1.4亿元股权转让款返还给嘉凯城公司,并支付占用该1.4亿元期间的利息。

宝亚公司、嘉凯城公司不服一审判决,提起上诉。

二审法院认为,关于案涉《协议》及《补充协议》是否应予解除的问题:至2014年1月27日嘉凯城公司向宝亚公司发出《解除合同通知书》时,华航公司"仍未取得项目部分地块建设规划许可初审意见或设计要点",时间已超过1年,符合《协议》第4条第5款约定的解除合同的条件,嘉凯城公司有权依据《协议》第4条第5款的规定行使合同解除权。

---

[1] 《民法典》相关条文为第五百六十五条:"当事人一方依法主张解除合同的,应当通知对方。合同自通知到达对方时解除;通知载明债务人在一定期限内不履行债务则合同自动解除,债务人在该期限内未履行债务的,合同自通知载明的期限届满时解除。对方对解除合同有异议的,任何一方当事人均可以请求人民法院或者仲裁机构确认解除行为的效力。当事人一方未通知对方,直接以提起诉讼或者申请仲裁的方式依法主张解除合同,人民法院或者仲裁机构确认该主张的,合同自起诉状副本或者仲裁申请书副本送达对方时解除。"下同。

【裁判】

一审判决：

1. 宝亚公司自判决生效之日起10日内将嘉凯城公司已经支付的1.4亿元股权转让款返还给嘉凯城公司，并支付占用该1.4亿元期间的利息；

2. 嘉凯城公司自判决生效之日起10日内将受让的华航公司70%的股权返还宝亚公司并协助办理工商变更登记手续；

3. 嘉凯城公司自判决生效之日起10日内将受让的华航公司的财务凭证、账册资料及政府往来函等相关文件返还宝亚公司；

4. 驳回嘉凯城公司的其他诉讼请求。

二审判决：

驳回上诉，维持原判。

【实务评析】

合同解除的类型一般分为约定解除及法定解除，约定解除又可以分为合同已有约定的解除、合同无约定而事后协商一致的解除两种情形。在实践中容易产生争议的，主要集中在合同已有约定的解除及法定解除。在有解除权的一方当事人已经确定需要解除合同的情况下，不论是否已就合同解除及解除后的处理达成实质性一致意见，只要以合法形式通知对方解除合同的，应当视为自通知到达之日合同解除。有鉴于此，为了达到解除合同的目的，防止损失进一步扩大，在股权转让合同解除条件成就时，不仅需要以法定形式通知对方当事人，更需要注意通知的形式及保留相应的送达凭证。

96. 根本违约方在合同解除异议期内未提出异议视为合同解除

——北京现代家园置业有限公司、北京嘉世宝贸易有限公司与北京环三环至正商业管理有限公司、北京创致投资有限公司等股权转让纠纷案

【风险提示】

根本违约　解除异议期

【案例要旨】

在受让方构成根本性违约的情况下转让方发函催告要求其履行合同，且给予了合理的履行期限，同时明确不履行即解除合同的，在该函件所限履行期限届满之后，受让方仍未履行义务，却以提起诉讼的方式要求转让方继续履行股权转让合同，其异议权已超过异议期。

【案件基本信息】

1. 裁判书字号

最高人民法院(2014)民提字第180号民事判决书

2. 当事人

原告(反诉被告、二审上诉人、再审申请人)：北京现代家园置业有限公司(以下简称现代家园公司)

原告(反诉被告、二审上诉人、再审申请人)：北京嘉世宝贸易有限公司(以下简称嘉世宝公司)

被告(反诉原告、二审被上诉人、再审被申请人)：北京环三环至正商业管理有限公司(以下简称环三环公司)

被告(反诉原告、二审被上诉人、再审被申请人):北京创致投资有限公司(以下简称创致公司)

被告(再审被申请人):中信国安房地产开发有限公司(原大通房地产开发有限公司,以下简称大通公司)

第三人:北京顺通房地产开发有限责任公司(以下简称顺通公司)

【基本案情】

顺通公司注册资本为4300万元,环三环公司所持股权比例为60%,大通公司所持股权比例为40%。2003年1月29日,创致公司与大通公司签订《股权转让协议书》,受让大通公司全部股权,即占顺通公司股权比例40%的股权,环三环公司以60%股权提供质押,担保创致公司履行付款义务。该协议书约定的股权转让款尚未支付,相应股权亦未进行工商变更登记,仍登记在大通公司名下。

2007年9月21日,环三环公司、创致公司、现代家园公司、嘉世宝公司及顺通公司签订《股权转让协议》,主要约定:环三环公司、创致公司作为出让方,将其持有的顺通公司100%股权转让给现代家园公司和嘉世宝公司(大通公司所持有的股权尚未变更登记到创致公司名下)。转让包括股权转让和债权转让。股权转让款共计12290.108146万元,债权转让款共计3409.891854万元,以上两项之和为1.57亿元。

2008年2月4日,环三环公司(甲方)与现代家园公司(乙方)签订《补充协议》,达成以下补充:(1)甲方持有顺通公司60%的股权,乙方同意本协议签订当日支付给甲方股权转让定金2000万元,用于甲方将持有的顺通公司的股权转让至乙方。(2)甲方同意乙方将富安大厦1-6层、7-26层土地证的办理合二为一,办理期限截至2008年3月10日。

2008年3月26日,环三环公司、创致公司向现代家园公司、嘉世宝公司邮寄发出《关于要求限期内履行〈股权转让协议〉及〈补充协议〉签订京房地出让【合】字(97)第156号〈北京市国有土地使用权出让合同〉的〈补充协议〉并缴纳土地出让金的函》,主要内容为:限贵司7日内履行协议,签订156号合同《补充协议》,缴纳土地出让金;如贵司在此期限内仍不履行,则视同贵司自动解约放弃目标项目的收购,我司有权将目标项目转让第三方,贵司承担由此产生的一切法律、经济责任及由此造成的所有后果。

2008年3月28日，现代家园公司、嘉世宝公司向环三环公司、创致公司邮寄发出《关于要求期限内履行〈股权转让协议〉及〈补充协议〉的函》，不同意解除股权转让合同。

现代家园公司、嘉世宝公司向法院提起诉讼，请求环三环公司、创致公司、大通公司继续履行《股权转让协议》《补充协议》《监管价款管理协议》《协议书》，环三环公司、创致公司向现代家园公司、嘉世宝公司支付违约金240万元。环三环公司、创致公司反诉请求确认《股权转让协议》和《补充协议》已经于2008年4月3日解除，现代家园公司、嘉世宝公司赔偿环三环公司、创致公司损失3413.021217万元。

一审法院判决确认2007年9月21日签订的《股权转让协议》以及2008年2月4日签订的《补充协议》于2008年4月3日解除。

二审法院认为，《股权转让协议》及《补充协议》已于2008年4月3日解除。根据《合同法》的规定，解除权的行使采取向相对人发出解除的意思表示的方式，该解除的意思表示到达相对人时发生解除的效力。合同解除的法律效果是使合同关系消灭，合同权利义务终止。本案中，在环三环公司、创致公司发出解除函后，《股权转让协议》及《补充协议》于2008年4月3日解除，合同约定的权利义务终止。此后，现代家园公司、嘉世宝公司与环三环公司、创致公司均未再履行《股权转让协议》及《补充协议》中约定的主要义务，亦未就协议履行中出现的问题进行协商，《股权转让协议》及《补充协议》实际处于权利义务的终止状态。故一审法院判决对协议解除的认定正确。二审法院判决：驳回上诉，维持原判。

现代家园公司、嘉世宝公司不服二审判决，申请再审。

再审法院对2008年3月26日环三环公司、创致公司所发函件是不是解除合同的通知问题分析如下。本案中，在该函件发出之前，现代家园公司、嘉世宝公司已经违约，即不同意在土地出让《补充协议》上加盖顺通公司公章、按土地出让《补充协议》约定的金额缴纳土地出让金，而上述义务是股权转让合同的主要义务，违反上述约定必然导致项目用地7-26层的土地出让手续无法办理，进而导致环三环公司、创致公司通过转让项目获得相应转让价款的合同目的无法实现。在该函件所限履行期限届满之后，现代家园公司、嘉世宝公司仍未履行上述义务。虽然现代家园公司、嘉世宝公司在收到该函件之后于2008年3月28日复函提出了异议，不同意解除股权转让合同，但在此后2年多的时间内，双方未再履行股权转让合同,也未就股权转让合同的履行问题进行协商,现代家园公司、嘉世宝公司提起本案诉讼要求环三环公司、创致公司继续履行股权转让合同早已超过最高人民法院《关于适用〈中华人民共和国合同法〉若干问题的解释(二)》第二十四条〔1〕规定的异议期。上述分析表明,2008 年 3 月 26 日环三环公司、创致公司所发函件符合解除合同通知的法律特征,原审法院认定该函件是解除合同的通知并无不当。再审法院判决维持北京市高级人民法院(2012)高民终字第 3687 号民事判决。

【裁判】

一审判决:

确认 2007 年 9 月 21 日签订的《股权转让协议》以及 2008 年 2 月 4 日签订的《补充协议》于 2008 年 4 月 3 日解除。

二审判决:

驳回上诉,维持原判。

再审判决:

维持一审判决。

【实务评析】

本案例规则强调的内容包括两个方面,一是行使合同解除权一方:(1)在对方构成根本性违约的情况下,可发函催告要求其履行合同;(2)给予了合理的履行期限;(3)明确在该期限内不履行即解除合同。二是对合同解除持异议一方可以选择:(1)在期限内履行合同;(2)在期限内提起诉讼或者仲裁。《民法典》第五百六十五条第一款规定,当事人一方依法主张解除合同的,应当通知对方。合同自通知到达对方时解除;通知载明债务人在一定期限内不履行债务则合同自动解除,债务人在该期限内未履行债务的,合同自通知载明的期限届满时解除。对方对解除合同有异议的,任何一方当事人均可以请求人民法院或者仲裁机构确认解除行为的效力。

---

〔1〕《民法典》相关条文为第五百六十五条:"当事人一方依法主张解除合同的,应当通知对方。合同自通知到达对方时解除;通知载明债务人在一定期限内不履行债务则合同自动解除,债务人在该期限内未履行债务的,合同自通知载明的期限届满时解除。对方对解除合同有异议的,任何一方当事人均可以请求人民法院或者仲裁机构确认解除行为的效力。当事人一方未通知对方,直接以提起诉讼或者申请仲裁的方式依法主张解除合同,人民法院或者仲裁机构确认该主张的,合同自起诉状副本或者仲裁申请书副本送达对方时解除。"

97. 守约方可以根本违约为由行使单方解除权

——江苏中宏投资实业有限公司、吴坚军与无锡洲汇商业发展有限公司、南京万家置业发展有限公司股权转让纠纷案

【风险提示】

根本违约　单方解除权

【案例要旨】

股权交易一方已按约履行自己的合同义务,另一方存在根本违约行为导致股权转让合同目的无法实现时,守约方有权行使单方解除权。

【案件基本信息】

1. 裁判书字号

最高人民法院(2018)最高法民终1161号民事判决书

2. 当事人

原告(被上诉人):江苏中宏投资实业有限公司(以下简称中宏公司)

原告(被上诉人):吴坚军

被告(上诉人):无锡洲汇商业发展有限公司(以下简称洲汇公司)

被告:南京万家置业发展有限公司(以下简称万家公司)

第三人:吴翔

【基本案情】

2015年12月22日,中宏公司、吴坚军(转让方,甲方)和洲汇公司(受让方,乙方)签订《股权转让协议书》,约定甲方自愿转让所持有万家公司(标的公司)100%股权(中宏公司95%、吴坚军5%),股权转让价款按照本协议约定的承接债

务方式完成，乙方无须另行向甲方支付股权转让款。

2015 年 12 月 24 日，万家公司完成股东变更登记手续，法定代表人由陈春行变更为徐凯源。万家公司办理工商变更登记手续时提交的《股权转让协议》载明中宏公司、吴坚军分别将其持有的万家公司 95% 和 5% 的股权转让给洲汇公司，转让价款分别为 23750 万元和 1250 万元。

2016 年 1 月 17 日，中宏公司、吴坚军将万家公司营业执照、开户许可证、网银、公章、合同专用章、财务专用章、法人章、发票专用章、工程部专用章和股权质押合同等移交给洲汇公司。

2016 年 12 月 23 日，中宏公司和吴坚军向洲汇公司和万家公司发出《履约催告函》，函告：请于 2017 年 1 月 15 日之前履行完成协议书约定的贵司承接债务，并与债权人协调解决还款事宜等相关合同义务。

2017 年 1 月 25 日，中宏公司和吴坚军通过江苏省常熟市公证处向洲汇公司寄出《解除合同通知书》。洲汇公司于次日签收该文件。

一审法院受理本案后，向两被告送达了起诉状副本和其他应诉材料，万家公司于 2017 年 3 月 16 日签收，洲汇公司于 2017 年 3 月 29 日签收。

中宏公司和吴坚军向一审法院起诉，请求中宏公司、吴坚军与洲汇公司于 2015 年 12 月 22 日签订的《股权转让协议书》及 2015 年 12 月 24 日签订的两份《股权转让协议》解除并返还相应股权等。

一审法院认为，关于《股权转让协议书》是否能够解除：本案中，《股权转让协议书》约定股权转让对价为按照协议约定承接债务，洲汇公司无须另行向中宏公司、吴坚军支付股权转让款。洲汇公司不按约定转承万家公司债务的逾期超过 10 日或者其严重违约致使转让方合同目的不能实现的，中宏公司、吴坚军有权解除合同。据此一审法院判决解除中宏公司、吴坚军与洲汇公司于 2015 年 12 月 22 日签订的《股权转让协议书》及 2015 年 12 月 24 日签订的两份《股权转让协议》于 2017 年 3 月 29 日解除。

洲汇公司不服一审判决，提起上诉。

二审法院认为，关于《股权转让协议书》是否应予解除的问题：《股权转让协议书》系中宏公司、吴坚军与洲汇公司的真实意思表示，且不违反法律、行政法规的强制性规定，应属合法有效，各方均应遵照履行。《股权转让协议书》约定洲汇公司受让万家公司 100% 股权的对价是承接 53380 万元债务。《股权转让协议书》签订后，中宏公司、吴坚军已按协议要求办理了股权转让变更登记手续，并将万家公司公章、营业执照、土地使用权证等证照移交给洲汇公司，已按约履行了自己的合同义务。但洲汇公司仅承接债权人吴翔和赵善华的两笔债务，其关于归还红岭创投1亿元款项的主张尚待另案判决作出认定，故洲汇公司实际承接的债务与《股权转让协议书》约定的承接债务总额相差甚远，且逾期已经超过10日。现交银国信、红岭创投和建行常熟分行等债权人已经将中宏公司及其关联方诉至法院或申请法院强制执行，导致中宏公司和吴坚军转让万家公司股权从而获取中宏公司及其关联方从相关债务中脱离的合同目的不能实现，《股权转让协议书》第8.3条第2项、第3项约定的合同解除条件已经成就，一审法院据此对中宏公司和吴坚军解除《股权转让协议书》及2015年12月24日签订的两份《股权转让协议》的诉讼请求予以支持，并无不当，本院予以维持。

【裁判】

一审判决：

1. 中宏公司、吴坚军与洲汇公司于2015年12月22日签订的《股权转让协议书》及2015年12月24日签订的两份《股权转让协议》于2017年3月29日解除；

2. 洲汇公司于本判决生效后15日内分别向中宏公司和吴坚军返还其持有的万家公司95%和5%的股权；万家公司于本判决生效之日起15日内办理上述工商变更登记手续，洲汇公司应配合办理；

3. 洲汇公司于本判决生效后15日内给付中宏公司和吴坚军违约金5000万元；

4. 驳回中宏公司和吴坚军的其他诉讼请求。

二审判决：

驳回上诉，维持原判。

【实务评析】

合同解除有约定解除和法定解除两种。任何一方想解除合同，都不能任意为之。需要看合同中是否约定有解除合同的条件并判断该条件是否成就。如无约定合同解除的条件，就要进一步确认合同是否达到法定解除的条件。在此基础上，方可对下一步是否确定解除合同的策略提供法律的支持。如交易一方对其他方的合同目的判断失误，在其他方不构成根本违约的情况下，擅自解除合同，极有可能造成意想不到的损失。因此，这就需要在签订合同时，在合同中明确约定交易各方的合同目的。如此，既能使各方相互清楚他方的合同目的，约束自己认真履行合同，又能避免对其他方的合同目的认识不一，为各自利益争论不休。同时，还便于法院轻松认定合同目的，进而判断是否达到合同解除的成就条件。

98. 守约方可在合理催告后解除合同

——海南星昊投资开发有限公司与上海星译投资管理有限公司股权转让纠纷案

【风险提示】

合理催告　解除合同

【案例要旨】

股权转让合同约定了付款时间和方式，受让方未按时付款，经出让方催告后仍不履行的，出让方主张解除股权转让合同的，合法有效。合同解除后，出让方已收取的股权转让款应当返还给受让方，出让方则应承担相应的违约责任。

【案件基本信息】

1. 裁判书字号

最高人民法院(2018)最高法民终1150号民事判决书

2. 当事人

原告(反诉被告、上诉人)：海南星昊投资开发有限公司(以下简称星昊公司)

被告(反诉原告、上诉人)：上海星译投资管理有限公司(以下简称星译公司)

【基本案情】

2014年5月22日，星昊公司与星译公司签订《框架协议》。协议第2条约定，星译公司拟在全资子公司(设立中，以下简称项目公司)签署《国有建设用地使用权出让合同》后，将项目公司100%的股权及其所对应的权利义务转让给星昊公司，转让金额150838450元；第6条约定，合同签订后10个工作日内，星昊公司向星译公司账户支付2000万元诚意金；第9条约定，因任何一方违约，经守约方催告，违约方仍未能在守约方要求的时限内纠正违约的，守约方有权解除协议。

2014年9月12日，双方签订《补充协议》，约定：转让金额为300838450元；双方就项目公司100%股权转让事宜签署正式股权转让协议当日，星昊公司支付6541.9225万元；待向工商行政管理部门申请项目公司股权转让登记且收到回执当日，星昊公司应向双方共管账户支付6541.9225万元；待项目公司100%股权变更登记至星昊公司名下当日，双方将共管账户内的6541.9225万元划转至星译公司指定账户。

2015年1月21日，星译公司向星昊公司发出《关于星昊公司股权转让框架协议及补充协议的逾期履行催告函》，主要内容为：星昊公司应在2014年11月20日前与星译公司签订正式股权转让协议；逾期超过30日星译公司有权解除本案协议，星昊公司应支付违约金4000万元；星昊公司应在2015年1月30日前付清全部剩余合同款项。

2015年2月13日，双方签订《补充协议2》，约定支付步骤：(1)星昊公司应在2015年3月30日前向星译公司支付1000万元首期实际应付价款；(2)星昊公司应在2015年4月30日前向星译公司支付5000万元第二期实际应付价款；(3)星昊公司应在2015年5月30日前将剩余实际应付价款存入星译公司开设的双方共管账户。2015年4月16日，星昊公司向星译公司付款1000万元。

2015年5月15日，星译公司向星昊公司发出《关于星昊公司逾期履行股权转让框架协议及补充协议的违约催告函》，主要内容为双方签订本案协议后，星昊公司一直未履行合同义务，逾期天数已达176天，违约未付金额超过1.2亿元，请星昊公司在2015年5月31日前付清剩余款项。2015年8月18日，星译公司再次向星昊公司发函。2015年8月20日，星昊公司向星译公司复函，主要内容为：星译公司正在积极筹措资金。2015年9月22日，星昊公司向星译公司付款1000万元。至此，星昊公司共计向星译公司付款4000万元。

2015年11月27日，星译公司向星昊公司发出《违约催告函》，主要内容为：星昊公司现剩余欠款约1.2亿元。2015年12月8日，星昊公司向星译公司发出请示函，内容为：星昊公司决定低价处理现有资产，收购方对其价值2亿元房地产，仅欲以6000万元购买，请求以该6000万元，一次性支付股权转让款，了结双方债权债务。2015年12月29日，星译公司向星昊公司发出《关于股权转让框架协议及补充协议之合同解除通知》，主要内容为：星昊公司2015年12月8日的函表明,其已无实际履行合同的能力及诚意,根据法律规定及双方约定,解除《框架协议》及附属所有《补充协议》,因合同解除导致的一切经济损失及违约责任由星昊公司承担。2016 年 1 月 7 日,星昊公司复函,不同意解除合同。

2016 年 1 月 7 日,星译公司与龙报公司签订《股权转让协议》,约定将其持有星海公司 100% 的股权转让给龙报公司。2016 年 1 月 11 日,星译公司先将 45% 的股权转让给龙报公司,并办理了工商变更登记手续。

星昊公司向一审法院起诉,请求星译公司返还已支付的 4000 万元及占用款项期间的利息、违约金。星译公司反诉请求星昊公司向其支付违约金 4000 万元,赔偿损失 865034.21 元。

一审法院认为,根据《补充协议 2》约定,星昊公司应于 2015 年 5 月 30 日前支付全部股权转让款,但星昊公司仅于 2014 年 6 月 6 日、2015 年 4 月 16 日支付 3000 万元,尚欠 1.2 亿元左右股权转让款。星译公司分别于 2015 年 5 月 15 日、2015 年 8 月 18 日向星昊公司发函,要求星昊公司付清全部剩余款项,但星昊公司于 2015 年 9 月 22 日支付 1000 万元后,没有再支付款项。2015 年 11 月 27 日,星译公司再次向星昊公司发函,要求该公司于 2015 年 12 月 7 日前支付全部股权转让款,否则解除案涉协议。2015 年 12 月 8 日,星昊公司请求一次性支付 6000 万元,了结双方之间的债权债务关系。为此,星译公司依据《框架协议》第 9 条关于"因任何一方违约,经守约方催告,违约方仍未能在守约方要求的时限内纠正违约的,守约方有权解除协议"的约定,于 2015 年 12 月 29 日向星昊公司发出合同解除通知。星译公司该解除行为符合《合同法》第九十三条"当事人可以约定一方解除合同的条件。解除合同的条件成就时,解除权人可以解除合同"的规定,本案协议已于 2015 年 12 月 29 日解除。一审法院判决星译公司返还星昊公司 4000 万元及利息,星昊公司给付星译公司违约金 2054.3630 万元。

星昊公司、星译公司不服一审判决,提起上诉。

二审法院认为,星译公司解除合同并转让案涉股权并无不当。《合同法》第九十四条规定,有下列情形之一的,当事人可以解除合同:(1)因不可抗力致使不能实现合同目的;(2)在履行期限届满之前,当事人一方明确表示或者以自己的行为表明不履行主要债务;(3)当事人一方迟延履行主要债务,经催告后在合理期限内仍未履行;(4)当事人一方迟延履行债务或者有其他违约行为致使不能实现合同目的;(5)法律规定的其他情形。星昊公司迟延履行合同义务,经过催告仍未履行,并明示不按合同约定履行的行为,构成根本违约。星译公司于 2015 年 12 月 29 日通知解除案涉《框架协议》及《补充协议》,符合法律规定。二审法院判决星昊公司给付星译公司违约金 4000 万元及损失赔偿。

【裁判】

一审判决:

1. 星译公司于返还星昊公司 4000 万元及利息;

2. 星昊公司给付星译公司违约金 2054.3630 万元。

二审判决:

1. 维持一审判决第 1 项;

2. 撤销一审判决第 2 项;

3. 星昊公司给付星译公司违约金 4000 万元及损失赔偿 86.503421 万元。

【实务评析】

《民法典》第五百六十六条第一款规定,合同解除后,尚未履行的,终止履行;已经履行的,根据履行情况和合同性质,当事人可以请求恢复原状或者采取其他补救措施,并有权请求赔偿损失。本案中,星译公司因星昊公司违约行为解除案涉股权转让合同。合同解除后,应当恢复原状,即星昊公司已支付的股权转让款应由星译公司返还。该款项被星译公司占用期间的利息,属法定孳息,星译公司应一并予以返还。

99. 合同约定的解除权可通过诉讼方式行使

——高枫、唐恭馀与朱鹏杰股权转让纠纷案

【风险提示】

约定解除权　诉讼方式

【案例要旨】

当事人可以约定一方解除合同的条件。解除合同的条件成就时，解除权人可以解除合同。以诉讼方式行使股权转让合同约定的解除权不违反法律规定。

【案件基本信息】

1. 裁判书字号

最高人民法院(2016)最高法民终字7号民事判决书

2. 当事人

原告(被上诉人):高枫

原告(被上诉人):唐恭馀

被告(上诉人):朱鹏杰

【基本案情】

2011年3月23日，和静县大西沟铁矿有限责任公司(以下简称大西沟公司)取得《新疆维吾尔自治区国土资源厅划定矿区范围批复》(新国土资采划〔2011〕第15号)，内容包括：本次批复的矿区范围预留期限为2年，请按《矿产资源开采登记管理办法》的规定做好各项准备工作，并于2013年3月23日前持采矿申请资料到登记管理机关办理采矿登记手续。

2011年11月8日，大西沟公司召开股东会后作出股东会决议，决议同意股东

朱鹏杰将其所持本公司99%的股权转让给高枫66%股权、转让给唐恭徐33%股权,其他股东放弃优先购买权。

同日,朱鹏杰作为甲方与乙方高枫、赵卫签订《和静县大西沟铁矿有限责任公司股权转让补充合同》(以下简称《股权转让补充合同》),落款处赵卫未签名,后赵卫退出由唐恭徐替代。合同主要内容为:甲方朱鹏杰持有大西沟公司99%的股份,在2011年11月8日签订的《股权转让合同》中一次性转让给乙方,乙方以人民币2500万元的价格一次性受让甲方朱鹏杰的全部股份和投资。

自2011年10月21日,高枫陆续向朱鹏杰支付股权转让款及合同外价款共计2700万元。

2015年3月31日,高枫、唐恭徐向一审法院起诉请求解除双方之间的《股权转让合同》及《股权转让补充合同》等。

一审法院认为:(1)双方于2011年11月8日签订的《股权转让补充合同》及用于工商登记备案的两份《股权转让合同》是双方真实意思的表示,不违反法律法规强制性规定,合法有效。虽然该《股权转让补充合同》中无唐恭徐签字,但在大西沟公司的股东会决议、用于备案的《股权转让合同》及大西沟公司的工商档案变更登记中均有唐恭徐的签字,依法应认定高枫与唐恭徐是实际的合同当事人。

(2)《股权转让补充合同》中约定高枫、唐恭徐需要承担的义务是支付合同价款及报告编制费用,根据高枫、唐恭徐提交的证据及朱鹏杰当庭确认,高枫、唐恭徐的合同义务绝大部分已经履行完毕。双方《股权转让补充合同》第3条特别约定中的第2款关于"若此款规定的出现纰漏或差错均由甲方如数退回乙方股权转让款并承担日千分之三的利息至转让款退还为止"的约定属于约定合同解除的条件。双方的股权变更登记时间为2011年12月12日,计算16个月即为2013年4月12日,意味着朱鹏杰应在2013年4月12日之前完成四份报告,与大西沟公司于2011年3月23日取得的《新疆维吾尔自治区国土资源厅划定矿区范围批复》中规定的矿区范围预留期限的到期日2013年3月23日相当,也即双方当事人在签订合同时计划在矿区预留期限范围内完成采矿权登记或者采矿权登记的准备。朱鹏杰并不能证明其已经履行了《股权转让补充合同》第3条特别约定中的义务。另外,即使朱鹏杰关于四份报告取得行政机关审核通过的相关证据真实,也仅有《和静大西沟铁矿详查地质报告》的专家评审意见书是在约定时限内完成,其余报告均超出时限。朱鹏杰无证据证明其在约定时间内完成了合同的特别约定。因达到约定解除合同的条件,高枫、唐恭徐主张解除合同并返还已付股权转让款2700万元的主张符合双方合同约定,应予支持。一审法院判决解除朱鹏杰与高枫、唐恭徐签订的《股权转让补充合同》及用于工商行政管理部门备案的两份《股权转让合同》。

朱鹏杰不服一审判决,提出上诉。

二审法院认为,案涉《股权转让补充合同》第3条第2款后句约定:"若此款规定的出现纰漏或差错均由甲方如数退回乙方股权转让款并承担日千分之三的利息至转让款退还为止。"该款约定虽未使用一方有权解除合同的文字,但其文义非常清楚地包括了如果朱鹏杰在履行合同义务的过程中出现纰漏或差错,应当承担返还价款并承担利息的不利后果。虽然当事人所约定的16个月的履行期限与《新疆维吾尔自治区国土资源厅划定矿区范围批复》中所规定的领取采矿权证的时间大致相当,且本案中朱鹏杰已经举证政府主管部门已经同意延长案涉矿区的预留期,但在高枫和唐恭徐提起本案诉讼之时,朱鹏杰依约应当承担的报告报审义务尚未全部完成,在朱鹏杰严重迟延履行合同义务的情况下,案涉矿区预留期得以延长的事实,并不足以证明高枫和唐恭徐已经实现了合同目的。《合同法》第九十三条第二款规定:"当事人可以约定一方解除合同的条件。解除合同的条件成就时,解除权人可以解除合同。"本案中,高枫和唐恭徐以提起诉讼的方式行使合同约定的解除权,并不违反法律规定,故对上诉人朱鹏杰关于高枫和唐恭徐直接向法院诉请解除合同违反了合同解除程序的诉讼理由,本院不予支持。

【裁判】

一审判决:

1. 解除朱鹏杰与高枫、唐恭徐签订的《股权转让补充合同》及用于工商行政管理部门备案的两份《股权转让合同》;

2. 朱鹏杰在判决生效之日起15日内,向高枫、唐恭徐返还股权转让款2700万元;

3. 朱鹏杰在判决生效之日起15日内,向高枫、唐恭徐返还报告编制费用75万元;

4. 朱鹏杰在判决生效之日起15日内,向高枫、唐恭徐支付股权转让款及报告编制费用利息667.103125万元;朱鹏杰对2015年6月27日之后的利息,应分别按照股权转让款、报告编制费利息计算标准支付至股权转让款及报告编制费用返还完毕为止；

5. 朱鹏杰在判决生效之日起15日内，向高枫、唐恭馀支付财产保全费5000元。

二审判决：

驳回上诉，维持原判。

【实务评析】

关于合同解除的通知与诉讼时效的关系问题，实践中存在不同的观点。对此，《民法典》第五百六十五条第二款明确规定，当事人一方未通知对方，直接以提起诉讼或者申请仲裁的方式依法主张解除合同，人民法院或者仲裁机构确认该主张的，合同自起诉状副本或者仲裁申请书副本送达对方时解除。

100. 合同解除权须在合理期间内行使

——深圳市兆佳旺实业发展有限公司与衡阳市石油化工集团公司、衡阳市人民政府国有资产监督管理委员会股权转让纠纷案

【风险提示】

合同解除　合理期间

【案例要旨】

合同履行十多年后，提出解除《股权转让协议》及《补充协议》，已超过行使合同解除权的合理期间，人民法院不予支持。

【案件基本信息】

1. 裁判书字号

最高人民法院(2015)民二终字第225号民事判决书

2. 当事人

原告(上诉人)：深圳市兆佳旺实业发展有限公司(以下简称兆佳旺公司)

被告(被上诉人)：衡阳市石油化工集团公司(以下简称衡阳石化公司)

被告(被上诉人)：衡阳市人民政府国有资产监督管理委员会(以下简称衡阳市国资委)

【基本案情】

衡阳石化公司持有衡阳三化实业股份有限公司(以下简称三化公司)2700万股国有股，占三化公司股本总额的41.22%。

2001年5月11日，兆佳旺公司与衡阳石化公司签订《关于三化公司的股权转

让协议》(以下简称《股权转让协议》)一份,主要约定:兆佳旺公司以4860万元的价格收购衡阳石化公司持有的三化公司2700万股国有股,价款分两期支付,在签订本协议以及股权托管协议后3个工作日内支付2000万元现金;兆佳旺公司同意在签订本协议和股权托管协议后3个工作日内向三化公司提供500万元人民币的无息暂借款,还款期限为2002年6月30日等其他事项。

同日,双方又签订了一份《关于三化公司的股权托管协议》,主要约定:衡阳石化公司将其持有的三化公司2700万股国有股股权托管给兆佳旺公司;股权托管后,兆佳旺公司作为三化公司国有股的股东代理人,行使股东的部分权利和义务。

上述协议签订后,兆佳旺公司将1500万元与500万元款项付到衡阳市财政专户资金户。衡阳市国有资产管理局又将该2000万元款项以无息借款的方式出借给三化公司用于技改、生产等工作。2001年5月28日,兆佳旺公司按照《股权转让协议》的约定,向三化公司提供了500万元借款。

2001年7月18日,兆佳旺公司与衡阳石化公司又签订《补充协议》对《股权转让协议》的内容进行了变更和补充,主要约定:(1)兆佳旺公司以2000万元的价格受让衡阳石化公司持有的三化公司2700万股国有股,此款已于2001年5月18日支付;(2)三化公司的股份托管后,兆佳旺公司随时有权申请衡阳石化公司办理股权过户手续;(3)兆佳旺公司在本协议生效之日起100个工作日内,对三化公司技改等方面的投入不少于2000万元等。

以上协议签订后,兆佳旺公司即以三化公司第一大股东的身份进入三化公司参与经营管理,并向三化公司投入资金进行技改及生产启动。因历史包袱沉重,债务纠纷不断等原因,三化公司经营难以为继,于2004年9月全面停产。2005年7月6日,兆佳旺公司的关联企业湖南富兴集团有限公司签订了《关于三化公司破产改制及富兴公司在衡阳投资发展的框架协议》,拟通过企业破产改制程序收购三化公司的核心资产从而重新启动三化公司的生产经营,但因具体问题的分歧,该框架协议未能实际履行。

2006年1月,衡阳石化公司以兆佳旺公司违反了合同约定的投资义务向一审法院提起诉讼,请求解除双方签订的《股权转让协议》《补充协议》与《股权托管协议书》。兆佳旺公司则以双方之间的股权转让行为已经完成、《股权转让协议》已实际履行为由进行抗辩。在该案诉讼过程中,因兆佳旺公司未在规定的期限内缴纳反诉费用,一审法院作出民事裁定,裁定按兆佳旺公司自动撤回反诉处理。

2007年10月16日，一审法院作出民事判决，认为兆佳旺公司已实际受让三化公司的股权，兆佳旺公司不存在根本违约行为，驳回了衡阳石化公司的诉讼请求。

兆佳旺公司向法院提起诉讼，请求解除合同并由衡阳石化公司返回购买股权转让款2000万元及利息、赔偿各类损失及利息。

一审法院认为，兆佳旺公司已实际取得了三化公司的股权，其合同目的已经实现。虽然兆佳旺公司并未在股权转让后获得预期利益，但并不能以兆佳旺公司的经营目标代替《股权转让协议》所约定的合同目的。兆佳旺公司作为商事主体，应自行承担经营风险。在本案《股权转让协议》与《补充协议》的主要权利义务均已履行完毕，且已实际以三化公司第一大股东的身份经营、管理三化公司长达十余年之久的情形下，兆佳旺公司此时要求解除双方签订的《股权转让协议》与《补充协议》，既无事实依据又无法律依据，亦不利于社会经济秩序的稳定和商事交易的安全。一审法院判决驳回兆佳旺公司的全部诉讼请求。

兆佳旺公司不服一审判决，提起上诉。

二审法院认为，关于涉案《股权转让协议》《补充协议》应否解除的问题：2006年1月，衡阳石化公司向一审法院起诉请求解除与兆佳旺公司之间签订的《股权转让协议》及《补充协议》，兆佳旺公司则辩称协议已实际履行，双方之间的股权转让行为已经完成。一审法院(2006)湘高法民二初字第12号民事判决当事人继续履行上述协议，双方均未提起上诉。该事实表明，涉案《股权转让协议》及《补充协议》在2006年之前不存在合同解除的法定情形，各方应按约定继续履行合同义务。此后，三化公司因涉债务纠纷，土地及厂房被法院查封拍卖。2011年12月27日，三化公司进入破产清算程序，兆佳旺公司向三化公司的破产管理人申报了债权。兆佳旺公司对三化公司未办理股权过户手续、企业改制、资产置换等事实是明知的，但在此期间，兆佳旺公司既未要求衡阳石化公司履行办理股权过户手续等义务，亦未以此主张解除《股权转让协议》及《补充协议》，至2015年5月5日才以其受让的三化公司的股权未办理过户手续，衡阳石化公司、衡阳市国资委严重违约为由，请求解除《股权转让协议》及《补充协议》。《合同法》第九十五条规定："法律规定或者当事人约定解除权行使期限，期限届满当事人不行使的，该权利消灭。法律没有规定或者当事人没有约定解除权行使期限，经对方催告后在合理期限内不行使的，该权利消灭。”[1]自2001年5月双方当事人签订《股权转让协议》，至三化公司进入破产清算，合同履行十多年后，兆佳旺公司于2015年5月提出解除《股权转让协议》及《补充协议》，已超过行使合同解除权的合理期间，也与其在一审法院(2006)湘高法民二初字第12号民事案件中的辩称相悖。二审法院判决驳回上诉，维持原判。

【裁判】

一审判决：

驳回兆佳旺公司的全部诉讼请求。

二审判决：

驳回上诉，维持原判。

【实务评析】

《合同法》没有对合同解除的合理期限作出明确的规定，司法解释中也只有最高人民法院《关于审理商品房买卖合同纠纷案件适用法律若干问题的解释》(以下简称《商品房买卖解释》)第十五条第二款作了规定，即对于房屋买卖合同纠纷，对方当事人没有催告的解除权应当在解除权发生之日起1年内行使；逾期未行使的，解除权消灭。关于股权转让合同，不能当然适用《商品房买卖解释》的规定来认定解除权行使的合理期限。在股权转让合同当事人没有明确约定的情况下，应当结合个案、根据股权转让合同的具体情况进行分析，综合合同性质、内容、交易目的及交易习惯等加以判断。

[1]《民法典》相关条文为第五百六十四条：“法律规定或者当事人约定解除权行使期限，期限届满当事人不行使的，该权利消灭。法律没有规定或者当事人没有约定解除权行使期限，自解除权人知道或者应当知道解除事由之日起一年内不行使，或者经对方催告后在合理期限内不行使的，该权利消灭。”

图书在版编目(CIP)数据

股权转让的100个风险点 / 毕宝胜著. -- 北京 : 法律出版社, 2020
ISBN 978-7-5197-4892-0

Ⅰ. ①股… Ⅱ. ①毕… Ⅲ. ①股权转让-研究-中国 Ⅳ. ①D922.291.914

中国版本图书馆CIP数据核字(2020)第166884号

股权转让的100个风险点
GUQUAN ZHUANRANG DE 100 GE FENGXIANDIAN

毕宝胜 著

责任编辑 慕雪丹 章 雯
装帧设计 马 帅

出版 法律出版社
总发行 中国法律图书有限公司
经销 新华书店
印刷 固安华明印业有限公司
责任印制 胡晓雅

编辑统筹 法商出版分社
开本 710毫米×1000毫米 1/16
印张 26.5
字数 443千
版本 2020年12月第1版
印次 2020年12月第1次印刷

法律出版社/北京市丰台区莲花池西里7号(100073)
网址/www.lawpress.com.cn
投稿邮箱/info@lawpress.com.cn
举报维权邮箱/jbwq@lawpress.com.cn
销售热线/400-660-8393
咨询电话/010-63939796

中国法律图书有限公司/北京市丰台区莲花池西里7号(100073)
全国各地中法图分、子公司销售电话:
统一销售客服/400-660-8393/6393
第一法律书店/010-83938432/8433　西安分公司/029-85330678　重庆分公司/023-67453036
上海分公司/021-62071010/1636　深圳分公司/0755-83072995

书号:ISBN 978-7-5197-4892-0　**定价**:109.00元
(如有缺页或倒装,中国法律图书有限公司负责退换)